“十四五”高等职业教育公共课程系列教材

大学生创业概论与实践

赵素琴　范文莉　李斌笃◎主　编
蒋晓燕　董　宁　赵春芳　蔡淑英◎副主编
滕明利◎主　审

中国铁道出版社有限公司
CHINA RAILWAY PUBLISHING HOUSE CO., LTD.

内容简介

本书紧密结合高职高专学生的特点和实际需求，详细论述了创新创业的内涵、作用与价值。书中针对高职高专学生的知识结构和能力水平，系统地讲解了创新思维的培养方法和创业实践的具体步骤，包括创新意识与创新思维、创新方法、创业认知、创业者、创业团队、创业机会、创业资源、商业模式、制订创业计划、路演、大学生创新创业大赛、新企业的开办等。

书中还列举了大量的案例，让学生可以直观地感受到创业的过程和挑战，以及如何运用所学知识和技能去应对。同时，本书强调实践操作，提供了丰富的实训内容和指导，帮助学生在实践中提升能力、积累经验。

本书适合作为高等职业院校创业指导课程教材，也可作为高职院校辅导员、学生管理人员和教师的参考书，还可作为社会人士学习创业知识的参考书。

图书在版编目（CIP）数据

大学生创业概论与实践 / 赵素琴，范文莉，李斌笃主编. -- 北京 : 中国铁道出版社有限公司，2024. 8.
（“十四五”高等职业教育公共课程系列教材）.
ISBN 978-7-113-31405-7

Ⅰ. G647.38

中国国家版本馆CIP数据核字第20241460AJ号

书　名：大学生创业概论与实践
作　者：赵素琴　范文莉　李斌笃

策　　划：王春霞　侯　伟　　**编辑部电话：**（010）63551006
责任编辑：王春霞　徐盼欣
封面设计：刘　颖
责任校对：安海燕
责任印制：樊启鹏

出版发行：中国铁道出版社有限公司（100054，北京市西城区右安门西街 8 号）
网　　址：https://www.tdpress.com/51eds/
印　　刷：河北宝昌佳彩印刷有限公司
版　　次：2024 年 8 月第 1 版　2024 年 8 月第 1 次印刷
开　　本：850 mm×1 168 mm 1/16　**印张：**15　**字数：**372 千
书　　号：ISBN 978-7-113-31405-7
定　　价：45.00 元

版权所有　侵权必究

凡购买铁道版图书，如有印制质量问题，请与本社教材图书营销部联系调换。电话：（010）63550836

打击盗版举报电话：（010）63549461

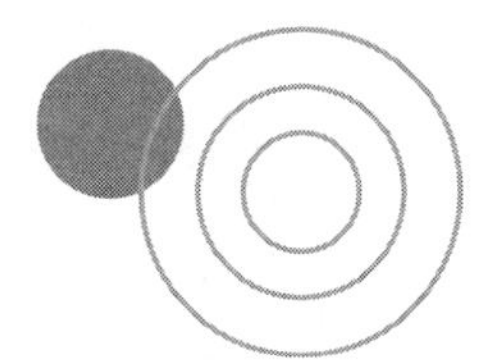

前言

创新是民族进步的灵魂，创业是时代发展的主题。在高校开展创新创业教育，积极鼓励大学生自主创新创业，是建设创新型国家的重大战略举措；是深化高校教育教学改革，培养学生创新精神和实践能力的重要途径；是落实以创业带动就业、促进毕业生充分就业的重要举措。

在当今这个风起云涌、充满变革的时代，我们正身处百年未有之大变局中。产业不断升级，经济加速转型，科技的力量以前所未有的速度推动着世界的发展。人工智能时代的到来，更是给人们的生活和社会带来了翻天覆地的变化。“实施科教兴国战略，勇担制造强国使命”的号召，如同一座闪耀的灯塔，指引着我们不断前行。

教育、科技、人才，这三者紧密相连，成为全面建设社会主义现代化国家的基础性、战略性支撑。党的二十大报告深刻地指出了这一点，强调：“必须坚持科技是第一生产力、人才是第一资源、创新是第一动力，深入实施科教兴国战略、人才强国战略、创新驱动发展战略，开辟发展新领域新赛道，不断塑造发展新动能新优势。”

在这样的大背景下，深化高校创新创业教育改革显得尤为重要。我们要将创新创业教育贯穿人才培养的全过程，建立起以创新创业为导向的新型人才培养模式。这意味着我们要激发大学生内心深处的创新火花，培养他们敢想敢干、勇于突破的精神，让他们在实践中不断成长、不断探索。

2021年10月12日印发的《国务院办公厅关于进一步支持大学生创新创业的指导意见》（国办发〔2021〕35号）为我们指明了方向和道路。它督促我们加强大学生创新创业培训，打造富有活力的高校创新创业培训活动品牌，完善大赛可持续发展机制等一系列措施。这不仅是对大学生的鼓励，更是对整个社会创新氛围的营造。

本书正是诞生于这样的时代需求之下。本书旨在培养大学生的创新创业意识和能力，帮助他们在这个充满变化和机遇的时代中找到自己的定位，实现自己的价值。本书通过系统的理论阐述和丰富的案例分析，引导大学生树立正确的创新创业观念，掌握科学的创新创业方法和技能。本书详细论述了创新思维的培养、创业机会的识别与评估、创业团队的组建与管理、创业计划书的撰写等内容，强调理论与实践的紧密结合，通过大量的实际案例和经验分享，让大学生能够深刻理解创新创业的本质和内涵。同时，本书注重引导大学生关注社会需求和行业发展趋势，将个人的创新创业梦想与国家的发展战略相结合。

本书旨在引领大学生走进创新创业的广阔天地，让他们了解创新的本质与意义，探索创业的艰辛与机遇。本书深入探讨创新的多元维度，从思维的突破到方法的运用，从灵感的捕捉到实践的推进，通过丰富的案例和实际经验，让大学生感受到创新并非遥不可及。

本书详细阐述创业的各个环节，从机会的寻觅到资源的整合，从团队的组建到商业模式的构建，展现创业过程中的挑战与挫折，让大学生明白成功并非一帆风顺，但只要坚持不懈，就一定能收获属于自己的辉煌。

本书融入当今时代的各种元素，如科技的飞速发展、产业的变革趋势等，让大学生在了解创新创业的同时，也能深刻洞察时代的脉搏。我们希望通过这本书，让大学生在这个充满机遇与挑战的时代，勇敢地迈出创业的步伐，成为推动社会进步的中坚力量。

希望本书能够成为大学生创新创业道路上的良师益友，陪伴他们开启充满挑战与机遇的创新创业之旅。愿每一位大学生都能在这个伟大的时代中绽放出属于自己的光彩！

本书由赵素琴、范文莉、李斌笃任主编，蒋晓燕、董宁、赵春芳、蔡淑英任副主编。具体编写分工如下：项目一由赵素琴编写，项目二由董宁编写，项目三、项目五、项目九、项目十一、项目十二由范文莉编写，项目六、项目七由李斌笃编写，项目四、项目八和附录由蒋晓燕编写，项目十由赵春芳编写，项目十三由蔡淑英编写。

由于时间仓促，加之编者编写经验和水平有限，书中疏漏和不妥之处在所难免，真诚欢迎广大读者提出宝贵意见和建议，以便后期修订和不断完善！

编　者

2024 年 6 月

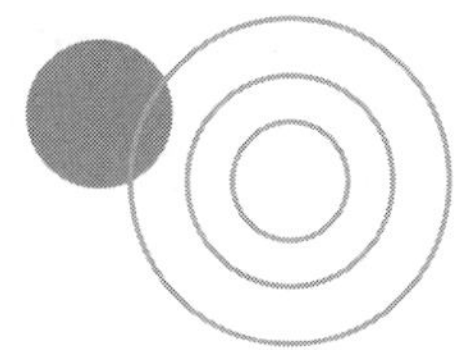

目录

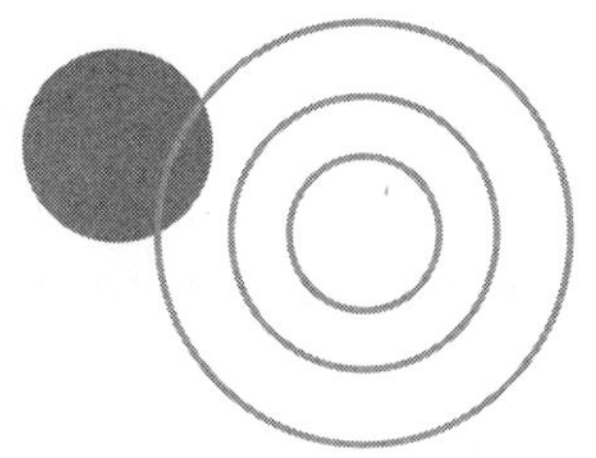

项目一 创新概述

名　言

不日新者必日退。

——程颢、程颐《二程集·河南程氏遗书·卷第二十五》

学习目标

通过本项目的学习，了解中国创新的历史，认清新时代创新的意义和紧迫性，理解创新的内涵、特征、类型，澄清对“创新”的误解，把握当代大学生“创新强国有我”的使命担当。

案例导入

案例一：中国空间站完成在轨建造并取得一系列重大进展

2022年11月29日，搭载神舟十五号载人飞船的长征二号F遥十五运载火箭在酒泉卫星发射中心发射成功，随后神舟十五号载人飞船自主快速交会对接于空间站天和核心舱前向端口。加上问天、梦天实验舱，以及神舟十四号、天舟五号飞船，空间站由此形成“三舱三船”组合体，达到当前设计的最大构型，总重近百吨。

中国空间站的在轨建造是我国航天事业的一座重要里程碑。它为我国开展长期、大规模的空间科学实验和技术试验提供了稳定的平台。在空间站中，科学家能够进行微重力物理、生命科学、材料科学等众多前沿领域的研究。例如，通过在微重力环境下进行材料合成实验，有望开发出具有特殊性能的新型材料。同时，空间站也为我国培养了大量的航天人才，积累了丰富的航天工程经验。中国空间站的成功建设，不仅提升了我国在国际航天领域的地位，也为人类探索太空、和平利用太空做出了重要贡献。

案例二：我国科学家发现玉米和水稻增产关键基因

玉米、水稻和小麦是迄今驯化最为成功的三大农作物，为全人类提供了50%以上的能量来源。由于它们的驯化地区、祖先各不相同，形态习性各异，其驯化过程是否遵循共同的遗传规律在科学界长期存在争论。

2022年3月25日，《科学》杂志在线发表了中国农业大学教授杨小红、李建生与华中农业大学教授严建兵联合团队的研究论文，该研究发现玉米和水稻增产关键基因。这一发现对于提高玉米和水稻的产量具有重要意义。通过深入研究这些关键基因的作用机制，科学家可以利用基因编辑等现代生物技术，培育出更加高产、优质的玉米和水稻品种。这将有助于保障全球粮食安全，应对人口增长和气候变化带来的粮食供应挑战。此外，这一研究也为其他农作物的改良提供了新的思路和方法，推动了农业领域的科技创新。

任务一 认识创新中国

一、创新的历史

我国的创新思维发展历史悠久，最早可以追溯到商朝时期。我们平日耳熟能详的“苟日新，日日新，又日新”就是很好的证明。在世界科技创新的历史上，我国曾取得辉煌成就，马克思等思想家指出，正是来自中国的造纸术、印刷术、指南针、火药等科技发明推动了世界近代历史的进程。但是，“四大发明”远远不能展现中国古代科技文明的全貌。

知识拓展

中国古代科技创新：四大发明的辉煌

二、新中国的创新

我国真正意义上的大规模工业化进程是在新中国成立之后开启的。改革开放以后，我国的工业化进程进入中国特色社会主义工业化建设时期，经济保持不断增长。改革开放之初至20世纪80年代末，农村居民收入水平增幅较大，乡镇企业快速发展，家庭联产承包责任制促进了农村经济体制改革，释放了农村的经济活力；同时，国有企业不断改革，劳动效率和生产力明显提高。80年代末到90年代末，为了进一步刺激消费、刺激经济增长，国家出台了促进服务消费、延长假期等一系列扩大消费的政策，采取降息、征收利息税等财税措施进一步扩大消费。从21世纪初我国加入世界贸易组织到2011年，对外贸易、对外投资迅速发展，进出口优惠政策等因素带动了新一轮经济高速增长。

当今世界正经历百年未有之大变局，科技、文化、安全、政治等格局都在发生深刻调整。国际形势复杂多变，我国经济发展逐渐步入新常态，调结构、促改革成为主基调，经济由高速增长逐渐转变为中高速增长。

变革是时代潮流，创新是时代品格。只有顺应历史潮流，积极应变，主动求变，勇于创新，才能与时代同行，进而引领时代。习近平总书记在庆祝改革开放40周年大会上的讲话中强调：“改革开放40年的实践启示我们：创新是改革开放的生命。实践发展永无止境，解放思想永无止境。”一部改革开放的历史就是一部中国社会创新的历史。改革开放以创新为魂，伴创新而生，因创新而盛，靠创新而强。

党的二十大报告指出：“必须坚持科技是第一生产力、人才是第一资源、创新是第一动力，深入实施科教兴国战略、人才强国战略、创新驱动发展战略，开辟发展新领域新赛道，不断塑造发展新动能新优势。”提升国家创新体系整体效能，要坚持系统观念，坚持科技创新和制度创新“双轮驱动”，加快实现高水平科技自强自立。科技自强自立，重在坚持独立自主、开拓创新。

生活在新时代的大学生，要主动把个人发展融入国家和民族发展之中，胸怀祖国，脚踏实地，把握世界创新大势、追求真理、勇攀高峰，努力成长为德才兼备、具有创新思维的时代新人。

2021年3月12日，十三届全国人大四次会议通过的《中华人民共和国国民经济和社会发展第十四个五年规划和2035年远景目标纲要》提出，坚持创新在我国现代化建设全局中的核心地位，把科技自立自强作为国家发展的战略支撑，深入实施科教兴国战略、人才强国战略、创新驱动发展战略，完善国家创新体系，加快建设科技强国。

2016年5月，由中共中央、国务院发布的《国家创新驱动发展战略纲要》明确了创新驱动发展的战略目标、战略任务和保障措施，提出到 2020 年进入创新型国家行列、2030 年跻身创新型国家前列、到 2050 年建成世界科技创新强国“三步走”目标。

三、创新的作用

创新对于一个国家和民族而言，有着非常重要的作用，它是一个国家和民族赖以生存和进步的灵魂。2018年5月，习近平总书记在北京大学考察时指出：“创新是引领发展的第一动力，是国家综合国力和核心竞争力的最关键因素。”新时代十年，我国国家创新体系整体效能持续提升，国家创新体系建设处于历史最好时期。在规模方面，研发经费、研发人员、基础设施等的规模已处于世界前列；在结构方面，国家实验室、国家科研机构、高水平研究型大学、科技领军企业等国家战略科技力量不断发展壮大，呈现出多样性的结构特征；在能力方面，我国已成功进入创新型国家行列。

党的二十大报告指出：“以国家战略需求为导向，集聚力量进行原创性引领性科技攻关，坚决打赢关键核心技术攻坚战。加快实施一批具有战略性全局性前瞻性的国家重大科技项目，增强自主创新能力。加强基础研究，突出原创，鼓励自由探索。”创新驱动发展战略有三层含义：个人层面，创新可以激发个人创造的积极性，激发潜能，促进个人发展；社会层面，鼓励创新能够促进社会经济高速、高质量发展，促进科学技术发展，激发企业活力，促进社会和谐稳定发展；国家层面，鼓励创新可以提升我国综合国力，将更多的中国制造带向世界，提升中华民族自信心与自豪感。

创新的作用主要体现在以下三点：

1. 创新推动生产力的发展

科学技术的每一步都是通过创新实现的。生产力是人类社会发展的最终决定力量，而科技是第一生产力，对当代社会生产力发展和经济发展起着第一位的变革作用。科学技术的发展可以更新生产工具和生产技术，提高劳动者的素质并开辟更广阔的劳动对象，从而推动社会生产力的发展。例如，计算机的发明极大地提高了劳动生产率。

2. 创新推动生产关系和社会制度的变革

理论创新是社会发展和变革的先导，通过理论创新可以推动制度创新、科技创新、文化创新及其他各方面的创新。

3. 创新推动人类思维和文化的发展

思维方式的变化，归根到底是由人的实践方式决定的。实践基础上的理论创新和理论指导下的实践创新，使得人类思维的性质和水平不断更新和提高。通过改革开放的实践活动，人们的思维方式发生了很大的变化，新的思维观念形成了，思考问题的角度和水平都发生了变化，人们认识的对象和范围日趋广泛。创新推动人类文化的发展。当代中国的先进文化，是面向现代化、面向世界、面向未来的，是民族的、科学的、大众的社会主义文化，它的形成离不开理论创新、文化创新、内容创新和形式创新。例如，装修中的新中式风格就是思维和文化的创新，将中华优秀传统文化融入现代人的生活方式中，使之既能传达中式的传统神韵，又能符合现代人的生活和审美需求，兼容并蓄。

四、创新创业教育的任务

1. 创新创业教育的本质

创新创业教育作为一种新的教育理念，并不是将创业教育与创新教育进行简单相加，其本质是一项面向全体学生的、为其终身可持续发展奠定坚实基础的素质教育，旨在培养大学生的批判性和创造性思维，激发其创新创业的意识，增强其创业就业的能力。它的终极目标是提升大学生以创新能力和创造能力为核心的综合素质，培育大学生勇于创新和敢于创业的职业精神，提高社会适应能力。作为一种育人模式，它是一个循序渐进的过程，不可能一蹴而就。

深刻理解创新创业基本概念是开展创新创业教育实践的基础。创新从哲学上说是一种人的创造性实践活动。人类通过对物质世界的利用和再创造，形成新的物质形态。创业是一种劳动方式，是一种需要创业者运营、组织并运用服务、技术、物资，以及推理和判断的行为。创新创业是基于创新基础上的创业活动，既不同于单纯的创新，也不同于单纯的创业。创新强调的是开拓性与原创性，而创业强调的是通过实际行动获取正当利益的行为。因此，在创新创业这一概念中，创新是创业的基础和前提，创业是创新的体现和延伸。

近年来，各高校大力开展创新创业教育，鼓励和引导在校大学生创新实践和自主创业，深入实施创新创业教育改革，有力地促进了高校人才培养能力的全面提升，以此为基础，各院校制定了本、专科专业类教课质量标准，推动了我国高等教育的综合改革向纵深发展，服务了国家驱动创新创业战略。

2. 创新创业教育的体系

培养创新型企业家的基础是创新教育和创新人才的培养。

创新教育是全民教育的体系，既包括创新创业的科学体系的创建与传承，也包括创新创业的价值观文化环境与氛围的培育，更包括从小开始的创新创业人才的培养。

因此，创新创业人才的教育不仅是高等教育，也不仅是培育科技和商业尖端人才，还应包括培养创新创业的独立探索、自由思辨的人格，以及个性养成的关键时期的幼儿教育和中小学教育、职业教育和继续教育以及高等教育。

《国务院办公厅关于深化高等学校创新创业教育改革的实施意见》（国发办〔2015〕36号）指出，高校应当以“学生的创新精神、创业意识和创新创业能力明显增强，投身创业实践的学生显著增加”为目标，从制度、载体、方法、服务创新等方面着力构建创新创业教育新体系。

3. 创新创业教育的主要任务

开展新时代大学生创新创业教育，要适应新时代创新创业实践发展的新需求。大学生是最具创新、创业潜力的群体之一，是“大众创业、万众创新”的生力军，中国特色社会主义进入新时代，对我国创新创业教育既注入了新的时代内涵，又提出了新的工作要求。因此，开展新时代大学生创新创业教育，既要着眼于培养服务国家创新驱动发展战略的人才需要，又要着眼于促进大学生创新创业素质的全面提高，更要着眼于努力实现大学生更充分、更高质量就业。所以，开展新时代大学生创新创业教育，就是指高校要面向全体学生，紧紧围绕立德树人的根本任务，以社会主义核心价值观为统领，全面贯彻党的教育方针，按照“大众创业、万众创新”的要求，以素质教育为主题，以转变教育思想、更新教育观念为先导，以提升学生的社会责任感、创新精神、创业意识和创业能力为核心，以改革人才培养模式和课程体系为重点，强化对大学生创新创业理念、价值、精神、能力等知识的传授，提升大学生创新创业本领和综合素质，最终实现充分就业，并为社会主义现代化建设服务的一种教育实践活动。

高校创新创业教育的价值在于以创新创业促进大学生的全面发展，实现大学毕业生高质量就业。高校应紧紧围绕“培养什么人、怎样培养人、为谁培养人”这个根本问题，坚持把创新创业教育摆在重要位置，统筹协调推进创新创业教育与德育、智育、体育、美育、劳育全面发展，承担好“为党育人、为国育才”的神圣使命，办好人民满意的大学生创新创业教育，为国家深入实施创新驱动发展战略提供重要人才支撑。

拓展阅读

清华大学的创新教育

清华大学国家双创基地iCenter聚合学校创新资源，积极探索并逐步形成了“三位一体，三创融合”的双创训练体系，同时，与华为公司合作开展人工智能物联网（artificial intelligence+internet of things，AIoT）创新训练营，培养创新型人才。

清华iCenter 是服务于双创教育的跨学科创客实践平台，也是清华大学国家级双创示范基地。作为校内最大的工程实践和创新教育基地，iCenter是基于工业（industry）、学科交叉（interdisciplinary）、创新（innovation）、国际化（international）等内涵，聚合相关创新教育资源而建设的创客交叉融合空间。在双创的教育教学中，iCenter 以价值塑造、能力培养、知识传授“三位一体”的创新创业教育理念作为人才培养的新思路，将创意、创新、创业“三创融合”，以团队培养和组织支持辅助个人培养的全过程，设计并重组了课程、竞赛、实践、国际交流等环节，形成了“本研协同”的培养体系，并设计出针对学生、教师、团队、组织的评价体系，以对各环节进行监督、评价和反馈。通过不断迭代完善，清华iCenter已形成完整的高校创新创业人才培养体系。

清华大学依据基于学习产出的教育模式（outcomes-based education，OBE）理念、“三位一体，三创融合”体系，形成“基础要求”“训练体系”“评价标准”“示范应用”四个模块。其中，“基础要求”的研究是起点，支撑“训练体系”设计，设计的结果需要在实践中通过“示范应用”进行检验，检验的依据需要依靠合理的“评价标准”做出的判断反馈于“训练体系”，从而形成持续完善的良好态势。

清华大学与华为公司合作开展的AIoT创新训练营是一项极具意义的创新教育活动。活动以招募的形式召集有兴趣的学生，通过项目式学习，以小组为单位完成一项创新产品。活动信息一经发布，学生踊跃报名，来自不同专业、不同年级的学生汇聚到一起，相互激发创新力，互相学习非本学科或专业的知识和内容，不仅拓宽了视野，也为构建更完整、合理的知识体系奠定了基础。活动中，围绕项目或产品构建出的“训练体系”开展专业知识的学习，在小组的创新活动中进行实践，最后依据特定的“评价标准”来对小组作品进行评判。

在以“三位一体，三创融合”为教育理念的教学实践中，iCenter以激发学生创造力、培养创新力为宗旨，多方位、立体式地开展了各类创新教育课程和创新活动，以期达到培养创新人才的目标。

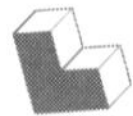

任务二 认识创新

一、创新的内涵

《广雅》：“创，始也。”新，与旧相对。“创新”一词出现得很早，如《魏书·卷六十二》有“革弊创新者，先皇之志也”。《周书》中有“创新改旧”。《现代汉语词典》中解释“创新”就是“抛开旧的，创造新的”。

在经济学上，“创新”是由政治经济学家约瑟夫·熊彼特于1911年《经济发展理论》中首次提出的概念，根据他的定义，创新就是一种“新的生产函数的建立”，即“企业家对生产要素的新组合”，指从新思想的产生到产品的设计、试制、营销和市场等一系列活动。其目的在于获取潜在的超额利润。约瑟夫·熊彼特认为创新主要有五种类型：引入一种新的产品或赋予产品一种新的特性；引入新的生产方法，即采用新的工艺或新的生产组织方式；开辟一个新的市场；获取原材料或半成品的一个新的供应来源；创建一个新组织。目前，学者对创新的界定多从“技术”角度出发，强调创新主要是从技术方面着手，对产品或工艺进行改进或变革，从而创造新的价值。

随着社会进步以及对创新理论的深入研究，学术界对创新的内涵有了深刻的认识，外延有了很大的扩展，把创新看成一种追求创意的意识和一种勇于思索、积极探求的心理取向。创新包括新的思想学说、方法、理论和新技术，既包括事务发展的过程，又包括事务发展的结果。综上所述，创新是个体和群体根据一定的目的和任务并用一些已知的条件产生出的新颖的、有价值的成果和认识行为的一项活动。创新涵盖了社会的各个方面和领域。

创新是以新思维、新发明和新描述为特征的一种概念化过程，有三层含义：

第一，更新，就是对原有东西进行替换。

第二，创造新的东西，就是创造出原来没有的东西。

第三，改变，就是对原有的东西进行发展和改造。

换句话说，并不是说只有重大的发明创造才是创新，实际上，对各种产品、工作方法、商业模式、服务模式的改进都属于创新。凡是能改变已有资源创造财富潜力的行为都可称为创新。

由此可见，创新的内涵很广，在日常生活、学习和工作中，所有以新思维、新发明和新描述为特征的活动，包括“更新、创造、改变”皆为创新。把创新仅仅等同于科技创新，是高学历、科研人员的专利，创新必须颠覆等认识都是错误的。创新也可以模仿和迭代。当然，当创新与创业共同出现时，较为统一的看法认为，这里的创新更符合经济学概念。

总之，当前中国的现代化建设和经济发展都将坚定不移地走创新驱动发展之路，大学生是创新的有力主体，更应正确认识创新，树立人人皆可创新、创新惠及人人的意识。

二、创新的误区

创新是每个人都可以参与的活动，是在科学的管理方法指导下采取的思维方式，是基于具体问题出发“分析问题—解决问题—创造价值”的过程。目前，个体对于创新的误区主要表现在以下几个方面：

误区一，创新就是科技创新。

误区二，创新一定就是自主创新。创新必须完全打破现有的、旧的东西，建立全新的事物。

误区三，创新是少数人，尤其是天才才能干的事情。

误区四，创新意味着对过去的颠覆。

误区五，创新的成本非常高。

误区六，创新就是灵光一现的想法。

三、创新的特征

不同的理论和学者对创新内涵的理解不同，对创新的特征理解也不尽相同。本书认为大学生应该从以下四方面认识创新的特征。

（一）创新具有普遍性和社会性

创新无处不在、无时不有，即创新存在于人类活动的一切领域，并且贯穿于人类活动的各个阶段，这就是创新行为的普遍性。同时，创新能力是人人都具有的一种能力。如果创新能力只有少数人才具有，那么许多创新理论，包括创造学、发明学、成功学等就失去了存在的意义。创新活动的社会性是指创新活动所表现出的有利于群体创新和社会发展的特性。当然，这并不意味着创新只是群体性的创新活动，它还包括个体性创新活动。在实际的创新过程中，群体创新与个体创新是辩证统一的。一方面，人的个体创新意识、能力等主要源于社会，是社会创新力量在个体创新方面的表现，生活于一定社会形态中的创新个体，其创新反映着这一社会形态的整体性质；另一方面，每个人的创新活动都在社会分工中占有一定的地位，是社会整体创新活动中必不可少的一个细胞，这表明，个体创新是社会创新的一部分，具有社会的性质。

（二）新颖性——创新最本质的特征

“创新”最本质的特征就是体现在一个“新”字上，即新颖性。创新有许多种，创新的结果在局部或全部应是先前从未存在过的，是先于他人，见人之所未见，思人之所未思，行人之所未行，获得的人类文明的新发展、新突破。这种“新”一方面体现在首创上，即“第一个”，如我国古代的四大发明（造纸术、印刷术、指南针、火药）和西方国家的三大能源发现（蒸汽、电能、原子能）是首创的，创新的意义在于第一个揭开某一领域、某一方面的奥秘，第一次揭示某种内在规律，或发现、发明某种新理论、新技术、新方法，引起经济、社会的重大变革；另一方面体现在更新上，即“变革”，如电子商务以及电子商务中的 B2B（business to business，企业对企业）、B2C（business to customer，企业对个人）等模式，它的意义在于对原有事物的改变和革新，通过对原有结构、原有技术、原有材料或原有流程等改变，最终实现效益的提升。

（三）双重性的特征

第一，创新是能动性和被动性的统一，创新的被动性表现在它受制于客观事物运动的规律，受制于创新手段和创新目的，受制于创新主体的水平和能力等；创新的能动性表现在创新活动中不能听任客观事物固有规律的摆布，而应该发挥创新者的主观能动性，不实现超越。第二，创新是绝对性和相对性的统一，从历史发展角度来看，人类的创新是绝对的、无限的，从个人角度看，创新是有限的、相对的。第三，大多数创新活动对社会发展具有巨大的促进作用，但也有一些创新活动对社会发展具有一定的破坏性、阻碍性。大多数创新在创新之初促进社会发展，但发展到一定时期或一定阶段，反而阻碍社会的进一步发展，不少创新对社会发展既有促进作用，又有破坏作用，关键是如何利用和谁来利用创新成果。

（四）高风险性

创新的高风险性是由创新自身的不确定性所决定的。创新风险不同于现实中其他可以规避的风险，其不确定性不能用概率统计理论来进行处理。未来的不确定性会产生两种结果：有利于创新主体和不利于创新主体，其中，不利于创新主体的因素就是风险。通常而言，不确定性越大，风险越高。创新需要投入相应的人力、物力、财力，投入的多少与创新的程度成正比。创新能否成功，投入能否顺利得到回报，受到很多不确定因素的影响，最后造成的创新结果可能回报颇丰，也可能血本无归，甚至可能影响到创新者的人身安全。

四、创新的类型

（一）产品创新

产品创新（product innovation）是指创造某种新产品或对某一老产品的功能进行创新。

产品创新可分为全新产品创新和改进产品创新。全新产品创新是指产品用途及其原理有显著的变化。改进产品创新是指在技术原理没有重大变化的情况下，基于市场需要对现有产品所作的功能上的扩展和技术上的改进。全新产品创新的动力机制既有技术推进型，也有需求拉引型。改进产品创新的动力机制一般是需求拉引型。需求拉引型，即市场需求—构思—研究开发—生产—投入市场。产品创新源于市场需求，源于市场对企业的产品技术需求，即技术创新活动以市场需求为出发点，明确产品技术的研究方向，通过技术创新活动，创造出适合这一需求的适销产品，使市场需求得以满足。在现实的企业中，产品创新总是在技术、需求两维之中，根据本行业、本企业的特点，将市场需求和本企业的技术能力相匹配，寻求风险收益的最佳结合点。产品创新的动力从根本上说是技术推进和需求拉引共同作用的结果。

产品的创新模式可分为以下六种：

（1）全新产品。这类新产品是其同类产品的第一款，并创造了全新的市场，此类产品占新产品的10%。

（2）新产品线。这些产品对市场来说并不新鲜，但对于有些厂家来说是新的，约有20%的新产品归于此类。

（3）已有产品品种的补充。这些新产品属于工厂已有的产品系列的一部分。对市场来说，它们也许是新产品。此类产品是新产品类型中较多的一类，约占所推出的新产品的26%。

（4）老产品的改进型。这些产品从本质上说是工厂老产品品种的替代。它们比老产品在性能上有所改进，提供更多的内在价值，该类新改进的产品占推出的新产品的26%。

（5）重新定位的产品。适于老产品在新领域的应用，包括重新定位于一个新市场，或应用于一个不同的领域，此类产品占新产品的7%。

（6）降低成本的产品。将这些产品称为新产品有点勉强。它们被设计出来替代老产品，在性能和效用上没有改变，只是成本降低了，此类产品占新产品的11%。

在产品创新的具体现实中，主要有自主创新、合作创新两种方式。自主创新是指企业不是对外有技术被动依赖与购买，而是通过自身的努力和探索产生技术突破，攻破技术难关，达到预期的目标。合作创新是指企业间或企业、科研机构、高等学院之间的联合创新行为。

（二）工艺创新

工艺创新是指企业采用了全新的或有重大改进的生产方法、工艺设备或辅助性活动。工艺创新的“新”要体现在技术、设备或流程上；它对本企业而言必须是新的，但对于其他企业或整个市场而言不一定是新的。工艺创新不包括单纯的组织管理方式的变化。工艺创新中的辅助性活动指企业的采购、物流、财务、信息化等活动。

（三）技术创新

技术创新是科技创新的一种表现方式。技术创新是以创造新技术为目的的创新或以科学技术知识及其创造的资源为基础的创新。前者如创造一种新的激光技术，后者如以现有的激光技术为基础开发一种新产品或新服务，二者常合二为一，是企业竞争优势的重要来源，企业可持续发展的重要保障。认识技术创新本质、特点和规律，是技术创新有效管理的重要前提。

技术创新是指生产技术的创新，包括开发新技术，或者将已有的技术进行应用创新。科学是技术之源，技术是产业之源，技术创新建立在科学规律的发现基础之上，而产业创新主要建立在技术创新基础之上。

技术创新和产品创新有密切关系，又有所区别。技术的创新可能带来但未必带来产品的创新，产品的创新可能需要但未必需要技术的创新。一般来说，运用同样的技术可以生产不同的产品，生产同样的产品可以采用不同的技术。产品创新侧重于商业和设计行为，具有成果的特征，因而具有更外在的表现；技术创新具有过程的特征，往往表现得更加内在。产品创新可能包含技术创新的成分，还可能包含商业创新和设计创新的成分。技术创新可能并不带来产品的改变，而仅仅带来成本的降低、效率的提高，如改善生产工艺、优化作业过程从而减少资源消耗、能源消耗、人工耗费或提高作业速度。另外，新技术的诞生，往往可以带来全新的产品，技术研发往往对应于产品或者着眼于产品创新；而新的产品构想，往往需要新的技术才能实现。

（四）服务创新

服务创新就是使潜在用户感受到不同于从前的崭新内容。服务创新为用户提供以前没有能实现的新颖服务，这种服务在以前由于技术等限制因素不能提供，现在因突破了限制而能提供。服务创新具有四个维度：

（1）服务概念，即供应商以什么概念吸引新老客户。

（2）客户接口，即供应商与客户端交互平台。

（3）服务传递，即供应商和客户间有效传递所共创或获取的价值途径。

（4）技术选择，即如何开发新技术并应用于服务系统中，推出新服务概念，设计更先进的客户接口，建立更有效的传递系统。

（五）商业模式创新

商业模式创新是指企业价值创造提供基本逻辑的变化，即把新的商业模式引入社会的生产体系，并为客户和自身创造价值。新引入的商业模式，既可能在构成要素方面不同于已有商业模式，也可能在要素间关系或者动力机制方面不同于已有商业模式。

商业模式创新是指对企业的价值创造、盈利方式和运营模式进行创新，以实现更高效的资源配置和价值传递。商业模式创新可以涉及以下方面：

（1）价值主张创新：重新定义企业为客户提供的价值，满足新的市场需求或创造新的市场空间。

（2）收入模式创新：开发新的收入来源，如订阅、付费会员、数据销售等，以提高企业的盈利能力。

（3）成本结构创新：通过优化供应链、自动化流程或采用新技术，降低企业的运营成本。

（4）渠道创新：开拓新的销售渠道或改变传统渠道，以更有效地接触目标客户。

（5）合作伙伴关系创新：建立战略合作伙伴关系，共享资源、能力和市场，实现互利共赢。

（6）客户关系创新：通过创新的客户互动方式、个性化服务或社群建设，提高客户忠诚度和满意度。

（7）产业链整合创新：整合上下游产业资源，优化产业价值链，提高整体效率和竞争力。

（六）管理创新

管理创新是指组织形成创造性思想并将其转换为有用的产品、服务或作业方法的过程。富有创造力的组织能够不断地将创造性思想转变为某种有用的结果。当管理者说到要将组织变革成更富有创造性的时候，他们通常指的就是要激发创新。

管理创新是企业或组织在管理理念、方法、制度等方面进行的创造性变革，以提高组织效率、竞争力和创新能力。管理创新可以包括以下几个方面：

（1）管理理念创新：引入新的管理思想和价值观，推动组织文化的变革，以适应不断变化的市场环境。

（2）管理方法创新：采用新的管理工具和技术，如数字化管理、人工智能、大数据分析等，提高管理效率和决策质量。

（3）组织结构创新：调整组织架构，优化部门设置和职责划分，提高组织的灵活性和协同效率。

（4）人力资源管理创新：实施新的人才招聘、培训、激励和发展策略，吸引和留住优秀人才，提高员工满意度和绩效。

（5）供应链管理创新：优化供应链流程，加强与供应商和合作伙伴的合作，提高供应链的效率和响应能力。

（6）创新管理机制：建立鼓励创新的管理制度和政策，支持员工提出创新想法，并对创新项目进行有效的管理和评估。

项目实训练习

一、单项选择题

1. 党坚持实施（　　）发展战略，把科技自立自强作为国家发展的战略支撑。

A. 创新驱动　　B. 科技创新　　C. 科教兴国　　D. 人才强国

2. （　　）能力是一个国家综合国力竞争的决定性因素。

A. 创新创业　　B. 经济发展　　C. 可持续发展　　D. 科技创新

二、多项选择题

1. 科技创新包括（　　）三种类型。

A. 知识创新　　B. 制度创新　　C. 科技创新　　D. 管理创新

2. 创新的作用主要体现在（　　）。

A. 创新具有价值引领作用　　B. 创新推动生产力的发展

C. 创新推动生产关系和社会制度的变革　　D. 创新推动人类思维和文化的发展

三、简答题

1. 谈谈创新对于今天中国具有的意义。
2. 对废弃的农作物秸秆，可做何处理？
3. 寻找创新故事，小组分享讨论。

四、案例分析题

案例：共享单车的兴起

共享单车是指企业在校园、地铁站点、公交站点、居民区、商业区、公共服务区等提供自行车单车共享服务，是一种分时租赁模式。共享单车是一种新型绿色环保共享经济。

1. 共享单车的创新点体现在哪些方面？
2. 共享单车的出现对社会和经济产生了哪些影响？

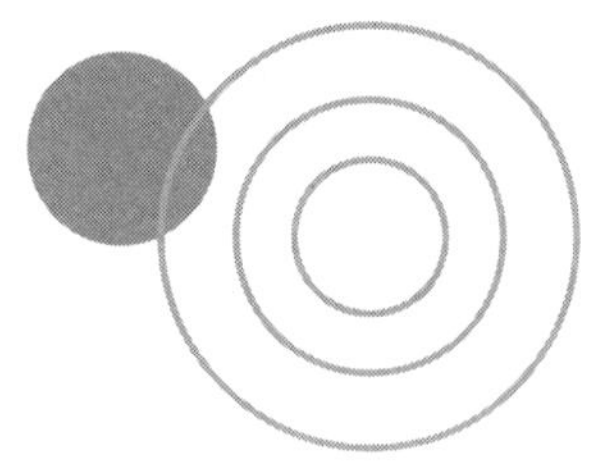

项目二

创新意识与创新思维

名　言

穷则变，变则通，通则久。

——《周易·系辞下》

学习目标

通过本项目学习，使学生了解创新意识的定义和特征，理解创新意识的作用，掌握创新意识的培养方法。了解创新思维的定义、特点和类型，掌握创新思维的过程，并能够主动运用创新思维的培养方法改变和提高创新能力。

案例导入

北京海淀：越写越精彩的创新故事

在北京市海淀区，站在中关村壹号26层的楼顶俯瞰，中关村科学城北区一览无余，中关村软件园、永丰产业基地、中关村翠湖科技园三大园区尽收眼底，两万多家高新技术企业从这里“连接”全球。

1．东升的经验是创新的结晶

在海淀区东升镇，曾经有遍地的拔丝厂、变压器厂、铁芯厂，曾经小餐饮、小网吧、小汽修林立……如今这里是全球健康药物研发中心、国际医疗器械创新中心、北京医疗机器人产业创新中心，处处彰显着海淀国际化创新型城市的品位。

说起东升镇（原东升乡），老北京人并不陌生。20世纪80年代，东升镇集聚了拔丝厂、变压器厂、铁芯厂和毛纺厂等40多家老工业企业，正当生产成本高涨、行业竞争激烈之时，东升镇将目光锁在了“退二进三”。

在摸索中，东升人成功找到了一条集体产权开办科技园区的路径，解决了农民可持续增收、产业转型升级等诸多问题，成为城乡接合部地区产业发展的样本。

“2004年、2005年时，北京市进行产业结构调整，外迁原有的高能耗、高污染的企业。”东升博展股份经济合作社相关负责人介绍，东升博展股份经济合作社成立时，划拨给合作社的是50

多家亟待转型的企业。

“经过调研，我们决定按照北京市和海淀区的有关规划要求，为高科技产业提供配套服务，为高端产业发展提供空间，所以把定位调整为高端产业发展的用地，来做高科技产业园区。”东升镇相关负责人介绍。

2010年3月，东升科技园一期投入使用。同年年底，海淀区人民政府同意园区挂牌为“中关村东升科技园”，享受全套中关村国家自主创新示范区的优惠政策。2012年7月，获国家正式批复成立中关村东升科技园，成为北京市首家获“中关村”冠名乡镇自办的国家级高新技术产业园区。

2. “中关村之路”就是以创新为纲

在创新引领发展这条路上，海淀区继续前行。

在智力资源高度密集的中关村科学城，创新驱动下的研发型经济正成为经济增长的发动机。

中关村科学城落地了全球健康药物研发中心、医疗机器人创新中心、腾盛博药等一批重点项目。众多企业选择将研发“大脑”扎根在中关村科学城。

由中关村科学城公司参与建设的北京市医疗机器人产业创新中心，总部位于东升国际科学园，面积8 800余平方米，配套有标准化手术室、铅屏蔽测试间等产业服务平台。

集成度最高、最灵敏的五指机械手，能够缝合葡萄皮的单多孔模块化腔镜手术机器人，能够实现肺部精准穿刺的手术机器人……北京市医疗机器人产业创新中心已服务几十家科技创新企业。

3. “两区”建设给创新按下“加速键”

高水平建设国家服务业扩大开放综合示范区和北京自由贸易试验区，是落实党中央决策部署的重要举措，对推动高质量发展、构建新发展格局具有重要意义。海淀区紧抓机遇，不断发挥科技人才优势，大胆闯大胆试，力争在“两区”建设中带好头、树标杆。

2021年初，海淀区正式印发《海淀区“两区”建设工作方案》和《中国（北京）自由贸易试验区科技创新片区海淀组团实施方案》，进一步加强“政策、空间、项目”清单管理，高标准推进政策项目落地见效。

在空间资源上，海淀区梳理了自由贸易试验区目前产业规划用地规模，2025年前预计可供应产业空间总建筑规模561万m^2。项目清单方面，海淀区梳理列入“两区”重点储备项目200余个。

目前，海淀区“两区”建设已经初见成效。下一步，海淀区将继续发挥“两区”和中关村国家自主创新示范区政策叠加优势，努力建设贸易投资便利、营商环境优异、创新生态一流、高端产业集聚、国际交往活跃、监管安全高效、辐射带动作用突出的高水平北京自贸试验区科技创新片区，持续为北京国际科技创新中心建设探新路、作示范。

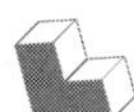

任务一 认识创新意识

一、创新意识的定义

创新意识是指人们根据社会和个体生活发展的需要，引起创造前所未有的事物或观念的动机，并在创造活动中表现出的意向、愿望和设想。它是人类意识活动中的一种积极的、富有成果的表现形式，是人们进行创造活动的出发点和内在动力，是创造性思维和创造力的前提。

知识拓展

火药雕刻师徐立平

创新意识包括创造动机、创造兴趣、创造情感和创造意志。创造动机是创造活动的动力因素，它能推动和激励人们发动和维持进行创造性活动。创造兴趣能促进创造活动的成功、促使人积极探求新奇事物的心理倾向。创造情感是引起、推进乃至完成创造的心理因素，只有具有正的创造情感才能使创造成功。创造意志是在创造中克服困难，冲破阻碍的心理因素，创造意志有目的性、顽强性和自制性。

创新意识与创造性思维不同。创新意识是引起创造性思维的前提和条件，创造性思维是创意识的必然结果，二者密不可分。创新意识是创造性人才所必须具备的。创新意识的培养和开发是培养创造性人才的起点，只有注意从小培养创新意识，才能为成长为创造性人才打下良好的基础。一个具有创新意识的民族才有希望成为知经济时代的科技强国。

二、创新意识的主要特征

1. 新颖性

创新意识或是为了满足新的社会需求，或是用新的方式更好地满足原来的社会需求，创新意识是求新意识。

2. 社会历史性

创新意识是以提高人们的生活水平需要为出发点的，而生活水平包括物质和精神两个方面。在很大程度上，这种需要受具体的社会历史条件制约。创新意识激起的创造活动、产生的创造成果，是为人类进步和社会发展服务的，因此必须考虑社会效果。

3. 个体差异性

创新意识的产生，受环境氛围、文化素养、兴趣爱好、情感志趣等因素的影响，同时这些因素又具有个体差异性。因此对于创新意识既要考察社会背景，又要考察其文化素养和志趣动机。

三、创新意识的作用

（一）创新意识是决定一个国家、民族创新能力最直接的精神力量

科学的本质就是创新。每一次进步科学技术的进步都是通过创新实现的。迅猛发展的科学技术对人类社会产生了广泛而深刻的影响。创新意识推动社会生产力的发展。创新使人们的生产工具和生产技术不断更新，劳动者的素质迅速提高，开辟出更为广阔的劳动对象，极大地推动了社会生产力的进步。今天，创新能力实际就是国家、民族发展能力的代名词，是一个国家和民族解决自身生存、发展问题能力大小的标志。

创新故事

新兴百叶窗

设计师打造出了一种新颖的百叶窗，它不仅可以阻挡雨水进入，还能保持室内空气的流通。原来，设计师经过价值分析，摒弃了传统设计中材料耗费多、成本高的模式，转而采用让雨水透

过百叶窗进入窗叶后的凹槽，再通过细管将雨水排出室外的新设计。这种新型百叶窗不仅降低了成本，还具有操作简便、使用寿命长的优点，商品化后的产品在市场上极具竞争力。

（二）创新意识促成社会多种因素的变化，推动社会的全面进步

创新意识的根源是社会生产方式，它的形成和发展必然进一步推动社会生产方式的进步，从而带动经济飞速发展，促成上层建筑的进步。创新意识进一步推动人的思想解放，有利于人们形成开拓意识、领先意识等先进观念；创新意识会促进社会政治向更加民主、宽容的方向发展，这是创新发展需要的基本社会条件。这些条件反过来又促进创新意识发展，更优于创新活动的进行。

（三）创新意识能促成人才素质结构的变化，提升人的本质力量

创新实质上确定了一种新的人才标准，它代表着人才素质变化的性质和方向，它输出着一种重要的信息：社会需要充满生机和活力的人、有开拓精神的人、有新思想道德素质和现代科学文化素质的人。它客观上引导人们朝这个目标提高自己的素质，使人的本质力量在更高的层次上得以确证。它激发人的主体性、能动性、创造性的进一步发挥，从而使人自身的内涵获得极大丰富和扩展。

四、创新意识的培养

（一）培育求知欲，注重知识储备

“学而后创，创而后学”，此乃创新之根本路径，唯有持续学习创新知识，方可激发创新灵感。创新知识的积累需具备创新学习之能力。创新学习即为接受、优化及构建知识之过程，其实质是知识的增值，是进行创新思维与创新实践的基础。唯有掌握创新的基础知识与基本技能，遵循创造性规律，了解科技发展及知识更新之动态，形成较强的学习能力与思维能力，方能产生创新意识。

（二）培养好奇心，激发创新潜能

创新需要一定的好奇心，当人们细心观察、探索并努力思考时，会产生许多思维火花，解决许多以往难以解决的问题。好奇心是点燃创新的火炬，唯有好奇，多问为何，创新方能有所进展。

创新故事

地质学家李四光

我国著名地质学家李四光，幼时常常对家乡一些不明来历的石头产生奇妙的想象。他总是自问：这些孤单的巨石为何会出现在这里？它们又是靠什么力量来到这儿的？此后，李四光几乎踏遍了全国的山山水水，进行了大量的考察和研究，最终确定这些怪石是冰川的浮砾，是第四纪冰川的遗迹，纠正了国外学者认为中国没有第四纪冰川的错误理论。

（三）培养创造欲，参与实践活动

创造欲是指不满足于现有的思想、观点和方法，经常思考如何在原有基础上进行创新和发明，以及如何推陈出新。要经常问自己：是否可以从另一个角度看问题？是否有更简洁有效的方法和途径？对于大学生来说，要加强创新创业的实践，不能“两耳不闻窗外事，一心只读圣贤书”。创新创业实践活动可以是创新创业竞赛，也可以是创新创业培训；可以是理论性的，也可以是操作性的。

（四）培养质疑欲，消除心理障碍

谈及创新，一些创业者会本能地产生抵触和恐惧。要想拥有创新意识，首先要消除创新的心理障碍，树立创新的信心和勇气。其次要有首创精神，敢于尝试别人没有想过、没有做过的事情。最后要学会质疑，“学源于思，思源于疑”，有疑问才能促使人们去思考、去探索、去创新。

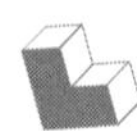

任务二　认识创新思维

一、创新思维的定义

思维是人类特有的精神意识活动，是人脑的机能和产物，是人类在劳动协作和语言交往的社会实践中产生、发展起来的。

它是人类大脑对客观事物的间接和概括的反映，包括分析、综合、比较、抽象、概括等多种过程。

思维可以帮助人们理解和解释世界，解决问题，做出决策，并产生新的想法和创意。它是人类智慧的体现，是人们认识世界和改造世界的重要工具。

思维可以分为不同的类型，如逻辑思维、形象思维、创造性思维等。不同类型的思维在不同的领域和情境中有重要的作用。

知识拓展

习近平关于创新思维方法的重要论述（一）

创新思维就是对现有认识和实践的升华，突破现有的常规思路，以新颖独特的思路和方法探索未知领域或解决已有的问题，从而创造新的、有价值的物质或精神产物的思维过程。

创新思维是创新能力的核心。其本质是在现有知识和经验基础上进行想象、推理和再创造，对前人尚未解决的问题进行探索、寻究、找出新答案的思维活动，是实现创新活动由感性认识到理性思考的飞跃。

二、创新思维的特点

1．新颖性

人们在进行探索和研究问题的活动中，打破惯常解决问题的方法时所形成新思想的思维特征，是创新思维新颖性的体现。如地球是圆的，又知道向东航行能够到达东方，于是哥伦布就预见到，向西航行也能到达东方，这就是创新思维新颖性的具体表现。

2．求异性

创新思维在创新活动过程中，尤其是初期阶段，求异性特别明显。它要求关注客观事物的差异性和特殊性，关注现象与本质、形式与内容的不一致性，常常表现为标新立异、独树一帜。

创新故事

哥伦布与鸡蛋的故事

航海家哥伦布率领船队“开拓领域”，然而众人却对哥伦布发现新大陆一事心存疑虑。哥伦布询问众人谁能将鸡蛋竖立起来，大家都束手无策，只能眼睁睁地看着哥伦布会如何做。不料，哥伦布将鸡蛋往桌子上一敲，鸡蛋底部的壳破裂，鸡蛋就这样立住了。

3. 发散性

创新思维不墨守成规，而是突破传统，质疑和批判已有理论与做法，擅长从多角度、多方位、多层次、多学科进行全方位思考。

4. 敏锐性

创新思维需要人们进行艰苦的脑力劳动，通常不是毫无边际、轻松随意就能即刻想出一个好的创意，也不是偶尔运用几次创新思维就能轻易解决问题。创新思维需要在常见的事物中发现未知的新事物。

5. 价值性

创新思维的成果具有独特性和新颖性，能够转化为知识、信息、技术、产品等，创造巨大的价值和社会意义，甚至可能引发生产力的变革。

6. 综合性

创新思维的综合性是一种将对事物各个方面、各个部分和属性的认识统一为一个整体，从而把握事物本质和规律的思维方法。综合性不是随意、主观地拼凑事物的各个部分、侧面和属性，也不是简单地相加，而是按照它们内在的、必然的、本质的联系在思维中再现整个事物。

三、创新思维的过程

很多人对创新有错误的认识，似乎创新是偶然的、一瞬间的灵感。比如，瓦特看到壶盖被蒸汽顶起而发明了蒸汽机，牛顿被下落的苹果砸了头而发现了万有引力，门捷列夫玩纸牌时想出了元素周期表。其实，很多创新过程都是一个复杂而漫长的过程。如上述创新背后是瓦特、牛顿、门捷列夫长期不懈的思考和努力。

大量实例已经证明，与偶然、一瞬间的灵感相比，系统的创造过程所产生的新想法无论是数量还是质量都要高很多。

英国心理学家格林汉姆沃勒斯提出经典的“准备—酝酿—明朗—验证”的创新四阶段理论，它是目前影响最大、传播最广，而且较为实用的过程理论。

1. 准备期

准备期是发现和提出问题阶段。一切创新都是从发现问题、提出问题开始的，问题的本质是现有状况与理想状况的差距。爱因斯坦认为：“提出问题通常比解决问题更重要，因为解决问题不过涉及数学上的或实验上的技能而已，然而提出问题并非易事，需要有创新性的想象力。”他还认为，对问题的感受性是人的重要资质。准备期可分为以下三个步骤：

（1）知识和经验进行积累和整理。

（2）搜集必要的事实和资料。

（3）了解所提问题的社会价值，能满足社会的何种需要及价值前景。

由此可见，准备阶段是要经历相当长的时间。如爱迪生为了发明电灯泡，据说光搜集资料整理成的笔记就有200多本，总计40 000多页。

2. 酝酿期

酝酿期也称沉思和多方思维发散阶段。在酝酿期要对收集的资料、信息进行加工处理，探索解决问题的关键，因此常常需要耗费很长时间，花费巨大精力，它是大脑高强度活动时期。这一时期，要从各个方面，如逆向、发散、集中等方面去进行思考，让各种设想在头脑中反复组合、交叉、撞击、渗透，按照新的方式进行加工。加工时应主动使用创造性的方法，不断选择，力求形成新的创意。

为使酝酿过程更加深刻和广泛，还应注意把思考的范围从熟悉的领域扩大到表面上看起来没有什么联系的其他专业领域，特别是常被自己忽视的领域。这样既有利于冲破传统思维方式和“权威”的束缚，打破成见、独辟蹊径，又有利于获得多方面的信息，利用多学科知识“交叉”优势在一个更高层次上把握创新活动的全局，寻找创新的突破口。

有时也可把思考的问题暂时搁置一下，有意识地切断习惯性思维，以便产生新思维；再有，灵感思维的诱发规律告诉我们，大脑长时间兴奋后有意松弛，有利于灵感的闪现。

酝酿期的思维强度大，困难重重，常常百思不得其解，屡试难以成功。此时，良好的意志品质和进取性格就显得格外重要，因为这是酝酿期取得进展直至突破的心理保证。

创造性思维的酝酿期通常是漫长的、艰巨的，很有可能归于失败。但唯有在方法正确的前提下，坚持下去，才是充满希望的。

3. 明朗期

明朗期即顿悟或突破期，即寻找到了解决办法。明朗期很短促，很突然，呈猛烈爆发状态。人们通常所说的“豁然开朗”“众里寻他千百度，蓦然回首，那人却在灯火阑珊处”等，都是描述这种状态的。如果说：“踏破铁鞋无觅处”描绘的是酝酿期，那么“得来全不费工夫”则是明朗期的形象刻画。在明朗期，灵感思维往往起决定作用。

这一阶段的心理状态是高度兴奋甚至感到惊愕，像阿基米德那样，因在入浴时获得灵感而狂奔，欣喜呼喊“我发现了！我发现了!”虽不多见，但完全可以理解。

4. 验证期

验证期是评价阶段，是完善和充分论证阶段。突然获得突破，结果难免存在若干不足。验证期是把明朗期获得的结果加以整理、完善和论证并且进一步得到充实。假如不经过这个阶段，就不可能真正取得创新成果。论证包括理论验证和实践检验两个方面。

验证期的心理状态较平静，但需耐心、周密、慎重，不急于求成和不急功近利是很关键的。

四、创新思维的类型

创新思维是可以被描述、被学习、被掌握的。人们在实践中会运用到各种各样的创新思维，根据不同的划分标准，创新思维可以被分为若干类型。本书主要介绍以下常见的创新思维：

（1）发散思维，又称辐射思维、放射思维、扩散思维或求异思维，是指大脑在思维时呈现的一种扩散状态的思维模式，它表现为思维视野广阔，思维呈现出多维发散状。如“一题多解”“一事多写”“一物多用”等方式。例如，列举曲别针的用途：可以夹文件、别书页、做项链、做耳环、做鱼钩等。

（2）聚合思维，又称集中思维、求同思维、辐合思维，是指从已知信息中产生逻辑结论，从现成资料中寻求正确答案的一种有方向、有范围、有层次的思维方式。聚合思维的主要特点是求同，即把问题所提供的各种信息聚合起来，朝着一个方向集中思考。

（3）直觉思维，是指不受某种固定的逻辑规则约束而直接领悟事物本质的一种思维形式。直觉思维具有敏捷性、直接性、跳跃性等特点。直觉思维在创新活动中具有重要的作用，它可以帮助人们迅速地发现问题的本质和解决方案。

（4）逆向思维，也称求异思维，它是对司空见惯的似乎已成定论的事物或观点反过来思考的一种思维方式。逆向思维敢于“反其道而思之”，让思维向对立面的方向发展，从问题的相反面深入地进行探索，树立新思想，创立新形象。

（5）联想思维，是指人们在头脑中由一种事物联想到另一种事物的思维活动。联想思维可以帮助人们从不同的角度和层面看待问题，从而产生新的想法和创意。

（6）灵感思维，即突发式思维，指在无意识状态下突然产生的、具有创造性的思维成果。灵感思维的产生往往是在人们放松、愉悦的状态下，突然间出现的一种思维灵感。

五、创新思维的培养

创新思维是人类最高层次的思维、它是创新教育的核心。培养学生的创新精神必须着力于培养学生的创新思维能力。21 世纪是知识经济时代，知识经济的本质就是创新，培养创新思维是时代对大学生提出的基本要求，也是大学生必备的素质。大学生创新思维的培养应着重从以下三个方面做起：

1. 打破创新思维枷锁

影响大学生进行创新思维的枷锁大致有如下四种：

（1）权威型思维枷锁。权威枷锁是思维定式的一种，即盲从权威。人是教育的产物，来自教育的权威定式使人们逐渐习惯遵从权威，对权威的言论不加思考地盲信盲从，唯独缺少“自我思索、冲破权威、勇于创新”的意识。对权威的盲从，使大学生的思维失去了主动性。

（2）从众型思维枷锁。从众心理即个体在群体的影响或压力下，放弃自己的意见或违背自己的观点，使自己的言论、行为保持与群体一致的现象，即通常所说的“随大流”。从众行为一般指群体成员跟从群体的倾向行为。即当个人发现自己的行为和意见与群体不一致或与群体中大多数人有分歧时，会感受到一种压力，这会促使他采取与群体一致的行为。人都有从众心理。例如，当某种服装风格或发型开始流行时，许多人会纷纷效仿，即使这种风格可能并不完全适合自己。

（3）经验型思维枷锁。经验是相对稳定的，所以可能导致人们对经验的过分依赖，从而形成固定的思维模式，这样就会削弱想象力，造成创新思维能力的下降。从思维的角度来说，经验具有很大的狭隘性，它束缚了人的思维广度。而创新思维要求大学生必须拓展思路，摆脱束缚。

（4）书本型思维枷锁。书本是一种系统化理论化的知识，是千百年来人类经验和体悟的结晶，但尽信书不如无书，学生应该对书本知识活学活用。读书不为书所累，“睹一事于句中，反三隅于字外”，善于驾驭书本知识，用书本知识来指导现实生活，提高技能。

2. 激发创新思维潜能

（1）精通所学，兴趣广泛。创新绝不是无本之木、无源之水，唯有牢固的知识基础，创新才有可能。因此，大学生应精通所学课程，并培养广泛的阅读兴趣。牛顿、伽利略、爱迪生等都是满腹经纶的学问大家。

（2）处处留心皆学问。学习绝不仅限于课堂和读书。事实上，学习无处不在，聊天、上网、看电视都可以是学习，即使是走在路上看风景也可以是学习，其关键不是形式，而在于用心。例如，看《舌尖上的中国》，我们不仅可以了解当地的美食，还可以了解生活习惯和饮食文化，甚至是当地人的地区性格。

（3）理论与实践相结合。古人云：读万卷书，行万里路。唯有理论与实践相结合，理论才有意义。只有精通理论，才可能去改进实践；只有拥有丰富的实践经验，才可能产生新的理论。

（4）打破砂锅问到底。要培养自己的创新意识，应富有怀疑精神，探究各种事物的本源及其实质，打破砂锅问到底。

（5）日有所思，夜有所梦。梦是一种主体经验，是人在睡眠时产生想象的影像、声音、思考或感觉。梦的内容通常是非自愿的，也有些梦的内容是自己可控制的。但是，无论内容是控制的还是自愿的，梦的整个过程都是一种被动体验，而非主动体验过程。梦是一种神经行为，也有解释是人的潜意识凸显。学者认为梦是一种形象思维，梦往往会给人们带来许多启示和创意。因为当我们做梦时，将超越白天清醒状态缠绕于头脑中的“可能与不可能”“合理与不合理”“逻辑与非逻辑”的界限，而进入一个超越理性、横跨时空的自由自在的思维状态。柴可夫斯基梦中谱曲、凯库勒发现苯分子结构都是梦境创新的结果。

3. 参与社会实践

实践是检验真理的唯一标准。所以，要开发学生的创新思维，培养创新能力，必须投身社会实践。每一项发明，无论是成功与失败，都是无数次创新思维实践过程的组合。

高校应多组织开展行之有效的社会实践活动，使大学生在课堂学习之余，走向社会，融入实践劳动，进行创新思维锻炼。只有在实践中，才能找出想与做的差距，创新理念才能变为现实，才能让大学生的创新意识、创新能力得到真正的发展。

项目实训练习

一、创新活动：有创造力的我

（一）用食物向大家介绍自己

我的姓名是：

我是一名：__________（职业）

利用食物来介绍我自己：______________________________。

我“看”起来像：______________________________。

我“闻”起来像：______________________________。

我“摸”起来像：______________________________。

我“听”起来像：______________________________。

我“尝”起来像：______________________________。

我最近的冒险经历是：______________________________。

（二）思考

1. 用食物介绍自己，你认为和正常的自我介绍的区别是什么？

2. 询问你身边的三个同学，他们对你的介绍中印象最深刻的是哪三个？理由是什么？

二、创新训练活动

1. 请运用强制联想，通过3～5个中介词语将以下词语联系起来。

飞鸟—烟囱

足球—讲台

黑板—原子弹

2. 如果你有一个衣架、一个挂衣钩和一个又细又长的夹子，现在需要利用上述三个物品其中的一个，把三枚硬币从一个窄口深玻璃杯中取出，你会选择哪个作为工具？

三、思维启迪

1. 你认为应该采取什么措施培养创新型人才？

2. 创新、发明与创业三者之间有怎样的关系？

3. 简述粉笔的用途。

4. 有两个等式，4-3=5、9+4=1，在什么情况下，这两个等式成立？

5. “凡是美的，都是简单的。”这句话对吗？如果认为不正确，请给出反例。如果认为正确，请就这句话结合生活、学习经验给出自己的解释，并用自己的话对它进行概括。

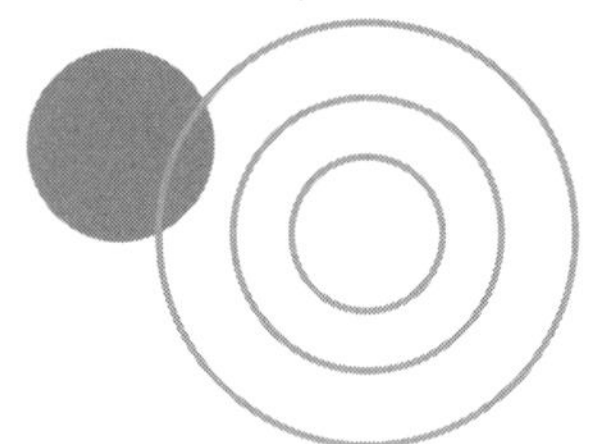

项目三 创新方法

名　言

对于创新来说，方法就是新的世界，最重要的不是知识，而是思路。

——郎加明

学习目标

通过本项目学习，使学生了解头脑风暴法、奥斯本检核表法等创新方法的主要内容和基本原理，掌握操作程序，能够学会运用创新方法提高创新水平。

案例导入

“人知道的，‘智飞’号都知道”

——我国首艘自主航行300TEU集装箱船研发纪实

3海里外，“智飞”号迎面驶来。

“不会真撞上来吧？”靶船上，记者不禁捏了把汗。

同行的十多位船舶行业专家、院士，也都紧盯着它——我国首艘自主航行300TEU（标准箱）集装箱船的一举一动。

2海里、1.5海里、1海里……“转向了！”大家齐声欢呼。没有人操控，“智飞”号自动转向，从靶船左舷安全驶过。

这是发生在山东青岛鳌山湾畔的一幕。作为全球最大的实现常规商业运行的智能船舶，“智飞”号在这里完成了阶段性成果演示。

“此前，它已连续运行近两年，往返于青岛港至董家口港区，累计航次近600次。”中国航海学会常务副理事长说。这一成绩在智能航运领域无出其右，标志着我国在船舶自主航行研发与应用领域走在世界前列。

1. 打通数据堵点，让“大脑”更聪明

总长110 m、宽15 m、8 000 t排水量，“智飞”号是一个庞然大物。体积越大，操控越难，船长的预判能力越重要。

要想让“智飞”号智能驾驶系统成为一位经验丰富的“船长”，就需要将视觉感知、障碍识别、安全操控等技术融合至系统内，并不断积累各类障碍、各级海况、各种场景等数据，来训练、验证、迭代系统。

“研发船用智能驾驶系统是‘无人区’，国内国外均无经验可循。”在大家千方百计完成系统研发时，数据却出了问题。

随后的一年多时间里，研发团队与雷达企业技术人员吃住在一起，通过不断海试实测与设备参数调整，提升数据的有效性。

为了实现对目标的稳定跟踪，在雷达信号受到干扰或遮挡时，船舶自动识别系统实时“补位”报告目标位置数据；在雷达难以分辨疑似目标时，船载摄像头自动调整角度和视野补充信息。

“团队还专门开发出波浪主动抑制系列算法，清洗掉因自身误差或电磁干扰产生的错误数据，弥补雷达测量精度的不足。”“总之，一切努力都是为了实现这样的目标——人知道的，‘智飞’号都知道。”

随着设备的不断优化更新，输送给智能驾驶系统的数据质量越来越高，“智飞”号的“大脑”也变得越来越聪明。

2. 自主选择链路，多线“牵牢”信号

长远来看，智能驾驶要与航运保障、海事监管、码头装卸等环节联动，才能整体提升航运的效率和水平。而实现这一切的前提是可靠通信。

研发团队发现，由于海洋环境的特殊性，无论是采用航路沿岸4G/5G通信还是卫星通信，任何单一方式都无法避免信号丢失。信号丢失意味着失联，自主航行船舶将面临风险。

电信、移动、联通三家运营商相继被引入，和团队一起完善基站覆盖、调整天线朝向、优化网络信号，确保航路每一处都在某家运营商基站的“管辖范围”。

运营商先后派人随船进行信号测试。无论严冬酷暑、狂风暴雨、白天黑夜，都有人坚守在船上。

历时近四年，技术人员不断尝试整合各种通信方式，寻找通信链路数据量、资费的最优配比。

大家一步步试出最终的融合通信方案：在船端配备多套4G/5G终端设备、卫星通信设备，配备不同运营商流量卡四张，卫星系统采用亚太卫星和鑫诺卫星的组合，配以不同流量的套餐。实际航行中，“智飞”号根据情况自主切换不同通信链路。

以前，每当“智飞”号进入“信号黑洞”，船上警报不断。融合通信方案落地后，警报声再未响起。如同飞机起飞和落地，“靠离泊”是安全航行的最重要环节。依靠稳定、高效的信号保障，现在船舶10 min左右就可自动“停车入库”或启动出港。

3. 突破电池技术，探索绿色航运

绿色低碳转型是航运产业发展方向，就好比电动车替代燃油车一样。“智飞”号大胆地迈出了这一步。

“使用纯电推进具有多重优势，尤其是在船舶智能化方面。”纯电可进一步缩短设备响应时

间，提高船舶控制精度，对智能驾驶意义重大。

船用电池充电模式主要有两种：一种是利用码头电源充电，即船舶停靠在码头进行客货装载时完成充电，这需要改造码头；另一种是利用船上发电机充电，既灵活方便，又可以边航行边回收多余电能。

从便利角度出发，研发团队首选了后一种方案，联合电池企业重点攻关满足该方案需求的电池技术。

内阻大、散热难是动力电池普遍面临的技术难点，团队首先从结构设计入手加以解决。

给电池扩容是另外一个难点。反复试验、不断调配、优化再优化，最终团队找到了“独家秘方”——通过电池正负极材料、电解液、隔膜等原材料的合适配比，将电池单体容量提升至80 A·h和90 A·h，远超传统的50 A·h。

团队还首创出18道锂离子动力电池生产工艺。通过简化工艺流程，电池的生产效率提高至一般圆柱形电池的3～4倍，质量控制水平也大幅提升。

党的二十大报告明确提出：“加快建设海洋强国。”智能化、绿色化是产业发展的大趋势，也是当今国际海事技术的竞争焦点。“智飞”号的智能化、绿色化创新实践，将助推中国智能船舶乘风破浪、向海图强！

创新方法是指创新活动中带有普遍性和规律性的方法和技巧。创新方法一直被世界各国所重视。我国学者认为创新方法是科学思维、科学方法和科学工具的总称。其中，科学思维是一切科学研究和技术发展的起点，贯穿于科学研究和技术发展的全过程，是科学技术取得突破性、革命性进展的先决条件。科学方法是人们进行创新活动的创新思维、创新规律和创新机理，是实现科学技术跨越式发展和提高自主创新能力的重要基础。科学工具是开展科学研究和实现创新的必要手段和媒介，是最重要的科技资源。由此可见，创新方法既包含实现技术创新的方法，也包含实现管理创新的方法。目前，主要的创新方法有头脑风暴法、奥斯本检核表法、5W2H分析法、六顶思考帽法、综摄法等。

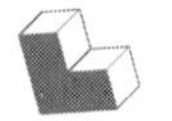

任务一　认识头脑风暴法

一、头脑风暴法的概念

头脑风暴法（brainstorming）又称智力激励法、畅谈法或自由思考法，出自“头脑风暴”一词。所谓头脑风暴，最早是精神病理学上的用语，是对精神病患者的精神错乱状态而言的，现在则成为无限制的自由联想和讨论的代名词，目的在于产生新观念或激发创意思考。

古希腊哲学家苏格拉底就非常重视集体对话，经常通过集体思考来获得思想认识。头脑风暴法由创造学家亚历克斯·奥斯本于1939年首次提出，于1953年正式发表。

在群体决策中，由于群体成员心理相互作用影响，易屈于权威或大多数人意见，形成“群体思维”。群体思维削弱了群体的批判精神和创造力，损害了决策的质量。

为了保证群体决策的创造性，提高决策质量，管理上发展了一系列改善群体决策的方法，头脑风暴法是较为典型的一个。这个方法和我国的“三个臭皮匠，顶个诸葛亮”有异曲同工之处，都强调集思广益。

奥斯本认为，人们在解决问题时，习惯于过早评判，而评判的依据是以往的经验和思维的定式，所以不利于创造性地解决问题。因此，需要采用集思广益的对话方式，这种对话方式的原则是“仔细聆听”“自由阐述”“不争论”。

采用头脑风暴法组织群体决策时，要集中有关专家召开专题会议，主持者以明确的方式向所有参与者阐明问题，说明会议的规则，创造融洽轻松的会议气氛。主持者一般不发表意见，以免影响会议的自由气氛，由专家“自由”提出尽可能多的方案。

二、头脑风暴法的激发机理

头脑风暴何以能激发创新思维？根据奥斯本本人及其他研究者的看法，主要有以下几点：

第一，联想反应。联想是产生新观念的基本过程。在集体讨论问题时，每提出一个新的观念都会引发他人的无限联想，相继产生一连串的新观念，进而形成新观念堆，为创造性地解决问题提供更多的可能性。

第二，热情感染。在不受任何限制的情况下，集体讨论问题能激发人的热情。在场每个成员都自由发言、相互影响、相互感染，能形成热潮，突破固有观念的束缚，最大限度地发挥创造性思维能力。

第三，竞争意识。在有竞争意识情况下，群体成员争先恐后，竞相发言，不断地开动思维机器，力求有新奇的观念。心理学的原理告诉我们，在有竞争的情况下，人的心理活动效率可增加50%，甚至更多。

第四，个人欲望。在集体讨论解决问题过程中，个人发言不受任何干扰和控制是非常重要的。头脑风暴法有一条原则，不得批评仓促的发言，甚至不许有任何怀疑的表情、动作、神色。这就能使每个人畅所欲言，提出大量的新观念。

创新故事

飞机扫雪

在寒冷的冬天，雪花纷飞，电线上往往会堆积满冰雪，大跨度的电线常常被积雪压断，对通信造成严重影响。电信公司做了诸多工作，想要解决这个困扰他们许久的难题，却都未能达成愿望。其后，电信公司经理组织召开了一次能够让头脑掀起风暴的座谈会，参与会议的是来自不同专业的技术人员。在会上，有人提议设计一种专门的电线除雪机器，有人想着利用电热来消融冰雪，有人建议运用振荡技术清除积雪，还有人提出带着大扫帚，乘坐直升机去清扫积雪。对于“飞机扫雪”这个设想，很多人都觉得这是天方夜谭。然而，有一位工程师听了这个设想后，认真思索，迅速构建了一种简便可行的清雪办法——每当大雪停止后，派出直升机沿着积雪严重的电线飞行，依靠高速旋转的螺旋桨所产生的强大气流将电线上的积雪迅速吹落。公司的专家对各种设想进行分类论证后认定，用飞机扫雪是最为经济高效的方法。后来经过现场试验，用直升机螺旋桨除雪果然能够起效。就这样，一个长时间悬而未决的难题，最终在头脑风暴中得到了巧妙的解决。

三、头脑风暴法成功的关键

头脑风暴法成功的关键是探讨方式，即群体能进行充分、非评价性和无偏见的交流，具体可归纳以下几点：

1. 自由畅谈

参加者不应该受任何条条框框限制，让思维自由驰骋，从不同方位、不同角度展开大胆想象，尽可能地与众不同，提出独创性的想法。

2. 延迟评判

延迟批判就是在群体成员提出想法时，其他任何人不得对发言者的观点提出质疑、批判和反驳，一切评价和判断都要延迟到会议结束以后才能进行。这样做一方面是为了防止评判影响发言者的积极思维，破坏自由畅谈的有利气氛，使发言者不敢继续发表自己的观点；另一方面是为了集中精力先开发设想，避免把应该在后阶段做的工作提前进行，影响创造性设想的大量产生。

3. 追求数量

头脑风暴的目标是获得尽可能多的设想，追求数量是它的首要任务。参加会议的每个成员都要多思考，多提设想。至于设想的质量问题，可以留到会后的设想处理阶段去解决。在某种意义上，设想的质量和数量密切相关，产生的设想越多，其中的创造性设想就可能越多，实现以量求质的目的。

创新故事

某家食品公司面临着产品销量下滑的困境，希望通过创新来提升产品的市场竞争力。公司的研发团队决定采用头脑风暴法来寻找新的产品创意。

在一次头脑风暴会议上，团队成员抛开传统思维，尽情发挥想象。有人提出了“健康零食”的概念，认为消费者越来越关注健康饮食，可以开发一种低卡路里、高营养的零食；有人想到将传统食品与现代科技结合，如利用3D打印技术制作出形状各异的巧克力；还有人提议推出具有特殊口味或功能的饮料，如含有助眠成分的茶饮。

会议中，大家积极交流、互相启发，不断涌现出各种新奇的想法。团队成员没有急于否定任何一个创意，而是将所有的想法都记录下来。经过热烈的讨论和分析，他们筛选出了几个最具潜力的概念。

接下来，研发团队对这些概念进行了深入研究和开发。他们与营养师合作，调制出了满足健康标准的零食配方；与科技公司合作，尝试将3D打印技术应用于食品生产；开展市场调研，了解消费者对特殊口味饮料的反馈。

最终，这家食品公司成功推出了一系列创新产品，包括低卡健康零食、3D打印巧克力和功能性饮料等。这些产品在市场上引起了消费者的关注和兴趣，销售额也有了显著增长。

这个案例展示了头脑风暴法在创新过程中的应用。通过鼓励团队成员自由思考和大胆想象，产生了众多创新的想法，为解决问题提供了更多的可能性。然后通过进一步的研究和开发，将有潜力的想法转化为实际的创新产品，取得了良好的市场效果。头脑风暴法可以激发团队的创造力和创新能力，为企业带来新的发展机遇。

四、头脑风暴法的操作程序

1. 准备阶段

头脑风暴法的应用是围绕中心议题展开的，所以在会议召开之前，主持人应事先对所议问题进行一定的研究，注意选题要清晰明确、可操作性强。弄清问题的实质，找到问题的关键，设定解决问题所要达到的目标。

同时选定与会人员，一般以5～10人为宜。然后将会议的时间、地点、所要解决的问题、可供参考的资料和设想、需要达到的目标等事宜一并提前通知与会人员，让大家做好充分的准备。

通常，可按照如下原则选取与会人员：

（1）如果参加者相互认识，要从同一职位（职称或级别）人员中选取。领导人员不应参加，否则可能会对参加者造成某种压力。

（2）如果参加者互不认识，可从不同职位（职称或级别）人员中选取。这时不应宣布参加者的职位，即应同等对待所有参加者，而不必考虑其职位高低。

2. 热身阶段

这个阶段的主要目的是营造一种宽松的氛围。主持人在会议开始前说明会议的规则，寻找一些有趣的话题活跃现场气氛，使参会者能更快、更好地参与到讨论中来。这个时间需要5～10 min，如果所提问题与会议主题有着某种联系，人们便会轻松自如地导入会议议题，效果自然更好。需要指出的是，发言量越大，意见越多种多样，所讨论问题越广越深，出现有价值设想的概率就越大。

3. 明确问题

主持人简明扼要地介绍有待解决的问题。介绍时不可过分详细，否则，过多的信息会限制人的思维，干扰思维创新的想象力。

4. 重新表述问题

经过一段讨论后，大家对问题已经有了较深程度的理解。这时，为了使大家对问题的表述能够具有新角度、新思维，主持人要记录大家的发言，并对发言记录进行整理。通过记录的整理和归纳，找出富有创意的见解，以及具有启发性的表述，供下一步畅谈时参考。

5. 自由发言阶段

这是头脑风暴应用的主要阶段。

为了使大家能够畅所欲言，需要遵循的规则是：第一，不要私下交谈，以免分散注意力；第二，不能妨碍他人发言，不去评论他人发言，每人只谈自己的想法；第三，发表见解时要简单明了，一次发言只谈一种见解。

主持人宣读议题和规则后，引导大家自由发言，参加者自由发挥、相互启发、畅所欲言，然后将会议发言记录进行整理。

6. 筛选阶段

会议结束后，主持人对会议记录进行整理，再交由专家组根据相关标准进行筛选。经过多次反复比较、优中择优，最后确定1～3个最佳方案。

五、头脑风暴法中主持人技巧

（1）主持人应懂得各种创造思维和技法，善于激发成员思考，使场面轻松活跃。

（2）可轮流发言，每轮每人简明扼要地说清楚一个创意设想，避免形成辩论会和发言不均。

（3）要以赏识激励的词句语气和微笑点头的行为语言，鼓励与会者做出设想，如："对，就是这样!""太棒了!""好主意!这一点对开阔思路很有好处!"

（4）禁止使用："这点别人已说过了!""实际情况会怎样呢?""请解释一下你的意思。就这一点有用。""我不赞赏那种观点。"等等。

（5）经常强调设想的数量，比如平均3 min内要发表10个设想。

（6）遇到暂时停滞时，可采取一些措施，如休息几分钟再进行几轮头脑激荡。

（7）要掌握好时间，会议持续1 h左右，形成的设想应不少于100种。但最好的设想往往会议要结束时提出的，因此，预定结束的时间到了后，可以根据情况再延长5 min，这是人们最容易提出好设想的时候。在1 min时间里再没有新主意、新观点出现时，头脑风暴会议可宣布结束或告一段落。

头脑风暴法在创意提案阶段的实施过程中有一些需要注意的地方。切忌让头脑风暴会议演变为漫无目的、没有计划、任意发挥的讨论。在这种情况下，就可能出现想法越来越多，但目标却越来越不明确；创意数量越来越多，但越来越偏离头脑风暴会议初衷的情况。只有在有明确的目标和一定导向的前提下，头脑风暴会议才有可能达到预期的效果。此外，头脑风暴会议中的主持人通常只是起到引导会议方向的作用，而并非会议中的权威角色或领导角色。如果不明确这一点，就会使原本观点平等的会议出现一家之言的情况。因此，在头脑风暴法的具体实施过程中，需要明确头脑风暴的创意主题方向，有明确的阶段性目标，避免漫无目的和所谓的权威角色的出现。

六、头脑风暴法的使用范围

头脑风暴法适用于解决比较简单、完全确定的问题，如研究产品名称、广告语、销售方法、产品多样性等，不适用于复杂问题的求解，也不能代替解题过程中其他阶段的工作和对其他方法的运用。

七、头脑风暴法的优点及局限

1. 优点

头脑风暴法的小组成员平等，氛围轻松愉悦，有助于新创意的出现；集体讨论可以满足人们进行社会交往的需要，大大提高了工作效率；成员间互相启发，更容易形成创造性思维；充分体现了集体的智慧。

2. 局限性

头脑风暴法的局限主要在于如果小组成员间有矛盾或冲突，就容易形成不愉快的气氛；有时由于会议的“失控”，会使头脑风暴违背“暂缓评价”的原则，出现消极评价；头脑风暴法实施的成本较高。

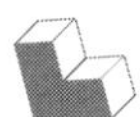 任务二　认识奥斯本检核表法

一、奥斯本检核表法

检核表法是根据需要研究对象的特点列出有关问题，形成检核表，然后一个一个地来核对讨论，从而发掘出解决问题的大量设想。它引导人们根据检核项目的一条条思路解决问题，以求比较周密的思考。

1. 奥斯本检核表法的定义

奥斯本检核表法由奥斯本于1941年在《创造性想象》一书中提出。它开始只是作为智力激励法的辅助工具，供会议主持人引导发言用。后来，人们在创造发明的实践中发现，检核表方法不仅能够作为怎样提问的示范，而且还能启发和产生大量的创造性设想，从而演变为一种创造技法。

该方法对需要创新的事物进行分析、展开，以明确问题的性质、程度、范围、目的、理由、场所、责任等，从而使问题具体化，缩小到需要创新和探索的范围。

在众多的创新方法中，奥斯本检核表法是一种效果比较理想的技法。

2. 奥斯本检核表法具体内容

奥斯本的检核表法是针对某种特定要求制订的检核表，主要用于新产品的研制开发。奥斯本检核表法引导主体在创造过程中对照检核类别进行思考，以便启迪思路、开拓思维想象空间，促进人们产生新设想、新方案。

奥斯本检核表主要是从九个检核类别入手，主要包括能否他用、能否借用、能否扩大、能否缩小、能否改变、能否替代、能否调整、能否颠倒以及能否组合。其基本内容见表3-1。

表 3-1　奥斯本检核表法基本内容

序　号	检 核 类 别	检 核 含 义
1	能否他用	现有事物除了大家公认的功能之外，是否还有其他用途
2	能否借用	能否将其他事物中的原理、结构、方法、材料等方面移植过来，为己所用
3	能否扩大	现有事物能否扩大面积、放大声音、加大距离、增加数量、延长时间、延伸长度、增加高度等
4	能否缩小	现有事物能否缩小、缩短、减少、减轻、分解、折叠、卷曲等
5	能否改变	现有事物能否改变现有的形状、声音、颜色、制作工艺、结构，功能、气味等
6	能否替代	现有事物能否用其他的成分、材料、能源、元件、声音、颜色、照明、排列等
7	能否调整	现有事物或事物的一部分能否变换排列顺序、模式、工序、位置、型号、材料、速度、工作规范等
8	能否颠倒	现有事物能否从头尾、结构、正反、上下、左右、前后、横竖、因果等角度颠倒过来用
9	能否组合	现有事物能否与其他事物重新组合、物体组合、目的组合、特性组合、观念组合等

知识拓展

和田十二法案例

3. 使用范围

奥斯本检核表法适用于新产品的研制开发，几乎适用于所有类型与场合的创新活动，因此，在创新方法中，它是最受欢迎的一种创新方法，具有突出的效果。

4. 优势

奥斯本检核表法是一种具有较强启发创新思维的方法。这是因为它强制人去思考，有利于突破一些人不愿提问题或不善于提问题的心理障碍。提问，尤其是提出有创见的新问题本身就是一种创新。奥斯本检核表法又是一种多向发散的思考，使人的思维角度、思维目标更丰富。另外，检核思考提供了创新活动最基本的思路，可以使创新者尽快集中精力，朝提示的目标方向去构想、去创造、创新。

奥斯本检核表法有利于提高发现创新的成功率。大部分人总是自觉和不自觉沿着长期形成的思维模式来看待事物，对问题不敏感，即使看出了事物的缺陷和毛病，也懒得去进一步思索。因为检核表法的设计特点之一是多向思维，用多条提示引导人们去发散思考。如奥斯本创造的检核表法中有九个问题，就好像有九个人从九个角度帮助你思考。人们可以把九个思考点都试一试，也可以从中挑选一两条集中精力深思。检核表法使人们突破了不愿提问或不善提问的心理障碍，在进行逐项检核时，强迫人们思维扩展，突破旧的思维框架，开拓了创新的思路，提高了发现创新的成功率。

利用奥斯本检核表法，可以产生大量的原始思路和原始创意，它对人们的发散思维有很大的启发作用。当然，运用此方法时，还要注意和具体的知识经验相结合。奥斯本只是提示了思考的一般角度和思路，思路的发展还要依赖人们的具体思考。运用此方法，还要结合改进对象（方案或产品）来进行思考。运用此方法，还可以自行设计大量的问题来提问。提出的问题越新颖，得到的主意越有创意。

奥斯本检核表法的优点很突出，它使思考问题的角度具体化了。它也有缺点，就是它是改进型的创意产生方法，你必须先选定一个有待改进的对象，然后在此基础上设法加以改进。它不是原创型的，但有时候也能够产生原创型的创意。比如，把一个产品的原理引入另一个领域，就可能产生原创型的创意。

二、奥斯本检核表法的过程

奥斯本检核表法的核心是改进，或者说，关键词是改进。其基本做法是：首先选定一个要改进的产品或方案；其次，面对一个需要改进的产品或方案或者面对一个问题，从下列角度提出一系列的问题，并由此产生大量的思路；最后，根据提出的思路，进行筛选和进一步思考、完善。

1. 实施步骤

（1）根据创新对象明确需要解决的问题。

（2）根据需要解决的问题，参照表中列出的问题，运用丰富想象力，强制性地一个个核对写出新设想。

（3）对新设想进行筛选，将最有价值和创新性的设想筛选出来。

2. 过程注意事项

（1）要联系实际，一条一条地进行检核，不要有遗漏。

（2）多检核几遍，效果会更好，或许会更准确地选择出所需创新、发明的方面。

（3）在检核每项内容时，要尽可能发挥自己的想象力和联想力，产生更多的创造性设想。进行检索思考时，可以将每大类问题作为一种单独的创新方法来运用。

（4）检核方式可根据需要，一人检核也可以，3～8人共同检核也可以。集体检核可以互相激励，产生头脑风暴，更有希望创新。

三、奥斯本检核表法的问题

奥斯本的检核表法属于横向思维，以直观、直接的方式激发思维活动，操作十分方便，效果也相当好。

下述九组问题对于任何领域创造性地解决问题都是适用的，这九组问题不是奥斯本凭空想象的，而是他在研究和总结大量近现代科学发现、发明、创造事例的基础上归纳出来的。

（1）现有的东西（如发明、材料、方法等）有无其他用途？保持原状不变能否扩大用途？稍加改变有无别的用途？

人们从事创造活动时，往往沿这样两条途径：一种是当某个目标确定后，沿着从目标到方法的途径，根据目标找出达到目标的方法；另一种则与此相反，首先发现一种事实，然后想象这一事实能起什么作用，即从方法入手将思维引向目标。后一种方法是人们最常用的，而且随着科学技术的发展，这种方法将越来越广泛地得到应用。

某事物，“还能有其他什么用途？”“还能用其他什么方法使用它？”等，这能使我们的想象活跃起来。当我们拥有某种材料，为扩大它的用途，打开它的市场，就必须善于进行这种思考。

有人想出了300种利用花生的实用方法，仅仅用于烹调就想出100多种方法。橡胶有什么用处？有家公司提出了成千上万种设想，如用它制成床毯、浴盆、人行道边饰、衣夹、鸟笼、门扶手等。炉渣有什么用处？废料有什么用处？边角料有什么用处？当人们将自己的想象投入这条广阔的“高速公路”上就会以丰富的想象力产生出更多的好设想。

（2）能否从别处得到启发？能否借用别处的经验或发明？外界有无相似的想法，能否借鉴？过去有无类似的东西，有什么东西可供模仿？谁的东西可供模仿？现有的发明能否引入其他的创造性设想之中？

当伦琴发现X光时，并没有预见到这种射线的任何用途。通过联想借鉴，现在人们不仅已用X光来治疗疾病，外科医生还用它来观察人体的内部情况。同样，电灯在开始时只用来照明，后来，改进了光线的波长，发明了紫外线灯、红外线加热灯、灭菌灯等。科学技术的重大进步不仅表现在某些科学技术难题的突破上，也表现在科学技术成果的推广应用上。一种新产品、新工艺、新材料，必将随着它的越来越多的新应用而显示其生命力。

（3）现有的东西是否可以做出某些改变？改变一下会怎么样？可否改变一下形状、颜色、味道？是否可改变一下意义、型号、模具、运动形式？改变之后，效果又将如何？

例如汽车，有时改变一下车身的颜色，就会增加汽车的美感，从而增加销售量。又如面包，给它裹上一层芳香的包装，就能提高嗅觉吸引力。而滚柱轴承改成滚珠轴承就是改变形状的结果。

（4）放大、扩大。例如：现有的东西能否扩大使用范围？能不能增加一些东西？能否添加部件、拉长时间、增加长度、提高强度、延长使用寿命、提高价值、加快转速？

在自我发问的技巧中，研究“再多些”与“再少些”这类有关联的成分，能给想象提供大量的构思设想。使用加法和乘法，便可能使人们扩大探索的领域。

“为什么不用更大的包装呢？”——橡胶工厂大量使用的黏合剂通常装在小容积的铁桶中出售，使用后便扔掉。有位工人建议黏合剂装在大容积的容器内，容器可反复使用，节省了大量铁。

“能改变一下成分吗？”——牙膏中加入某种配料，成为具有某种附加功能的牙膏。

（5）缩小、省略。例如：缩小一些怎么样？现在的东西能否缩小体积、减小质量、降低高度、压缩、变薄？能否省略？能否进一步细分？

前面一条沿着“有助于扩大”“有助于增加”而通往新设想的渠道，这一条则是沿着“有助于缩小”“有助于省略或分解”的途径来寻找新设想。袖珍式收音机、微型计算机、折叠伞等就是缩小的产物。没有内胎的轮胎，尽可能删去细节的漫画，就是省略的结果。

（6）能否代用。例如：可否由别的东西代替，由别人代替，用别的材料、零件代替，用别的方法、工艺代替，用别的能源代替？可否选取其他地点？

例如在气体中用液压传动来替代金属齿轮；又如用充氩的办法来代替电灯泡中的真空，使钨丝灯泡提高亮度。通过取代、替换的途径也可以为想象提供广阔的探索领域。

（7）从调换的角度思考问题。例如：能否更换一下先后顺序？可否调换元件、部件？是否可用其他型号？可否改成另一种安排方式？原因与结果能否对换位置？更换一下会怎么样？

重新安排通常会带来很多的创造性设想。飞机诞生的初期，螺旋桨安排在头部，后来，人们将它装到了顶部，成了直升机，喷气式飞机则把它安放在尾部，说明通过重新安排可以产生种种创造性设想。商店柜台的重新安排、营业时间的合理调整、电视节目的顺序安排、机器设备的布局调整等都有可能导得到更好的结果。

（8）从相反方向思考问题，通过对比也能成为萌发想象的宝贵源泉，可以启发人的思路。例如：倒过来会怎么样？上下是否可以倒过来？左右、前后是否可以对换位置？里外可否倒换？正反是否可以倒换？可否用否定代替肯定？

这是一种反向思维的方法，它在创造活动中是一种颇为常见和有用的思维方法。

（9）从综合的角度分析问题。例如：组合起来怎么样？能否装配成一个系统？能否把目的进行组合？能否将各种想法进行综合？能否把各种部件进行组合？

例如，把铅笔和橡皮组合在一起成为带橡皮的铅笔，把几种部件组合在一起变成组合机床，把几种金属组合在一起变成性能不同的合金，把几件材料组合在一起制成复合材料，把几个企业组合在一起构成横向联合等。

奥斯本检核表是一种强制性思考过程，有利于突破不愿提问的心理障碍。很多时候，善于提问本身就是一种创造。

任务三　认识5W2H分析法

一、5W2H分析法的定义

5W2H分析法又称七问分析法（见图3-1），它简单、方便，易于理解使用，富有启发意义，广泛用于企业管理和技术活动，对于决策和执行性的活动措施非常有帮助，也有助于弥补考虑问题的疏漏。

图3-1　5W2H分析法

二、5W2H分析法的具体内容

5W2H分析法用五个以W开头的英语单词和两个以H开头的英语单词进行设问，发现解决问题的线索，寻找发明思路，进行设计构思，从而研究出新的发明项目。

（1）What——做什么？目的是什么？做什么工作？

（2）How——怎样做？如何提高效率？如何实施？方法怎样？

（3）Why——为什么？为什么要这么做？理由何在？原因是什么？造成这样的结果是为什么？

（4）When——何时？什么时间完成？什么时机最适宜？

（5）Where——何地？在哪里做？从哪里入手？

（6）Who——谁？由谁来承担？谁来完成？谁负责？

（7）How much——多少？做到什么程度？数量如何？质量水平如何？费用产出如何？

知识拓展

5W2H法的案例资料

创新故事

圆珠笔的发明

1888年，继发明自来水笔四年后，美国的劳比提出一种全新概念的笔，它不同于自来水笔，而是在笔尖上装上一个圆珠，书写时，随着圆珠的滚动，把墨水留在纸上，这就是“圆珠笔”。

令人遗憾的是，劳比的尝试失败了：一方面因为圆珠滚动不灵，写不出字；另一方面，通过圆珠流出的墨水无法控制，会大量漏水。这项发明被耽搁了下来。

半个多世纪后的1943年，匈牙利某印刷厂一名叫拉兹罗·约瑟夫·比克的校对员，发现机器上刚印好的清样含水分多，用自来水笔改正，会发生浸润模糊的现象，而印刷油墨干得很快而且不会弄脏纸，于是他决定制造一种使用同样油墨的笔。可是这种黏稠的墨水无法从一般的笔尖流出来，他经常琢磨用何种办法进行改进。在身为化学家的兄弟乔治的帮助下，比克找来一根圆管，装上油墨，把笔尖改成钢珠，写字时，钢珠因与纸摩擦导致转动，再利用毛细作用把油墨送至圆珠进而沾染纸张。于是，世界上第一支圆珠笔诞生了。

三、5W2H分析法的重要性

创造力高的人，都具有善于提问题的能力。提出一个好的问题，就意味着问题解决了一半。提问题的技巧高，可以发挥人的想象力。

发明者在设计新产品时，常常提出：为什么（Why）；做什么（What）；谁（Who）；何时（When）；何地（Where）；怎样做（How）；多少（How much）。这就构成了5W2H法的总框架。如果提问题中常有“假如……”“如果……”“是否……”这样的虚构，就是一种设问，设问需要更高的想象力。

在发明设计中，对问题不敏感与平时不善于提问有密切关系。对一个问题刨根问底，有可能发现新的知识和新的疑问。所以从根本上说，学会发明首先要学会提问，善于提问。阻碍提问的因素，一是怕提问多，被别人认为什么也不懂；二是随着年龄和知识的增长，提问欲望渐渐淡薄。

四、5W2H分析法的应用程序

以检查原产品的合理性为例。

1. What（做什么）

条件是什么？哪一部分工作要做？目的是什么？重点是什么？ 与什么有关系？功能是什么？规范是什么？工作对象是什么？

2. Why（为什么）

为什么采用这个技术参数？为什么不能有响声？为什么停用？为什么变成红色？为什么要做成这个形状？为什么采用机器代替人力？为什么产品的制造要经过这么多环节？为什么非做不可？

3. How（怎样做）

怎样做省力？怎样做最快？怎样做效率最高？怎样改进？怎样得到？怎样避免失败？怎样求发展？怎样增加销路？怎样达到效率？怎样才能使产品更加美观大方？怎样使产品用起来方便？

4. When（何时）

何时要完成？何时安装？何时销售？何时是最佳营业时间？何时工作人员容易疲劳？何时产量最高？何时完成最为适宜？需要几天才算合理？

5. Where（何地）

何地最适宜某物生长？何处生产最经济？从何处买？还有什么地方可以作销售点？安装在什么地方最合适？何地有资源？

6. Who（谁）

谁来办最方便？谁会生产？谁可以办？谁是顾客？谁被忽略了？谁是决策人？谁会受益？

7. How much（多少）

功能指标达到多少？销售量多少？成本多少？输出功率多少？效率多高？尺寸多少？质量多少？

五、5W2H分析法的优势

如果现行的做法或产品经过七个问题的审核已经无懈可击，便可认为这一做法或产品可取。如果七个问题中有一个答复不能令人满意，则表示这方面有改进余地。如果哪方面的答复有独创的优点，则可以扩大产品这方面的效用。新产品具有已经克服原产品的缺点，扩大原产品独特优点的效用。5W2H分析法的优势如下：

（1）可以准确界定、清晰表述问题，提高工作效率。

（2）有效掌控事件的本质，完全地抓住事件的主干，把事件还原本质中去思考。

（3）简单、方便，易于理解和使用，富有启发意义。

（4）有助于思路的条理化，杜绝盲目性。有助于全面思考问题，从而避免在流程设计中遗漏。

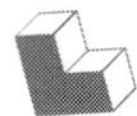 任务四 认识六顶思考帽法

一、六顶思考帽的内涵

六顶思考帽（见图3-2）是英国学者爱德华·德·博诺（Edward de Bono）开发的一种思维训练模式，或者说是一个全面思考问题的模型。它提供了“平行思维”的工具，避免将时间浪费在互相争执上。强调的是“能够成为什么”，而非“本身是什么”，是寻求一条向前发展的路，而不是争论谁对谁错。运用六顶思考帽，将会使混乱的思考变得更清晰，使团体中无意义的争论变成集思广益的创造，使每个人变得富有创造性。

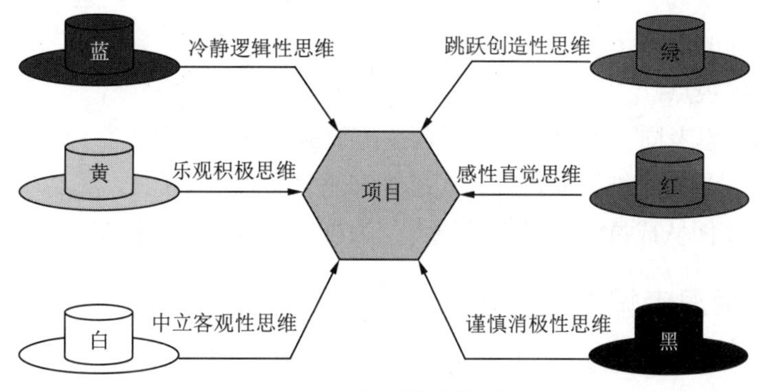

图 3-2 六顶思考帽法

二、六顶思考帽分类

所谓六顶思考帽，是指使用六种不同颜色的帽子代表六种不同的思维模式。任何人都有能力使用以下六种基本思维模式：

1. 白色思考帽

白色是中立而客观的。戴上白色思考帽，人们思考的是关注客观的事实和数据。

2. 绿色思考帽

绿色代表芳草茵茵，象征勃勃生机。绿色思考帽寓意创造力和想象力。它具有创造性思考、头脑风暴、求异思维等功能。

3. 黄色思考帽

黄色代表价值与肯定。戴上黄色思考帽，人们从正面考虑问题，表达乐观的、满怀希望的建设性的观点。

4. 黑色思考帽

戴上黑色思考帽，人们可以运用否定、怀疑、质疑的看法，合乎逻辑地进行批判，尽情发表负面的意见，找出逻辑上的错误。

5. 红色思考帽

红色是情感的色彩。戴上红色思考帽，人们可以表现自己的情绪，人们还可以表达直觉、感受、预感等方面的看法。

6. 蓝色思考帽

蓝色思考帽负责控制和调节思维过程。它负责控制各种思考帽的使用顺序，规划和管理整个思考过程，并负责做出结论。

三、六顶思考帽的作用

六顶思考帽是平行思维工具，是创新思维工具，也是人际沟通的操作框架，更是提高团队智商有效方法。

六顶思考帽是一个操作简单、经过反复验证的思维工具，它给人以热情，勇气和创造力，让每一次会议、每一次讨论、每一份报告、每一个决策都充满新意和生命力。这个工具能够帮助人们：

（1）提出建设性的观点。

（2）聆听别人的观点。

（3）从不同角度思考同一个问题，从而创造高效能的解决方案。

（4）用“平行思维”取代批判式思维和垂直思维。

（5）提高团队成员的集思广益能力，为统合综效提供操作工具。

知识拓展

六顶思考帽法案例

四、六顶思考帽的应用步骤

下面以使用“六顶思考帽”来考虑工作中存在的问题为例，简要介绍“六顶思考帽”的应用步骤。

（1）运用“白色思考帽”来思考、搜集各环节的信息，收取各个部门存在的问题，获得基础数据。

（2）戴上“绿色思考帽”，用创新思维来考虑这些问题，不是一个人思考，而是各层次管理人员用创新的思维思考，大家提出各自解决问题的办法、好的建议、好的措施。也许这些方法不对，甚至无法实施，但是，运用创新思考方式就是要跳出一般的思考模式。

（3）分别戴上“黄色思考帽”和“黑色思考帽”，对所有的想法从“光明面”和“良性面”进行逐个分析，对每一种想法的危险性和隐患进行分析，找出最佳切合点。“黄色思考帽”和“黑色思考帽”这两种思考方法，就好像是孟子的性善论和性恶论，都能进行否决或都进行肯定。

（4）戴上“红色思考帽”，从经验、直觉上对已经过滤的问题进行分析、筛选，做出决定。

（5）在思考过程中，还应随时运用“蓝色思考帽”对思考的顺序进行调整和控制，甚至有时还要刹车。

任务五　认识综摄法

一、综摄法的内涵

综摄法（synectics method）又称类比思考法、类比创新法、提喻法、比拟法、科学创造法。它是由美国麻省理工学院教授威廉·戈登（W. J. Gordon）于1944年提出的一种利用外部事物启发思考、开发创造潜力的方法。

戈登发现，当人们看到一件外部事物时，往往会得到启发思考的暗示，即类比思考。而这种思考的方法和意识没有多大联系，反而是与日常生活中的各种事物有紧密联系。

事实证明，不少发明创造、不少文学作品都是由日常生活的事物启发而产生的灵感。这种事物，从自然界的高山流水、飞禽走兽，到各种社会现象，甚至各种神话、传说、幻想等，比比皆是，范围极其广泛。戈登由此想到，可以利用外物来启发思考、激发灵感解决问题，这一方法便被称为综摄法。

综摄法是指以外部事物或已有的发明成果为媒介，并将它们分成若干要素，对其中的元素进行讨论研究，综合利用激发出来的灵感来发明新事物或解决问题的方法。

具体说来：

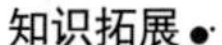

知识拓展

综摄法案例

（1）培训对象：不同专业职能的研究人员以及各行业内行。

（2）培训目标：通过综摄法发明新产品，解决新问题。

（3）培训内容：运用四种模拟法，按两条原则寻找解决问题的方案。

（4）培训方式：会议讨论方式。

二、综摄法的基本原理

为了摆脱旧框框的束缚，开阔思路，综摄法认为，在创造性思考时要有一段时间暂时抛开原来想要解决的问题，通过类比探索得到启发。因此，它是一个“变熟悉为陌生”和“变陌生为熟悉"的创造性思考过程。

（1）变熟悉为陌生是指对某些早已熟悉的事物，从新的角度或运用新知识进行观察和研究，从而摆脱陈旧看法的桎梏，产生创造性想法，即将熟悉的事物化成陌生的事物看待。

（2）变陌生为熟悉是指把看不习惯的事物当成早已习惯的熟悉事物。要求在碰到一个完全陌生的事物或问题时，运用全部经验、知识（熟悉的）对其进行分析、比较，并根据这些结果，再思考用什么方法才能达到目的。

三、综摄法的操作步骤

综摄法的具体操作步骤如下：

1. 准备阶段

（1）确定会议室和会议时间。

（2）确定约10名参加人员，参加者可以为不同专业的研究人员，但须是内行。

（3）指导员应具备使用本方法的一切常识及细节问题，如两大思考原则、四种模拟技巧、实施要点等。

2. 实施阶段

（1）主持人向与会者介绍本方法的大意及实施概要以及四种模拟技巧、两大思考方式等。

（2）主持人先不公开议题，而介绍与研究课题有关的更广泛的资料，引导与会者进行讨论，启发他们的灵感。

（3）当讨论涉及解决问题时，主持人明确提出，并要求参加者按两条原则和四种模拟法积极构思解决问题的方案。

（4）整理综合各种方案，寻找出最佳方案。

四、综摄法模拟技巧

为了加强发挥创造力的潜能，使人们有意识地活用异质同化、同质异化两大原则，戈登提出了四种极具实践性、具体性的模拟技巧：

1. 人格性的模拟

这是一种感情移入式的思考方法。先假设自己变成该事物以后，再考虑自己会有什么感觉，又如何去行动，然后寻找解决问题的方案。

2. 直接性的模拟

它是指以事物为范本，直接把研究对象范本联系起来进行思考，提出处理问题的方案。

3. 想象性的模拟

它是指充分利用人类的想象能力，通过童话、小说、幻想、谚语等来寻找灵感，以获取解决问题的方案。

4. 象征性的模拟

它是指把问题想象成物质性的，即非人格化的，然后借此激励脑力，开发创造潜力，以获取解决问题的方法。

五、综摄法的方法

1. 拟人类比

进行创造活动时，人们常常将创造的对象加以“拟人化”。挖土机可以模拟人体手臂的动作来进行设计。它的主臂如同人的上下臂，可以左右上下弯曲，挖土斗似人的手掌，可以插入土中，将土挖起。在机械设计中，采用这种“拟人化”的设计，可以从人体某一部分的动作中得到启发，常常会使人收到意想不到的效果。这种拟人类比方法被大量应用在科学管理中。

2. 直接类比

从自然界或者已有的成果中找寻与创造对象相类似的东西。例如，设计一种水上汽艇的控制系统，人们可以将它同汽车相类比。汽车上的操纵机构和车灯、喇叭、制动机构等都可经过适当改革，运用到汽艇上去，这样比凭空想象设计一种东西容易获得成功。再如，运用仿生学设计飞机、潜艇等，也都是一种直接类比的方法。

3. 象征类比

象征是一种用具体事物来表示某种抽象概念或思想感情的表现手法。在创造性活动中，人们有时也可以赋予创造对象一定的象征性，使它们具有独特的风格，这叫象征类比。

象征类比应用较多的是在建筑设计中。例如，设计纪念碑、纪念馆，需要赋予它们“宏伟”“庄严”“典雅”的象征格调。相反，设计咖啡馆、茶楼、音乐厅，就需要赋予它们“艺术”“优雅”的象征格调。历史上许多名垂千秋的建筑，就在于它们的格调迥异，具有各自的象征。

综摄法作为一种创造技法虽然诞生于美国，但是，早在1921年，中国著名的学者梁启超在《中国历史研究法》一文中就提出过：“天下古今，从无同铸一型的史迹，读史者于同中观异、异中观同，则往往得新理解焉。”这里讲的“同中观异、异中观同”正是综摄法的精髓。

六、综摄法的实施要点

（1）讨论时最好先不公布议题，到有人涉及时再提出来，以有利于与会者灵感的相互激发。

（2）这种方法不追求设想的数量，它在于设想的质量和可行性。

（3）人格性的模拟一般不易做到，因此必须集中精力。以要改善机器的状况为例，通常不但无法将自己完全想成一台机器，更不用说用人的思想去感受机器的状况了，这是由于“人是人，机器是机器”的观念已在我们头脑中根深蒂固了。那么，如何才能真正地将机器人格化呢？首先，必须抛弃“人与机器不一样”的观点，而把机器的外壳想象成人的皮肤，去想象“这样它表面一定很痛”等新的创意。

（4）想象性和象征性的模拟方式。这两种模拟的思考方针要从“问题在童话、科幻小说中，会变成什么样呢？”的疑问开始寻求答案，这样才能符合两大原则。

七、综摄法适用范围

综摄法的宗旨是以已有的事物为媒介，将它们分成若干元素，并将某些元素构成一个新的设想来解决问题。因此，它的最大用处在于利用其他产品取长补短、设计新产品，以及制定营销策略等方向。

特别提醒：

（1）模拟时要集中注意力。

（2）综摄法的精髓是通过识别事物之间的异同，从而捕捉富有启发性的新思路，产生有用可行的创造性设想，并得出解决问题的方案。

（3）要确定贯彻综摄法的两大原则。

项目实训练习

一、创新活动

手表的创新

结合个人的思考和小组的讨论完成以下记录：

1. 你心目中理想的手表是什么样子，都具备哪些特征？
2. 大家都有哪些创新的想法？
3. 这样的想法是通过什么方法产生的？

二、实践活动

1. 运用头脑风暴法讨论如何清理冬天马路上的积雪。
2. 运用奥斯本检核表法对智能手机进行创新。
3. 运用六顶思考帽法对雨伞进行改进。
4. 运用5W2H法对智能家居进行创新。

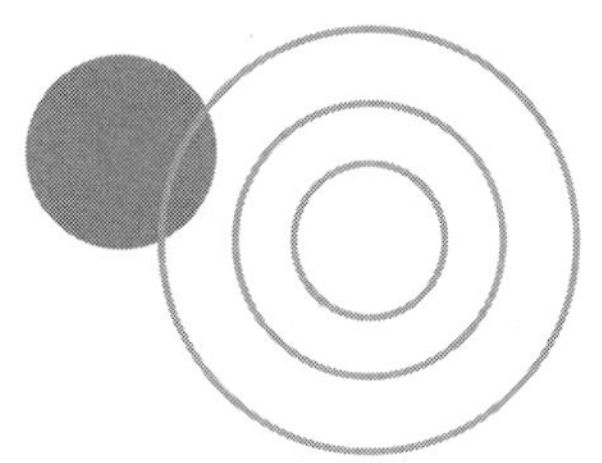

项目四 创业认知

名　言

探古寻新意，古道新思量。

——黄庭坚《鹧鸪天·赋得自然之趣》

学习目标

通过本项目的学习，使学生理解创业的概念和要素，了解创业的类型，掌握创业的过程，熟悉创业的优惠政策，了解创业的环境，以便为以后创业做好准备。

案例导入

拼多多的发展

拼多多，这家在电商领域异军突起的企业，为我们提供了一个深刻的创业认知范例。

拼多多诞生之际，电商市场看似已经趋于饱和。然而，拼多多的创始团队敏锐地察觉到了市场中的机会。他们看到了广大三四线城市及农村地区消费者对于高性价比商品的巨大需求，而这些消费者群体长期被主流电商平台所忽视。

拼多多通过创新的商业模式，以社交拼团的方式迅速吸引了大量用户。用户可以通过邀请亲朋好友一起拼团购买商品，享受优惠的价格。这种模式不仅降低了消费者的购物成本，还充分利用了社交网络的传播力量，实现了快速的用户增长。

在运营策略上，拼多多与众多中小商家合作，为他们提供了一个广阔的销售平台。同时，通过大数据和智能算法，精准匹配商品和用户需求，提高了交易效率。

拼多多还注重打造独特的品牌形象和用户体验。它推出了一系列具有特色的营销活动和购物玩法，让消费者在购物过程中感受到乐趣和惊喜。

随着业务的不断发展，拼多多也面临着诸多挑战和质疑，如商品质量、售后服务等问题。但拼多多积极应对，不断加强质量管理和服务提升。

从拼多多的案例中可以认识到，创业需要有敏锐的洞察力，能够发现市场中的潜在需求和机会。同时，要有创新的思维和勇气，敢于突破传统模式，走出一条独特的发展道路。还要有坚韧不拔的毅力和决心，在面对困难和挑战时不放弃，持续努力。拼多多的成功不仅仅是商业上的成就，更是对创业认知的一次深刻诠释，它告诉我们，只要有正确的认知和策略，在竞争激烈的市场中依然能够闯出一片天地。

任务一　认识创业的基本知识

一、创业的概念

1. 创业是长期存在的社会现象

在很长时间里，创业普遍存在，只是人们并不知道他们在从事创业活动。后来，人们注意到这个相对特殊群体的存在，并逐渐称其为企业家。人们开始观察企业家的行为，形成对创业活动的基本认识。随着社会的变迁，对企业家及其创业活动的认识也在不断深化。

1755年，法国经济学家坎特龙出版了《一般商业之性质》一书，在书中首次将企业定义为承担某种风险的活动，因为企业要以确定的价格购买商品，然后以不确定的价格售出商品。坎特龙把每一个从事经济行为的人都称为企业家，因为这些人是不能按固定的价格雇用的，他们要面对不确定的市场而承担风险。这应该是经济领域对创业的最早描述，从此创业就和风险紧密地联系在一起。

现代意义上的企业家的出现，与生产力和商品经济的巨大发展及股份公司的形成有密切联系。哈佛大学的奥地利经济学家约瑟夫·熊彼特最早较透彻地认识到企业家的职能和作用。他在其1912年出版的《经济发展理论》等著作中，强调企业家的职能是“创造性破坏”，将企业家提高到“工业社会的英雄”“伟大的创新者”的高度，“企业是实现新的生产要素组合的经营单位，而企业家是实现生产要素组合的人”，这种组合并不是对原有组合方式的简单重复，而是一种创新。通过这种重新组合，建立新的企业生产函数，从而引起社会经济的连续变化，推动社会经济的发展。

20世纪80年代初期，人类社会迈入信息社会，普遍应用的信息技术、全球化进程的加快等为创业活动提供了更有利的环境，新的商业模式层出不穷，资源和生产要素更加快速和便捷地组合，技术、产品以及管理创新不断涌现，机会和创造成为商业活动的核心内涵，人们对创业的理解也更加概括和具有普遍意义。比较典型的描述来自哈佛大学教授史蒂文森（Stevenson），他把创业解释为没有资源约束的前提下，追逐机会并创造价值的过程。创业意味着新的经济活动，能够带来市场的变革。经济学家卡森提出：“企业家是擅长对稀缺资源协调利用并做出明智决断的人，他是一个‘市场的创造者’，他的报酬是一种剩余权益，而非合约收入。”

人们从社会与经济发展的高度理解创业，认为创业是通过向顾客提供利益来创造价值，是提升社会价值的重要途径。创业活动能够提供就业机会，能够推动创新，进一步促进经济发展和社会安定，同时也是个体或者组织取得竞争优势的重要手段。

2. 创业的定义

创业有狭义和广义之分。广义的创业是指开创新的事业，在英文中常用Entrepreneurship一词。在广义的创业中，强调创业行为外，更强调在创业行为中所体现的创新创业的精神对于创业行为的重要性。任何一个人在不确定的情况下开发新产品或者新业务都是创业企业家。而狭义的创业定义是广义创业的载体，指开创新的企业，在英文中常用Startup一词。人们当下所说的创业多是狭义的创业，即创办一家企业。创业是谋划、创建和运营企业的过程，如创建一家提供产品或服务的企业的过程。

在当今大众创业、万众创新的大潮下，有人往往更加关注创建企业本身，每天苦于对创业机会、创业资源的寻觅和开发，投入大量的时间和金钱在创业实践当中，而忽视了对于影响创业本身的创业精神和创业技能的学习。甚至有些人认为创业精神和技能是天生的，是不能讲授的。而著名管理学家彼得·德鲁克（Peter F.Drucker）曾说过，创业不是什么魔术，它既不神秘，也与基因无关。创业是一门学科，同其他学科一样，通过学习是可以掌握的。越来越多的创业者参与到创业课程的学习中来，世界范围内有越来越多的大学开设创业类课程。随着竞争的加剧和信息技术的普及，未来的创业者不再是纯粹经验型的，而是理论和实践兼备的。因此，在当今创新创业的浪潮下，需要知行合一，理论联系实际，既要参与创业实践，也要注重创业基本理论和创业精神的学习。

3. 创业与创新

创业的成功离不开创新。每个成功的创业者都非常注重创新，他们可能找到了新的商业模式，可能开发出新的产品和服务，也可能探索出新的制度和管理方式，从而获得成功。熊彼特曾经把创新作为创业者与创业精神的重要特征，管理大师德鲁克在1985年出版的《创新与企业家精神》中，也将创新与创业精神放在一起进行讨论。由此可以看到创业创新密切相关，不可分割。

谈到创新，人们普遍关心的一个重要问题是创新与发明的关系，而且经常容易把创新与发明、研究开发等混淆起来。创新和发明不同，发明是一个技术上的概念，其结果是发现一件新事物；创新则主要是一种经济术语，是将新事物、新思想付诸实践的过程。

其实，创新与发明之间并不存在必然的联系。创新过程可以开始于发明，以便达到创新的预期目的。同时，创新过程也可以完全不依赖特定的发明，而仅仅是对目前的活动进行重新组合，同样也可以达到创新的目标。创新和发明是两个根本不同的概念，正如熊彼特认为创新和发明是不同的两个任务，要求具有不同的才能。尽管企业家可能是发明家，但这只是一种偶然的巧合，反之亦然。

创新与创业之间的关系并不像发明与创新那么清楚，但仍然有差别。首先，创业与创新是两个并不等同的概念，有些创业活动主要是在模仿别人的产品和服务以及经营模式，自身并没有什么创新，但也是在创业。创业更侧重财富创造，更加关注市场和顾客。创业更加侧重商业化过程。在创新基础上的创业活动更容易形成竞争优势，也有可能为顾客创造和带来新的价值，进而实现更好的发展。

讨论创新、发明和创业概念之间的不同，并不是在做文字游戏。在与创业者接触的过程中，经常会遇到这样的情况：他们对自己的产品非常自信，经常强调产品技术性能如何好，对顾客为什么不喜欢自己的产品感到不解。很多具有技术背景的创业者更像是一位工程师，他们喜欢发明新东西，但不会从顾客的角度、价值创造的角度创新。成功的创业活动需要创新，创新包括产品和服务创新、技术创新，也包括制度创新和管理创新等。与创新相比，创业更强调机会、顾客和价值创造。

4. 创业与就业

（1）角色不同。创业者与就业者在企业中的地位、所肩负的责任和使命有很大差异。创业者通常处于新创企业的高层，在企业实体的创建过程中，一直参与其中，创业者始终是负责人；而就业者通常处于中低层，到达高层需要一个过程，就业者只需要做好本职工作就可以，不需要对企业的成长负责。

（2）技能不同。创业者通常身兼多职，既要有战略眼光，也要有经营技能，要求其具备相当全面的知识和技能；就业者通常具备一项专业技能可以做好本职工作即可。

（3）收益与风险差异。就业的主要投入是数年的教育成本；而创业除了教育成本，还包括前期准备中投入的人力、物力和财力。一旦失败，就业者并不会丧失教育成本，但创业者会损失在创业前期投入的一切成本；而一旦成功，就业者只能获得约定的工资、奖金及利润，创业者则会获得大多数经营利润，其数额理论上没有上限。

（4）成功的关键因素的差异。就业可以完全依靠企业实体；但创业更多的还要考虑自身的经验、学识与财力，以及各种需求和各种资源的占有等条件。

二、创业的要素和过程

除了上面介绍的创业定义外，还有两个问题对理解什么是创业非常有帮助：什么要素对创业活动至关重要？创业要做什么？前者涉及的是创业的关键要素；后者涉及的是创业活动过程。

1. 蒂蒙斯的创业要素模型

杰弗里·蒂蒙斯是创业教育的先驱，他在长期的研究教育工作中提炼出了创业要素模型——蒂蒙斯模型，如图4-1所示。

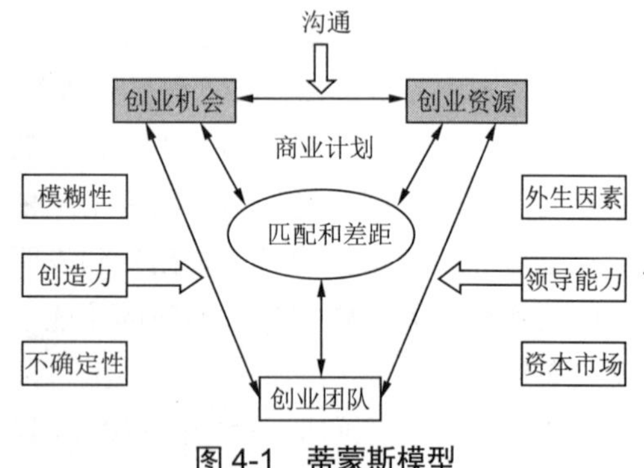

图 4-1 蒂蒙斯模型

蒂蒙斯模型简洁明了地提炼了创业的三大关键要素：创业机会、创业资源和创业团队。这三个要素在任何创业活动都缺一不可。

在蒂蒙斯模型中，创业机会是起点，是创业初期的主要驱动力，有了创业机会的驱动，整个创业过程才得以运转。创业机会的识别和评价是整个创业过程的核心。创业者对创业机会采取行动，根据创业机会的需求进行资源整合和开发。整个过程最为重要的是在面对不确定的环境时，创业机会、创业团队和创业资源三者间的平衡。

初期阶段创业机会相比创业团队和创业资源会更重要些。在创业活动过程中，需要创业者带领创业团队应对瞬息万变的外部环境，整合关键资源和因素，才能保持由创业机会、创业资源和创业团队构成的倒三角模型得以平衡和稳定，使创业活动能够有效开展。

创业团队是决定创业成功与否的另一个重要影响因素，这一点毋庸置疑。著名的投资家阿瑟·洛克（Arthur Rock）说："如果你找对了人，他们自然会经常变革产品。几乎我所犯的每一个创业错误都是因为我用错了人，而不是思路的错误。”众多成功案例表明，一个企业如果没有一个由两个以上关键人物组成的团队，是很难成功的。

很多刚刚接触创业的创业者心中有一个错误的观念，他们认为：为了能够创业成功，首先必须准备好创业所需的全部资源，尤其是必须有充足的资金。但是，在创业初期，寻找一个商业潜力高的创业机会，组建一个强有力的创业团队，要比资金更加重要。有了好的创业机会，资源就会跟着来了。一直以来，都是缺乏有商业潜力的创业机会和高素质的创业者，而非缺乏资源和资金。成功的创业者往往会制订合理而谨慎的计划来寻找和控制资源。对于创业者来说，过早地拥有过于充沛的资源并不一定是一件好事，可能反倒弱化了其解决问题和应对风险的能力。

创业机会是创业过程的起点和核心，创业团队是创业行为得以有效执行的主要动力，创业资源是创业成功不可或缺的资源保障。如何寻找和评价有商业潜力的创业机会是整个创业过程的重中之重。成功的创业活动，必须要能将创业机会、创业团队和创业资源做出最恰当的搭配，并随着事业的发展使之达成动态的平衡。

2. 创业过程

请先看下面的例子：

（1）一位科学家在物理基础研究方面做出了能推动该领域前沿发展的重要发现。但是，他对识别该发现的实际用途没有兴趣，而且从未尝试那样做。

（2）一位家庭主妇喜欢为家庭聚会制作开胃食品，朋友们经常称赞她，告诉她这些食品有多么受欢迎。后来她建立了一家公司来制作和销售开胃食品。

（3）一位计算机科学家开发出比目前市面上任何软件都要好得多的新软件，并努力寻找资金创建一家公司来开发和销售该产品。

（4）在被从管理职位上“裁员”以后，一位中年人偶然发现了用特殊方法处理旧轮胎作为花园边饰（将不同种类植物分开的隔离物）的创意。

在上面的例子中，除非有意外发生，从事物理研究的科学家只会是科学家而不会是创业者；家庭主妇可能会在创业方面有很好的发展，她从别人的肯定和赞扬中发现了机会，成立了公司，让更多的人购买她的开胃食品，或许还在为公司的生存和发展做更多努力；计算机科学家已经开始了自己的创业道路，他不仅看到了机会，还有自己的创意，进而开始着手创建公司和筹集资金；那位偶然发现用旧轮胎做花园边饰的中年人，可能成为创业者，这要看他是否采取行动以及什么行动。

研究创业，需要对创业过程中的行为活动进行剖析。从阶段性活动看，创业过程一般可以划分为创业动机的产生、创业机会识别、创业资源的整合、新企业的创建、实现机会价值和创业的回报六个阶段。

（1）创业动机的产生

创业者是创业活动的主体，创业活动首先取决于个人是否决定成为创业者。一个人是否能成为创业者，直接受三方面因素的影响：

一是个人特质。每个人都有创业精神，只是强度不同而已。强度的大小受遗传和环境的影响。如温州人之所以创业动机强烈，环境起了很大的作用。成功的创业者普遍受到尊敬，并且可以随时和其他创业者接触，帮他们接近成功。这种情况企业内部也普遍存在。

二是创业机会。创业机会的增多会形成利益驱动，促使更多的人创业。社会经济转型，技术进步，“大众创业、万众创新”的提出等多方面的因素在使创业机会增多的同时，也降低了创业门槛，进而形成了更大的创业浪潮。

三是创业的机会成本。创业者创业的机会成本一般较低，因此会激发人们的创业动机。

（2）创业机会的识别

创业机会识别是创业过程的核心，也是创业管理的关键环节。具体内容可以从以下四个方面考虑：

第一，机会来自哪里？或者说创业者应该从何处识别创业机会？

第二，为什么某些人能够发现创业机会而其他人却不能？或者说哪些因素影响甚至决定了创业者识别机会？

第三，机会是通过什么形式和途径被识别到的？是经过系统搜集和周密的调查研究还是被偶然发现的？

第四，是不是所有的机会都有助于创业者开展创业活动并创造价值？

围绕上述问题，可以看到创业者在识别创业机会阶段经常要采取的活动。为了识别到机会，创业者可能需要多交朋友并经常与朋友交流沟通，这样做可以使创业者更广泛地获取信息。创业者可能还需要细心观察，从以往的工作和周边的事物中发现问题、看到机会。对于自认为看到的机会，创业者需要对机会进行评估，判断机会的价值。

（3）创业资源的整合

整合创业资源是创业者开发机会的重要手段。之所以强调整合资源，是因为创业者可以直接控制的可利用资源少，许多成功的创业者都有过白手起家的经历。对创业者来说，整合资源更需要整合外部资源、别人掌控的资源，来实现自己的创业理想。

人、财、物是任何生产经营单位都要具备的基本生产要素，创业活动也不例外。要想成就一番事业，就要组建团队，把志同道合的人凝聚在一起。创业者所需要整合的另一种十分重要的资源就是资金，这个过程称为创业融资。创业活动是创业者在资源匮乏的情况下开展的具有创造性的工作，在很多不确定因素的影响下，外部组织和个体当然不敢轻易给予投资。所以，不少创业者在创业初期乃至新企业成长的很长一段时间里，把主要的精力投入融资的活动中。

（4）新企业的创建

新企业的创建是衡量创业者创业行为的直接标志，新企业的创建需要进行大量的准备工作，其中包括公司制度设计、企业注册、经营地址的选择、确定进入市场的途径等。创业初期，迫于生存的压力，也由于对未来发展无法准确地预期，创业者往往容易忽视这部分工作，结果给今后的发展带来许多问题。

（5）实现机会价值

创业者整合资源、创建新企业的目的是实现机会价值，并通过实现机会价值来实现自己的创业目标。

通常人们认为，与已经存在多年经营历史的企业相比，创业者新创建的企业没有什么本质区别，都要做好生产销售工作，但实际上并不尽然。对已有的企业而言，其销售工作的核心任务也许是注重品牌价值、维护好老顾客、提升顾客的忠诚度。而对新创建的企业来说，虽然需要考虑品牌价值等问题，但排在第一位的任务则是如何争取到第一个顾客，这意味着新企业要为顾客创造更大的价值，也可能意味着要为获得同样的收益付出更大的代价和成本。

确保新创建的企业生存下来是创业者必须面对的挑战，但创业者不能仅仅考虑生存，更要考虑成长，不成长就无法生存得更长远，在激烈竞争的环境中尤其如此。企业成长存在内在的基本规律，在这方面，企业成长理论（包括成长决定因素理论和成长阶段理论）研究已经取得较为丰富的成果。创业者需要了解企业成长的一般规律，预见到企业在不同的成长阶段将要面临的管理问题，采取有效的措施予以防范和解决，使机会价值得到充分的实现，同时不断地开发新的机会，把企业做大、做强、做活、做长。

（6）创业的回报

调查发现，多数创业者的创业动机首先是成为创业者，然后才是追求利润，对这些人来说成为创业者的感受就是回报。对于以追求利润为主要动机的创业者来说，把自己创建的企业培养成为一家快速成长企业并成功上市，可能是理想的获取回报的途径。创业是取得回的段和途径，是载体，而不是目的本身。回报可能是多种多样的，对回报的满意程度主要取决于创业动机。追求回报是创业活动的主要目的，对回报的追求有助于强化创业者对事业的执着。现实中，创业者随着创业活动的持续，会对自己创建的企业甚至经营的产品融入越来越多的情感，淡化甚至忘却了对回报的追求，结果可能是不仅没有收获回报，反而约束了企业的健康发展。在调查中发现，有的企业初期发展得很好，进入了快速成长阶段，需要更多的资金发展，也有不少投资者表示愿意投资，但创业者却因为担心自己创办的企业被别人控制而失去了不少发展的机会。

3. 对创业的误解

创业者并不是一个特殊群体，创业者之所以成功不是天赋使然，而是他们努力的结果。他们在工作和学习中掌握了创业的思维和技能，积累了经验，为他们的成功奠定了坚实的基础。日常生活中人们对创业和创业者存在一些误解。下面将对这些误解进行解读。

误解1：任何人都可以创建企业。

理论上讲，任何人都可以创业，特别是在“大众创业，万众创新”的浪潮下，“双创”让人振奋，但具体执行时要注意，大众创业不等于人人创业。实际生活中，创业的人毕竟是少数，创业成功的更少。创业者如果能够识别创意和商机之间的区别，创办企业的成功率就会比较高。企业的建立是创业过程中最简单的一步，如何让企业长久地生存下来才是更困难的。

误解2：创业就是一场赌博。

成功的创业者会对自己的风险进行预估。在可以选择的情况下，他们会通过让别人一起分担风险、规避风险或将风险最小化来提高成功的概率。他们常常把风险分割成可接受、可消化的小块；对风险和收益率经过权衡后，创业者才会愿意投入时间和资源。

误解3：创业者天生就有创业的基因。

首先需要指出的是，这种所谓的“基因”并不存在。有人认为敢于冒险是创业必备的个性特点。但实际上，影响创业成功的能力有很多，如人事管理、销售技巧等。这些能力都是可以通过后天学习而来的。

误解4：创业者喜欢单枪匹马。

实际上，创业是由团队完成的。高水平的创业团队意味着成功的概率更大，创业团队人员配备越完善，分工越合理，成功概率越高。如阿里巴巴、腾讯、字节跳动、小米等，基本都是由一个创业团队创建的。

误解5：创业者完全独立。

创业者并不是完全独立的，他们需要为很多人服务，其中包括合伙人、投资人、用户、供应商、债权人、员工、家庭等相关对象。但是，创业者可以自己选择是否、何时以及做些什么以对他们做出响应。

误解6：资金是企业创立最重要的因素。

有了高潜力的创业机会和优秀的创业团队，资金自然就会随之而来。相比之下，资金是创业成功因素中最不重要的一项。如果在企业创立初期资金过于充裕，可能会使创业者产生安逸感，对资金的使用缺乏计划和危机感，会导致严重后果，甚至创业失败。资金对创业者而言就像颜料和画笔之于画家一样，远没有创作灵感和画家本身重要，它只是创作的工具。

误解7：创业者必须是精力充沛的年轻人。

年龄不是关键，重要的是具有识别和捕捉商机的能力，同时具有相关技术、经验和关系网络。根据《创业企业调查（三期）报告》，中国创业者的年龄结构具有跨度大、分布广的特点，年龄最大为78岁，最小为20岁，年龄跨度达到58岁。其中，36～44岁的创业者占39.6%，26～35岁的创业者占35.4%，两个年龄段的比重较为接近。

误解8：创业者的唯一动力是经济回报。

追求高潜力企业的创业者更多的是被创建企业、实现长期资本收益所驱动，而不是可以立即获得的报酬。个人成就感、对自己命运的把握、实现自己的期望和梦想才是强有力的动机。经济回报只是保持和体现成就的工具和方式，其本身并不是最终目的。

误解9：有能力的创业者只需1～2年就会成功。

风险投资家有一句古老的格言："柠檬只要两年半就成熟，但珍珠却需要七八年才能孕育成功。"很多初创企业至少需要3～4年的时间站稳脚跟。所以，创业者需要付出巨大的恒心和毅力才能收获成功。

三、创业者的品质特点

1. 创业者可以培养

说起创业者，相信大家都会在头脑中浮现很多成功创业的人员名单。大批的创业者用他们的行动改变着人们生活和消费的习惯。面对这些创业者，人们往往充满了敬佩和羡慕，但原本他们也是普通人，是什么使他们迈向了今天的成功？他们具有什么特质和能力使其脱颖而出呢？我们是否可以创建自己的企业？创业可以学习吗？

创业成功取决于什么因素？通过学术界对创业和创业者的不断研究，先后出现了创业的特质学派、创业的行为学派、创业的认知学派、创业思维学派；从最初认为创业者是天生的，到现在普遍认为创业者具有某些性格特点，但是创业者是可以培养的。无论是创业能力、创业思维还是创业性格，都可以通过学习和经验的不断积累获得。

如果创业者是可以通过教育培养的，那为什么在生活中，创业者是少数人呢？虽然创业的能力和思维可以通过教育获得，但影响创业成功的因素不仅是创业者本身的内在因素，还有创业机会和创业资源等外在因素的影响。创业者的分布也遵从“二八定律”，即创业者只是社会中的少数，而大部分都是在创业者开创的企业中工作。那么。是不是只有这些少数人需要接受创业教育呢？当然不是。对于基础教育而言，更注重创业能力和创业精神的培养，这对于创业者和非创业者是同样重要的，因为这是生活和工作中必不可少的能力和态度。

2. 创业者能力

创业是一项具有挑战性的社会活动，是对创业者综合能力的考验。创业者的能力一般是通过教育、培训或在实际工作中积累获得的。创业能力是创业成功的关键。不同的学者对于创业者应该具备的能力给出了不同的答案。

全球创业观察（GEM）报告将创业能力归纳为以下三点：

（1）创办企业的经验。

（2）对机会的捕捉能力。

（3）整合资源的能力。

2002年，德鲁克认为创业者应该具备以下八种能力；

（1）开创企业的能力。

（2）运行企业的能力。

（3）及时识别和评价创业机会的能力。

（4）积累和运用知识及技能的能力。

（5）整合资源的能力。

（6）评估和防范风险的能力。

（7）创新能力。

（8）团结和鼓励团队成员的能力。

2008年多尔夫（Dorf）和拜尔斯（Byers）认为创业者和创业团队应该具备以下12种能力：

（1）在所从事的创业领域具有天赋、知识和经验。

（2）寻求具有高风险和高回报的创业机会。

（3）能够及时在短时间内识别创业机会。

（4）创造性地探寻问题或需求的解决方案。

（5）能够将机会转化为切实可行的企业。

（6）希望成功：成就导向。

（7）能够适应模糊不清、不确定性。

（8）可以灵活地适应环境和竞争者的变化。

（9）可以评估和防范治理创业风险。

（10）为员工和合伙人创建企业愿景。

（11）招聘、培训具有洞察力的人才。

（12）良好地推销自己创意的能力，具有广泛的潜在合作伙伴。

2012年，斯蒂芬·斯皮内利（Stephen Spinelli）等人认为创业者应该具备的核心能力和特征主要包含以下七个方面：

（1）勇气和胆量。

（2）责任感和决策能力。

（3）领导力。

（4）机会识别能力。

（5）容忍风险、模糊和不确定性的能力。

（6）创造力、自主能力和适应力。

（7）超越别人的动机。

1999年，毕海德（Bhide）将创业者的品质特征分为创业倾向、适应性调整能力和获取资源的能力。

2013年，张玉利等人将创业技能从中分离出来，主要包含：

（1）控制内心冲突的能力。

（2）发现因果关系的能力。

（3）应变能力。

（4）洞察力。

2013年，李家华等人将创业者必备的能力总结为：

（1）创新能力。

（2）学习能力。

（3）合作能力。

（4）经营管理能力。

（5）分析决策能力。

（6）人际交往能力。

3. 创业者思维

研究和学习创业，不一定要去创办企业，但一定要具有创业思维，保持旺盛的创业精神，把创业精神和技能运用到自己的工作实践中。在激烈竞争的时代，面对社会对创新型人才的大量需求，创业思维尤为重要。

大公司的背景相对比较成熟，环境比较确定，所以能够进行预测；反之，创业企业则充满了不确定性因素，难以预测，也无法给出一套固定的解决之道。创业教育所能给出的，是应对不确定性的创业型的思维和行为方式。

创业者应该树立什么样的思维方式，或者说什么样的思维方式有助于创业成功？当然不存在唯一的答案。从创业活动的特点和本质分析，创业的本质是创新，敢于挑战、逆向思考等创新性的思维就会变得重要和必需；创业要应对不确定性，执着与灵活性并重就很有必要；创业要借助资源整合应对资源高度约束，合作共赢、欲取先予、取舍有度自然成为决策的依据。

培养和强化创业思维，锻炼创造性思考、批判性思考、系统性思考方式很重要。创造性思考强调把看似无关的事物联系起来，容易产生新的发现。把创新性思维与经济管理等相关知识结合起来，有助于提升创业能力。当然，创业能力的真正提升还需实践。

4. 创业思维的原则

创业思维是一种行动导向的方法，体现了实用主义的哲学思想。斯娃斯经过10余年的研究总结，提炼了创业思维的五大原则，对于创业者具有重要指导作用。

原则1：二鸟在林，不如一鸟在手。

按照这种原则，创业并非起始于对机会的识别和发现，或者预先设定目标，而是首先分析你是谁、你知道什么以及你知道谁，即了解你；自己目前手中拥有的资源有哪些。创业行动应该是手段驱动，而不是目标驱动；创业者应该运用各种已有资源来创造新企业，而不是在既定目标下寻找新资源。

原则2：可承受损失。

创业者必须首先确定自己可以承担的损失以及愿意承担的损失有多大，然后再投入相应的资源，而不是根据创业项目的预期回报来投入资源。在采取每一步行动之前，创业者都应该只付出自己能够承担并且愿意负担的投入。在考虑投入时，应该综合权衡各种成本，包括金钱、时间、职业和个人声誉、心理成本和机会成本等。

原则3：吸引更多的人加入进来。

寻找愿意为创业项目实际投入资源的利益相关者，通过谈判、磋商来缔结创业联盟，建立一个自我选定的利益相关者网络，而不是把精力花在机会成本分析上，更不用做竞争分析。联盟的构成决定创业目标，随着联盟网络的扩大，创业目标也会不断发生变化。

原则4：柠檬水原则。

西方有一句谚语：“如果生活给了你柠檬，就把它榨成柠檬汁。”这和我们中国的“既来之，则安之”“天无绝人之路”表达的意思类似。“就是要求创业者以积极的心态主动接纳和巧妙利用各种意外事件和偶发事件，它们在创业途中无法避免，不应消极规避或应付。在创业过程中，你采取的行动很可能不会带来你期望的结果，这时需要友好对待，否则将会错失某些重要的东西。很多时候，意外同时也意味着新的机会。当然，意外也可能意味着问题。如果可能，解决这个问题，你的解决方案会变成你的资产。假如这个问题会永久存在并且你无法排除，那么它将成为你采取下一步行动的已知事实基础。

原则5：飞行导航员原则。

创业者不应该把主要精力花在预测未来，而是要采取行动。未来取决于你现在做了什么，很多看似不可避免的发展趋势，或许是可以改变的，但前提是采取行动。

四、创业的类型

了解创业类型，比较不同类型的创业活动，有助于更好地理解创业活动。

1. 依照创业动机分类

依照创业动机，分为机会型创业与就业型创业。

（1）机会型创业指创业的出发点并非谋生，而是为了抓住、利用市场机遇。它以市场机会为目标，能创造出新的需要或满足潜在的需求，因而会带动新的产业发展，而不是加剧市场竞争。

（2）就业型创业指创业者为了谋生而自觉地走上创业之路。这类创业是在现有的市场上寻找创业机会，并没有创造新需求，大多属于尾随型和模仿型，因而往往小富即安，极难做大做强。

虽然创业动机与主观选择相关，但创业者所处的环境、所具备的能力，对于创业动机类型的选择有决定性作用。因此，通过教育和培训来提高创业能力，就可增加机会型创业的数量，不断增加新的市场，减少低水平竞争。

2. 依照创业起点分类

依照创业起点，创业可分为创建新企业与企业内创业。

（1）创建新企业指创业者个人或团队从无到有地创建出全新的企业组织。这个过程充满挑战和刺激，个人的想象力、创造力可得到最大限度的发挥，但风险和难度也很大，创业者往往缺乏足够的资源、经验和支持。

（2）企业内创业指在现有企业内的有目的的创新过程。企业流程再造，本质上也是一种创业行为。企业内创业是动态的，正是通过二次创业、三次创业乃至连续不断地创业，企业的生命周期才能不断地在循环中延伸。

3. 依照创业者数量分类

依照创业者数量，创业可分为独立创业与合伙创业。

（1）独立创业指创业者独立创办自己的企业。其特点在于产权归创业者个人独有，企业由创业者自由掌控，决策迅速；但创业者要独自承担风险，创业资源整合比较困难，并且受个人才能的限制。

（2）合伙创业指与他人共同创办企业。其优劣势正好与独立创业相反。

4. 依照创业项目性质分类

依照创业项目性质，分为传统技能型创业、高新技术型创业和知识服务型创业。

（1）传统技能型创业指使用传统技术、工艺的创业项目。这些独特的传统技能项目具有永恒的生命力，尤其是在酿酒、饮料、中药、工艺美术品、服装与食品加工、修理等与人们日常生活紧密相关的行业中，许多现代技术都无法与之竞争。

（2）高新技术型创业指知识密集度高，带有前沿性、研究开发性质的新技术、新产品项目。例如，将航天等高新技术领域的成果实现产业化、形成新产品等。

（3）知识服务型创业指为人们提供知识、信息的创业项目。当今社会，信息量越来越大，知识更新越来越快，各类知识性咨询服务机构将会不断细化和增加，如律师事务所、会计事务所、管理咨询公司、广告公司等，这类项目投资少、见效快，竞争也日渐激烈。

5. 依照创业方向或风险分类

依照创业方向或风险，可分为依附型创业、尾随型创业、独创型创业和对抗型创业。

（1）依附型创业。一是依附于大企业或产业链而生存，为大企业提供配套服务，如专门为某个或某类企业生产零配件，或生产、印刷包装材料；二是使用特许经营权，如加盟蜜雪冰城、瑞幸咖啡等。

（2）尾随型创业，即模仿他人创业。其特点一是短期内只求能维持下去，随着学习的成熟，再逐步进入强者行列；二是在市场上拾遗补阙，不求独家承揽全那业务，只求在市场上分得一杯羹。

（3）独创型创业指提供的产品或服务能够填补市场空白。独创型创业也可以是旧内容、新形式，如产品销售送货上门，经营的产品并无变化，但在服务方式上有所变化，从而更具竞争力。

（4）对抗型创业指进入其他企业已形成垄断地位的某个市场，与之对抗较量。这类创业风险最高，必须在知己知彼、科学决策的前提下，抓住市场机遇、乘势而上，把自己的优势发挥到极致。

6. 依照创新内容分类

依照创新内容，可分为基于产品创新的创业、基于营销模式创新的创业和基于组织管理体系创新的创业。

（1）基于产品创新的创业指基于技术创新或工艺创新等产生了新的消费群体，从而促使创业行为的发生。例如，将原来的玻璃杯做成紫砂杯，甚至紫砂保温杯，可以使一批品茶爱好者买到中意的茶杯。

（2）基于营销模式创新的创业指采取有别于其他厂商的市场营销模式，因而有可能给消费者带来更高的满足度。零售店的开架销售模式就是最典型的例子，从中进一步开发出的连锁超市，更是几乎形成了日用商品零售端的革命性变革，超大规模的购物中心，在一定程度上改变了人们的购物习惯。

（3）基于组织管理体系创新的创业指采取有别于其他厂商的企业组织管理体系，因而能够更高效地实现产品的商业化和产业化。

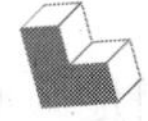

任务二　了解创业环境与创业政策

一、大学生的创业环境

1. 法律、政策、社会环境持续改善

第一，《中华人民共和国宪法》明确规定：“国家保护个体经济、私营经济等非公有制经济的合法的权利和利益。”这就为私营经济的存在和发展提供了保障。与此同时，其他有关非公有制经济发展的法律也逐渐制定并实施，私营经济发展的法律环境逐渐具备。2021 年印发的《国务院办公厅关于进一步支持大学生创新创业的指导意见》指出，要深化高校创新创业教育改革，将创新创业教育贯穿人才培养全过程，建立以创新创业为导向的新型人才培养模式；强化高校教师创新创业教育教学能力和素养培训，改革教学方法和考核方式；加强大学生创新创业培训，打造一批高校创新创业培训活动品牌。

第二，创业门槛不断降低。首先，对私营经济在市场进入方面的限制逐渐取消，更多的行业领域许可民营进入；其次，一些经营手续办理程序得到简化，企业自主经营范围变得更为宽泛。降低大学生创新创业门槛，持续提升企业开办服务能力，为大学生创业提供高效便捷的登记服务。推动众创空间、孵化器、加速器、产业园全链条发展，鼓励各类孵化器面向大学生创新创业团队开放一定比例的免费孵化空间，并将开放情况纳入国家级科技企业孵化器考核评价，降低大学生创新创业团队入驻条件。有条件的地方可对高校毕业生到孵化器创业给予补贴。

第三，资本市场日趋健全和活跃。在融资方面，银行贷款、金融支持、融资担保、风险投资、产权交易等业务不断推陈出新。为解决创业过程中融资难的问题，有关机构启动了为创业者提供开业贷款担保和贴息的业务。落实落细减税降费政策，高校毕业生在毕业年度内从事个体经营，符合规定条件的，在三年内按一定限额依次扣减其当年实际应缴纳的增值税、城市维护建设税、教育费附加、地方教育附加和个人所得税；对月销售额15万元以下的小规模纳税人免征增值税，对小微企业和个体工商户按规定减免所得税。对创业投资企业、天使投资人投资于未上市的中小高新技术企业及种子期、初创期科技型企业的投资额，按规定抵扣所得税应纳税所得额。对国家级、省级科技企业孵化器和大学科技园以及国家备案众创空间按规定免征增值税、房产税、城镇土地使用税。鼓励金融机构按照市场化、商业可持续原则对大学生创业项目提供金融服务，解决大学生创业融资难题。落实创业担保贷款政策及贴息政策。

第四，各种创业载体和服务机构发展加快。各类企业孵化器、工业园区、企业服务中心、风险投资机构、担保服务机构、信用评级机构、顾问咨询等快速发展，有利于创业的启动与发展。完善科技创新资源开放共享平台，强化对大学生的技术创新服务。支持行业企业面向大学生发布企业需求清单，引导大学生精准创新创业。鼓励国有大中型企业面向高校和大学生发布技术创新需求，开展“揭榜挂帅”。

第五，过时观念正在改变。改革开放40多年以来，人们对私营经济的看法和态度有了根本的改变，一种鼓励、宽容创新和创业的社会观念正在形成。加强政府支持引导，发挥市场主渠道作用，鼓励有条件的地方探索建立大学生创业风险救助机制，可采取创业风险补贴、商业险保费补助等方式予以支持。

此外，各地政府出台了相关政策来支持大学生创业，具体政策可能因地区而异，可以向当地相关部门咨询。同时，社会观念也在不断变化，越来越鼓励和支持大学生创新创业，认为这是一种积极的发展方向，为大学生创业营造了有利的社会氛围。

2. 社会经济科技发展为创业者提供了广阔的发展空间

迅速发展的经济不仅需要人们创业、呼唤着人们创业，而且为创业者创造了前所未有的机遇，为创业者提供了一个前所未有的大舞台。

首先，知识经济为大学生提供了巨大的创业舞台。知识经济时代最重大、最根本的变化无疑是资金让位于知识，知识成为最宝贵的资源、最重要的资本，这无疑向一切富有知识与智慧的人提供了前所未有的机遇。例如，随着高科技的发展，大量的新兴行业不断涌现，这为受过良好教育并具有相当的专业知识的人才提供了无穷的机会。当代许多创业者就是在网络技术和服务领域创业成功的；随着知识更新速度的加快，“继续教育”成为人们的终身行为，文化教育、信息传播成为大有前途的创业领域。

其次，第三产业成为我国一个极具魅力的投资领域。一些新兴第三产业还有待进一步发展，第三产业可以为创业者提供许多大显身手的舞台；而且，第三产业投资少、见效快，十分适合普通大众创业。

二、大学生创业优惠政策

大学生创业优惠政策是我国政府对在校期间的大学生创业者自立开创或参与开创新企业，提供新产品或新服务予以优惠与激励的一系列政策。

为支持大学生创业，国家和各级政府出台了许多优惠政策，涉及融资、开业、税收、创业培训与指导等诸多方面，以引导大学生多渠道就业，尤其是鼓励自主创业和灵活就业。

2021年10月12日，《国务院办公厅关于进一步支持大学生创新创业的指导意见》：国务院办公厅印发该意见，旨在提升大学生创新创业能力、优化环境、加强服务平台建设、落实保障政策等方面，为大学生创新创业提供更多支持和保障。

2022年5月5日，《国务院办公厅关于进一步做好高校毕业生等青年就业创业工作的通知》：国务院办公厅发布该通知，其中提出要支持自主创业和灵活就业，落实大众创业、万众创新相关政策，深化高校创新创业教育改革，健全教育体系和培养机制，汇集优质创新创业培训资源，对高校毕业生开展针对性培训，按规定给予职业培训补贴。

此外，各地方政府也出台了相应的政策文件，如杭州市人民政府办公厅于2023年6月3日印发《杭向未来·大学生创新创业三年行动计划（2023—2025年）》，提出了一系列举措，包括拓宽聚才引才渠道、鼓励大学生实习见习、提供专项补贴支持、落实大学毕业生落户新政、办好各类创新创业大赛、实施博士后倍增计划等。

国家对大学生创业的扶持政策包括以下方面：

1. 税收优惠

持人社部门核发“就业创业证”的高校毕业生在毕业年度内创办个体工商户，可在3年内按每户每年12 000元为限额依次扣减其当年实际应缴纳的增值税、城市维护建设税、教育费附加、地方教育附加和个人所得税，限额标准最高可上浮20%。

增值税小规模纳税人减免增值税：增值税小规模纳税人发生增值税应税销售行为，合计月销售额未超过10万元（以1个季度为1个纳税期的，季度销售额未超过30万元）的，免征增值税。

小型微利企业减免企业所得税：小型微利企业年应纳税所得额不超过100万元的部分，减按25%计入应纳税所得额，按20%的税率缴纳企业所得税；年应纳税所得额超过100万元但不超过300万元的部分，减按50%计入应纳税所得额，按20%的税率缴纳企业所得税。

个体工商户减征个人所得税：个体工商户经营所得年应纳税所得额不超过100万元的部分，在现行优惠政策基础上，再减半征收个人所得税。

小微企业减免地方“六税两费”：由省、自治区、直辖市人民政府根据本地区实际情况，以及宏观调控需要确定，对增值税小规模纳税人、小型微利企业和个体工商户可以在50%的税额幅度内减征资源税、城市维护建设税、房产税、城镇土地使用税、印花税（不含证券交易印花税）、耕地占用税和教育费附加、地方教育附加。

2. 担保贷款和贴息

大学生可在创业地申请创业担保贷款，最高贷款额度为20万元，对符合条件的个人合伙创业的，可根据合伙创业人数适当提高贷款额度，最高不超过总额的10%。对10万元及以下贷款、获得设区的市级以上荣誉的高校毕业生创业者免除反担保要求；对高校毕业生设立的符合条件的小微企业，最高贷款额度提高至300万元，财政按规定给予贴息。

创业担保贷款申请程序：申请创业担保贷款贴息支持的个人和小微企业应向当地人力资源社会保障部门申请资格审核，通过资格审核的个人和小微企业，向当地创业担保贷款担保基金运营管理机构和经办银行提交担保和贷款申请，符合相关担保和贷款条件的，与经办银行签订创业担保贷款合同。

3. 资金扶持

（1）免收有关行政事业性收费：毕业2年以内的普通高校毕业生从事个体经营的，3年内免收管理类、登记类和证照类等有关行政事业性收费。

（2）求职创业补贴：对在毕业学年有就业创业意愿并积极求职创业的低保家庭、贫困残疾人家庭、原建档立卡贫困家庭和特困人员中的高校毕业生，残疾及获得国家助学贷款的高校毕业生，给予一次性求职创业补贴。

（3）一次性创业补贴：对首次创办小微企业或从事个体经营，且所创办企业或个体工商户自工商登记注册之日起正常运营1年以上的离校2年内高校毕业生，试点给予一次性创业补贴。

（4）享受培训补贴：对大学生在毕业年度内参加创业培训的，按规定给予培训补贴。

4. 工商登记

创办企业，只需填写“一张表格”，向“一个窗口”提交“一套材料”，登记部门直接核发加载统一社会信用代码的营业执照，“多证合一”。

放宽市场准入条件：初创企业时，允许按行业特点放宽资金、人员准入条件，注册资金可分期到位。按照相关规定可将家庭住所、租借房、临时商业用房等作为注册地点及创业经营场所。

5. 户籍政策

高校毕业生可在创业地办理落户手续（直辖市有关规定执行）。

6. 创业服务

（1）免费创业服务：可免费获得公共就业和人才服务机构提供的创业指导服务。

（2）技术创新服务：各地区、各高校和科研院所的实验室以及科研仪器、设施等科技创新资源可以面向大学生开放共享，提供低价、优质的专业服务。

（3）创业场地服务：鼓励各类孵化器面向大学生创新创业团队开放一定比例的免费孵化空间。政府投资开发的孵化器等创业载体应安排30%左右的场地，免费提供给高校毕业生。有条件的地方可对高校毕业生到孵化器创业给予租金补贴。

（4）创业保障政策：加大对创业失败大学生的扶持力度，按规定提供就业服务、就业援助和社会救助。毕业后创业的大学生可按规定缴纳“五险一金”。

7. 学籍管理

（1）折算学分：各高校要设置合理的创新创业学分，建立创新创业学分积累与转换制度，探索将学生开展自主创业等情况折算成学分。

（2）弹性学制：学校可以根据情况建立并实行灵活的学习制度，可放宽学生修业年限，保留学籍休学创新创业。

8. 创业政策

（1）大学毕业生在毕业后两年内自主创业，到创业实体所在地的工商部门办理营业执照，注册资金（本）在50万元以下的，允许分期到位，首期到位资金不低于注册资本的10%（出资额不低于3万元），1年内实缴注册资本追加到50%以上，余款可在3年内分期到位。

（2）大学毕业生新办咨询业、信息业、技术服务业的企业或经营单位，经税务部门批准，免征企业所得税两年；新办从事交通运输、邮电通信的企业或经营单位，经税务部门批准，第一年免征企业所得税，第二年减半征收企业所得税；新办从事公用事业、商业、物资业、对外贸易业、旅游业、物流业、仓储业、居民服务业、饮食业、教育文化事业、卫生事业的企业或经营单位，经税务部门批准，免征企业所得税一年。

（3）各国有商业银行、股份制银行、城市商业银行和有条件的城市信用社要为自主创业的毕业生提供小额贷款，并简化程序，提供开户和结算便利，贷款额度在2万元左右。贷款期限最长为两年，到期确定需延长的，可申请延期一次。贷款利息按照中国人民银行公布的贷款利率确定，担保最高限额为担保基金的5倍，期限与贷款期限相同。

（4）政府人事行政部门所属的人才中介服务机构，免费为自主创业毕业生保管人事档案（包括代办社保、职称、档案工资等有关手续）2年；提供免费查询人才、劳动力供求信息，免费发布招聘广告等服务；适当减免参加人才集市或人才劳务交流活动收费；优惠为创办企业的员工提供一次培训、测评服务。

（5）高校毕业生自主创业优惠政策。主要包括税收优惠、小额担保贷款和贴息支持、免收有关行政事业性收费、享受培训补贴、免费创业服务等优惠。

三、部分地区政府大学生扶持政策

（一）河北省：设立了不少于10亿元的风险补偿基金

河北构建了省天使投资引导基金，支持创业导师、天使投资人、创业孵化机构等共同设立天使投资基金，重点对在孵企业和创客项目予以支持，省级资金按一定比例参股且不分享基金收益，在基金到期清算时，要是出现亏损会优先核缴省级资金权益。还设立了不低于 10 亿元的风险补偿基金，主要支持创业导师、金融机构、投资机构在河北建设科技支行、科技担保机构、科技保险机构等科技投融资机构。同时支持众创空间等新型孵化机构开展创业路演、创业大赛、创业论坛等各类创业活动，会按其举办各类创业活动实际支出的20%给予事后补助，单个机构每年支持金额最高不超过50万元。

（二）北京市：北京市教委联合北京市财政局公布《北京高校大学生就业创业项目管理办法》

北京市有和北京地区高校就业创业有关的三大项目正式实施，分别是“北京地区高校大学生创业园建设项目”“北京高校示范性创业中心建设项目”“支持北京高校大学生创新、创意、创业实践项目”。这些项目为大学生创业提供了场地租赁、办公家具及设备购置、水电物业补贴、云计算资源服务、孵化团队培育与服务以及修缮等方面的经费支持。

（三）天津市：外地高校毕业生在津创业可准予落户

天津市把大学生创业扶持期从3年延长到7年，即毕业前2年和毕业后5年。如果外地高校毕业生在津创业，可准予落户，并给予相应政策扶持。对于经过认定的众创空间，会分级分类给予100万～500万元的一次性财政补助，用于初期开办费用，高校众创空间补助资金由市财政承担，区县及滨海新区各功能区众创空间补助资金由市和区县财政按7：3的比例分担。引导众创空间运营商设立不少于300万元的种子基金，主要用于对初创项目给予额度不超过5万元、期限不超过2年的借款，以及收购创业者的初创成果，市财政按30%比例参股且不分享基金收益，基金到期清算时若出现亏损则先核销财政资金权益。对众创空间内企业招用高校毕业生，给予1年岗位补贴和3年社会保险补贴。大学生创业且租赁房屋的，按实际情况给予补贴，最高不超过每月1 800元，补助期为2年。

（四）上海市：创业无忧支持

上海地区应届大学毕业生创业可享受免费风险评估、免费政策培训、无偿贷款担保及部分税费减免四项优惠政策。此外，上海市设立了专门针对应届大学毕业生的创业教育培训中心，免费为大学生提供项目风险评估和指导，帮助大学生更好地把握市场机会。大学生开办企业可获5万～30万元支持，即使奋斗失败也无须赔偿损失。

（五）湖北省黄冈市：为大学生创业提供“十免”扶持和“五有”保障

在湖北黄冈市，为大学生创业者3年内免费提供办公场地及水电、办公桌椅等办公设备、网络接入服务、客户接待室及会议室、创业培训服务、创业政策咨询服务、科技项目申报服务、政策指导服务、创业沙龙活动场所、专利申请服务。有资金扶持，给予1万元创业补贴，最高50万元无息贷款，还成立了3只天使基金扶持创业；有办公场所，即大学生创业孵化器，免费为入驻企业提供30 m^2左右的办公场所；有厂房，大学生创业加速器，会按入驻企业发展需求免费提供面积500～1 000 m^2的厂房；有住房，创业大学生公寓和人才公寓，按标准为创业者提供免房租住房需求；有创业导师，聘请黄冈籍知名企业家和本地成功企业家作为创业导师，一对一为创业者提供成长支持。对经认定符合国家产业政策和技术要求、市场前景看好且具有引领和推动本行业科技创新的创业项目，给予最高20万元的一次性资金资助；成功经营1年的，经认定后给予实际到位资本金30%、最高5万元的一次性创业补助。与企业签订1年以上劳动合同的困难家庭高校毕业生，按照规定给予社会保险补贴。对毕业年度高校毕业生创业企业，按小微企业享受社会保险补贴。毕业生创办企业申请小额担保贷款，不受出资额和注册资金的限制，按生产规模和流动资金需求确定担保额度。个人独立创办企业的，可申请不超过10万元的小额担保贷款；合伙创办微型企业的，可申请不超过 50 万元的小额担保贷款；创办劳动密集型企业的，可申请不超过200万元的小额担保贷款，对超过国家小额担保贷款额度政策的贷款利息从支持大学生创业就业专项资金中给予贴息，贴息期限不超过2年。对初次申请的小额担保贷款到期后，可申请二次小额担保贷款。毕业生创办企业的各项增值税、营业税、企业所得税及团队成员个人所得税地方留成部分，5年内全额奖励纳税人。

（六）黑龙江省：各级政府采购优先选择大学生创业企业

黑龙江省符合条件的大学生创业企业入驻各类大学生创业孵化器，享受第一、二年免费，第三年按50%缴费的优惠扶持政策，会用包括大学生创业“种子资金”在内的各类专项资金对孵化器相关费用给予补贴。大学生创办小微企业直接参与政府采购投标的，在评审时给予价格6%～10%

的扣除。各级政府向社会力量购买服务项目时，同等条件优先选择大学生创业企业。支持大学生通过科技成果转化实现创业。大学生在校期间参与教师科研项目或自己研究取得发明专利成果，其创业成果转化成功的，可利用省科技成果转化引导基金，按照技术交易额的10%给予不超过20万元的资金奖励。

（七）云南省：实施“贷免扶补”政策和“两个10万元”微型企业培育工程

云南省实施大学生鼓励创业“贷免扶补”政策，对首次创业高校毕业生，提供不超过 10 万元的免担保、免利息创业贷款，减免相关税收，为创业人员提供创业扶持政策、法律等方面的指导咨询和培训服务，对首次创业并稳定1年以上的，给予1 000 ~ 3 000元创业补贴。实施“两个10万元”微型企业培育工程，带动5人以上就业，投资达10万元以上且实际货币投资7万元以上的，每户给予3万元补助，有贷款需求的，给予10万元以下银行贷款支持，更多地支持大学生创业实体。二次贷款贴息，对经“贷免扶补”或小额担保贷款政策扶持，稳定经营2年以上、带动就业5人以上、偿还贷款记录良好并按期纳税的优秀大学生经营实体，经过评审后，每年评审1 000个，协调金融机构再次给予2年期50万元以内的贷款扶持，按照人民银行公布的同期贷款基准利率的60%给予贴息。

对毕业学年和离校未就业高校毕业生开办网店，持续经营半年以上，且月收入超过当地最低工资标准的，经认定后，一次性给予2 000元资金补贴。

项目实训练习

一、简答题

根据自己的实际情况回答以下问题：

（1）能否简单地描述你的创业构想？

（2）你是否了解你将要从事的行业？

（3）你将通过什么方法来了解你将要从事的行业？

（4）你能够确定自己愿意长期从事这个行业吗？

（5）你在创业方面有没有比较好的人际关系储备？

（6）谈谈当前所在地的创业环境与创业优惠政策吗？

通过上述问题可以了解自己是否已经有了创业的思想准备。

二、自我测评

测评一：测测你是否适合创业

这份试卷，可以在一定程度上测试你是否适合创业。每题有四个选项，分别为：A.经常；B.有时；C.很少；D.从来不。

1. 在急需做出决策的时候，你是否会想，再让我考虑一下吧？

2. 你是否会为自己的优柔寡断找借口说：是得慎重考虑，怎能轻易下结论呢？

3. 你是否会为避免冒犯某个或某几个有相当实力的客户而有意回避一些关键性的问题，甚至表现得曲意奉承呢？

4. 你是否无论遇到什么紧急任务，都要先处理你自己的日常琐碎事务呢？

5. 你必须在巨大的压力下才肯承担重任吗？

6. 你是否无力抵御或预防妨碍你完成重要任务的干扰和危机？
7. 你在决定重要的行动和计划时，常常忽略其后果吗？
8. 当你需要做出很可能不得人心的决策时，是否会找借口逃避而不敢面对？
9. 你是否总是在晚上才发现还有要紧的事没办？
10. 你是否会因不愿承担艰苦任务而寻找各种借口？
11. 你是否常难以躲避或预防困难情形的发生？
12. 你是否总是拐弯抹角地宣布可能会得罪他人的决定？
13. 你会让别人替你做自己不愿做而又不得不做的事吗？

计分标准：选A得4分；选B得3分；选C得2分；选D得1分。

结果分析：

50分以上说明你的个人素质与创业者相去甚远。

40～49分，说明你不算勤勉，应彻底改变拖沓、低效率的缺点，否则创业只是一句空话。

30～39分，说明你在大多数情形下充满自信，但有时也会犹豫不决，不过没关系，偶尔犹豫也是一种成熟、稳重和深思熟虑的表现。

15～29分，说明你是一个高效率的决策者和管理者，会成为一个成功的创业者。

测评二：测测你的创业能力

小题共有两个选项，选择符合你实际情况的选项。

（一）创办企业的动机

1. A. 我有一份工作。
   B. 我没有工作。
2. A. 在决定创办自己的企业之前，我有一份好工作。
   B. 在决定创办自己的企业之前，我没有一份工作。
3. A. 我从自己做过的每一份工作中都学到了一些东西，我发现工作很有意思。
   B. 我工作只为收入。工作没有什么乐趣，我对工作兴趣不大。
4. A. 我想让我的企业成为我终身的事业。
   B. 我想创业，是因为没有其他选择。
5. A. 我想拥有一家企业，这样我能够为我的家庭提供更好的生活。
   B. 我想创办企业是因为想取得成功，富人都有自己的企业。
6. A. 我坚信，我的成功与否更多地取决于自己的努力。
   B. 我坚信，一个人不论做什么，要想成功，都需要其他人的帮助。

（二）风险承受能力

7. A. 我坚信，要在生活中前进必须冒风险。
   B. 我不喜欢冒风险。
8. A. 我认为风险同时也蕴含着机会。
   B. 如果可以选择，我更愿意以最稳妥的方式做事。
9. A. 我只有在权衡了利弊之后才会冒风险。
   B. 如果我喜欢一个想法，我会不计利弊地去冒风险。

10. A. 即使投资于自己企业的资金亏掉了，我也愿意接受这样的现实。
    B. 投资于自己企业的资金可能会亏掉，我难以接受这样的现实。
11. A. 无论做任何事，就算对这件事有足够的控制权，我也不会总是期待完全控制局面。
    B. 我喜欢完全控制自己所做的事情。

（三）坚忍不拔和处理危机的能力

12. A. 即使面对极大的困难，我也不会轻易放弃。
    B. 如果存在很多困难，真的不值得为某些事去奋斗。
13. A. 我不会为挫折和失败沮丧太久。
    B. 挫折和失败对我的影响很大。
14. A. 我相信自己有能力扭转局势。
    B. 一个人能自己做的事情是有限的，命运和运气起很大的作用。
15. A. 如果有人对我说不，我会泰然处之，并会尽最大努力改变他们的看法。
    B. 如果有人对我说不，我会感觉很糟并会放弃这件事。
16. A. 在危急情况下，我能保持冷静并找出最佳的应对办法。
    B. 当危机升级时，我会感到慌乱和紧张。

（四）家庭支持

17. A. 我会让家人参与对他们有影响的企业决定。
    B. 我不会让家人参与对他们有影响的企业决定。
18. A. 因为对企业的全力投入，使我不能花很多时间和家人在一起，他们会理解我。
    B. 因为对企业的全心投入，使我不能多花时间和家人在一起，他们会感到不快。
19. A. 如果我的企业最初不是很成功，并且给家人带来经济上的困难，他们愿意忍受。
    B. 如果我的企业最初不是很成功，并且给家人带来经济上的困难，他们会十分生气。
20. A. 家人愿意帮助我克服企业遇到的困难。
    B. 家人可能不愿意或者没有能力帮助我克服企业遇到的困难。
21. A. 家人认为，我创办企业是个好主意。
    B. 家人对我创办企业感到担心。

（五）主动性

22. A. 我不惧怕问题，因为问题是生活的组成部分，我会想办法解决每一个问题。
    B. 我发现解决问题很难，我害怕这些问题，或者干脆不去想它们。
23. A. 当我遇到困难时，我会尽力去克服困难，困难是对我的挑战，我喜欢挑战。
    B. 如果我遇到了困难，我会试图忘掉它们，或等待其自行消失。
24. A. 我不会等待事情发生，而是努力促使事情发生。
    B. 我喜欢随波逐流并等待好事降临。
25. A. 我总是尝试做一些与众不同的事情。
    B. 我只喜欢做我擅长的事情。
26. A. 我认为所有的想法可能都会有用，因此，我会寻求尽可能多的想法，并看其是否可行。

B. 人会有很多想法，但是一个人不可能做所有的事情，我愿意坚持自己的想法。

（六）协调家庭、社会和企业的能力

27. A. 在企业能够承受的范围之内，我从企业拿出钱来供我和家人使用。
B. 我的家人需要多少钱，我就从企业拿出多少钱。

28. A. 如果我的朋友或家人有经济困难，我只会用预留给我个人的钱来帮助他们，我不会从我的企业拿钱。
B. 如果我的朋友或家人有经济困难，我将帮助他们，即使那样可能会损害我的企业。

29. A. 我不会把大量的工作时间花在家人和社会关系上而忽略我的企业。
B. 我会优先考虑家人和社会关系，他们高于企业。

30. A. 家人和朋友必须像其他顾客一样，为使用我的产品或服务付钱。
B. 家人和朋友将从我的企业得到特殊的好处和服务。

31. A. 我不会因为顾客是我的朋友或家人就可以赊账。
B. 我常常让我的朋友和家人赊账。

（七）决策能力

32. A. 我能够轻松地做决定，我喜欢做出决定。
B. 我发现做决定很难。

33. A. 我能独立做出艰难的决定。
B. 在我做出艰难的决定之前，我会征求很多意见。

34. A. 一旦需要做出决定，我常能尽快决定做什么。
B. 我会尽可能长地推迟做决定的时间。

35. A. 在做决定之前，我会认真思考并考虑所有可能的选择。
B. 我凭感觉和直觉做出决定，我只知道眼下该做什么。

36. A. 我不怕犯错误，因为我可以从错误当中吸取教训。
B. 我经常担心会犯错误。

（八）适应企业需要的能力

37. A. 我只提供顾客需要的产品或服务。
B. 我只提供自己喜欢的产品或服务。

38. A. 如果我的顾客想要更便宜的产品或服务，我将想办法满足他们的需求。
B. 如果我的顾客想要更便宜的产品或服务，他们只能找其他的企业。

39. A. 如果我的顾客想赊购，我会想办法用最低的风险为他们提供赊购服务。
B. 我不会向任何人赊销我的产品或服务。

40. A. 如果将企业迁到其他地点生意会更好，我准备这样做。
B. 我不准备重新选择企业地点，无论我的企业在哪里，顾客和供货商就必须到哪里。

41. A. 我将研究市场趋势，并力图改变工作态度和方法，以跟上时代的发展。
B. 最好使用我已知道的方法去工作，跟上时代发展太难了。

（九）对企业的承诺

42. A. 我善于在压力下工作，我喜欢挑战。

B. 我不善于在压力下工作，我喜欢平静和轻松。

43. A. 我喜欢每天工作很长时间，我不介意占用业余时间。

B. 我认为工作以外的时间很重要，人不能长时间地工作。

44. A. 我愿意为自己的企业而减少与家人及朋友在一起的时间。

B. 我不愿意为自己的企业而减少与家人和朋友在一起的时间。

45. A. 如果有必要，我可能会把社交活动、休闲娱乐和业余爱好放在一边。

B. 我认为在社交活动、休闲娱乐和业余爱好上多花时间是很重要的。

46. A. 我愿意非常努力地工作。

B. 我愿意工作并且能做必须做的事情。

（十）谈判技巧

47. A. 我喜欢谈判，并且经常能在不冒犯任何人的情况下达到目的。

B. 我不喜欢谈判，按照别人的建议去做更容易。

48. A. 我与别人沟通得很好。

B. 我与别人沟通有困难。

49. A. 我喜欢倾听别人的观点和选择。

B. 我对别人的观点和选择一般不感兴趣。

50. A. 谈判时，我会考虑什么对自己有利，什么对别人有利。

B. 如果参加谈判，我更愿意作为一个听众并旁观事态的发展。

51. A. 我认为，在谈判中达到目的的最好方法是努力寻找一个使双方都受益的方案。

B. 因为企业是我的，所以我的意见最重要，谈判中总有一方会失败。

结果分析：

以上共10个方面51道题，每一个方面中如果有3道题的选项为A，则说明你基本具备这一方面的能力；如果有4道题的选项为A，说明你这一方面的能力较强；如果有30道题的选项为A，说明你基本具备了创业能力；如果能达到40个以上，说明你的创业能力较强。当然，这些都只是从理论上界定，仅供参考，真正的创业能力还需要在实践中锻炼。

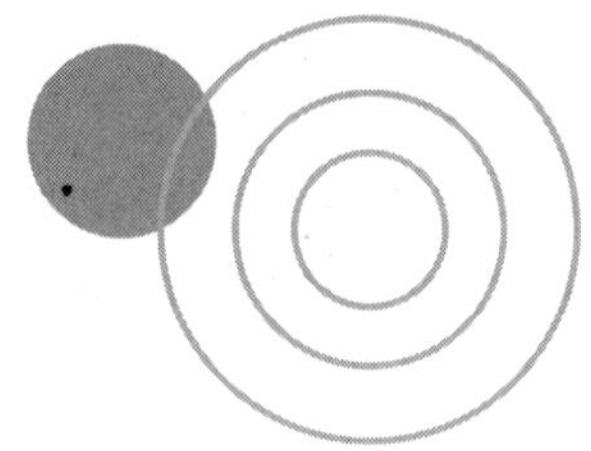

项目五 创业者

名言

优秀是一种习惯，而不仅仅是一两次的表现。

——亚里士多德

学习目标

通过本项目的学习，了解创业者的定义，正确理解创业者的特征。学会认识自己。做好创业前的准备。理解创业精神和影响创业精神的主要因素。

案例导入

李明的创业故事

在一个不起眼的小城，有一位叫李明的创业者。李明大学毕业后，没有选择去大城市闯荡，而是回到家乡，决心在这里开创自己的事业。

他发现家乡的传统手工艺品有着独特的魅力，但由于销售渠道有限，很多优秀的作品都不为人知。于是，李明决定搭建一个线上平台，专门推广家乡的手工艺品。

他四处奔走，寻找那些手艺精湛的工匠，与他们建立合作关系，收集各种精美的手工艺品。同时，他组建了一个小团队，一起努力搭建起了网站和线上店铺。

为了打开市场，李明和他的团队通过各种渠道进行宣传推广，参加各种展会，向人们展示这些手工艺品的独特之美。他们还不断优化平台的用户体验，提供贴心的服务。

在创业初期，遇到了资金紧张、人才短缺、市场认可度不高等诸多困难，但李明始终没有放弃。他坚信自己的选择和努力会有回报。

经过几年的不懈奋斗，李明的平台逐渐有了名气，越来越多的人开始关注和购买这些手工艺品。不仅帮助了家乡的工匠们获得了更好的收入，也让这些传统手艺得到了更好的传承和发展。

李明的故事充分展现了一位普通创业者的坚韧、勇气和智慧。他凭借着对梦想的执着追求，在困难重重的创业道路上坚定前行，最终取得了令人瞩目的成就，成为许多创业者学习的榜样。

任务一　认识创业者

一、创业者的定义

创业者一词由经济学家坎蒂隆于1755年首次引入经济学。1800年，经济学家萨伊首次给出创业者的定义，他将创业者描述为将经济资源从生产率较低的区域转移到生产率较高区域的人，并认为创业者是经济活动过程中的代理人。经济学家熊彼特认为创业者应为创新者，这样，创业者概念中又加了一条，即具有发现和引入新的更好的能盈利的产品、服务和过程的能力。

创业者是指具有完全权利能力和行为能力的，能创办新企业，并能时刻抓住市场潜在的盈利机会，维系整个企业的运营与管理，从而使企业获取收益的领导者。

二、创业者的特征

很多学者都会认为创业者，尤其是成功的创业者身上会具有一些共同的特质，最典型的是蒂蒙斯对创业者特征的研究。蒂蒙斯（J.Timmons）通过研究总结出成功创业者身上的“六大特质”和“五种天赋”。其中，“六大特质”是指“可取并可学到的态度和行为”，“五种天赋”是指“其他人向往的，但不一定学得到的态度和行为”。这里，蒂蒙斯认为创业者的特质一部分是天赋，另一部分是后天学习所得。

知识拓展

关于创业者特征的课堂讨论案例

拓展阅读

“六大特质”和“五种天赋”

1. “六大特质”

（1）责任承诺和决心。这一点比其他任何一项因素都重要。有了责任承诺和决心，创业者可克服不可想象的障碍，并弥补其他缺点。

（2）领导力。成功的创业者是富有耐心的领导者，能够勾勒出组织的远景，根据长远目标进行管理。他们无须凭正式权力，就能向别人施加影响，并能很好地协调企业内部及与顾客、供应商、债权人、合伙人的关系，与他们友好相处，共同分享财富和成功。

（3）商机着迷。创业者受到的困扰是陷入商机里不能自拔，意识到商机的存在可以引导创业者如何抓住重要问题来处理。

（4）对风险、模糊性和不确定性的容忍度。既然高速变化和高度风险、模糊和不确定性几乎是不可避免的，成功的创业者能容忍它们，并善于处理悖论和矛盾。

（5）创造性、自立和适应能力。成功创业者们相信自己，他们不怕失败，并且善于从失败中学习。

（6）胜出的动机。成功创业者受胜出别人的动力驱使。他们受到内心强烈愿望的驱动，希望和自己定下的标准竞争，追寻并达到富有挑战性的目标。

需要说明的是，具备这些特质并非一定就是成功的创业者，或只要具备了这些特质就一定能够创业成功，拥有这些特质并不是成为创业者的必要条件。如果缺乏上面的某些态度和行为，是可以通过经验和学习学到、开发、实践或历练出来的。

2. “五种天赋”

（1）精力、健康和情绪稳定。企业家面临特殊的工作压力和极高的工作要求，这使他们的精力、身体和心理健康变得十分重要。他们虽然可以通过运动、注意饮食习惯和休息稍做调整来保持，但每一项都和遗传有很强的相关性。

（2）创造力和革新精神。创造力一度被认为是只有通过遗传才可获得的能力，而且大多数人认定它本质上是遗传而来的。但新的研究表明，创造力、革新精神与制度、文化有很大的关系。它们是只可以诱发而不能模仿的。

（3）才智、智慧和概念化。没有哪一家成功的或具有高发展潜力的企业其创始人是不具备才智或只有中等才智的，这些才智包括高度灵敏的嗅觉、企业家的直觉及敏锐的洞察力。这种才智犹如艺术家和作家的才情、灵性，十分稀缺和珍贵。

（4）激发灵感的能力。远见是一种天生的领导素质，它具有超凡的魅力。没有人认为这种特殊的品质是后天培养的。所有伟大的领导者都是通过这种能力传递他们的影响力。成功的企业家通过这种能力激发灵感，激励他的员工为着他设下的目标团结奋斗。

（5）价值观念。个人的价值观念和伦理价值由企业家生活的环境和背景决定，在人生的早期就形成了。这些价值构成了个人不可分割的部分，进而影响他的企业及企业的价值。

蒂蒙斯将上面五种态度和行为描述为一个特殊企业家天生的才能，它们是令人向往但不一定学得到的。事实上，蒂蒙斯研究发现，一些相当成功的企业家，他们缺少其中几项特点，或每种特点都不突出，并且，几乎没有哪个企业家拥有下面所有方面的特殊才能。但是，如果企业家拥有了这些天生的才能，那么无疑会大大增加创业成功的可能性。

学者对创业者的特征研究是多角度的，经过整理，除上述蒂蒙斯教授的特质论特征外，最具有代表性的研究分别是创业者的人口统计特征和心理特征。

（一）人口统计特征

对创业者的研究，首先是从人口统计特征入手的，通过统计调查得到的数据可以更直观地得出创业者的特征。例如有研究成果表明，移民更趋向于高创业性，生活在土地比较贫瘠地区的人具有更强的创业意识。还有研究表明，头胎出生的孩子最有可能成为创业者，创业经常发生在人们会感到焦躁不安的里程碑年龄（如30岁、40岁、50岁）。上述研究听起来很有趣，但这些事实并不能让我们更进一步了解真正的创业特征。例如，土地贫瘠的事实可能并不会激励创业行为，在一定程度上他们更容易创业是因为他们整合资源的能力更强；也可能是生活所迫，不得不走上创业之路。

（二）创业者的心理特征

相较于创业者的先天特质和人口统计特征，心理特征的研究更有价值，这是由于创业者的心理特征或素质在一定程度上可以改变和培养。本书认为创业者区别于一般人的特征表现为以下10个方面：

1. 充满激情

激情是一种强烈的情感表现形式。往往发生在强烈刺激或突如其来的变化之后，具有迅猛、激烈、难以抑制等特点。创业者在激情的支配下，常能调动身心的巨大潜力。创业需要有激情，要保持对生活的向往，对事业的信念。

2. 独立性

创业者更愿意为自己的目标努力而不是听从别人的命令，具有独立的个性、人格和思想，能够独立思考，很少把问题归因于外部，拥有掌控自身命运的意识。

3. 富有创新精神

无论身处何种行业，仅有踏实努力和积极肯干的精神是不够的。即便是传统行业，也需要创业者根据市场的变化和人们的需求情况进行及时调整，不断创新。一个没有创新意识和创新观念、不懂得带领团队创新的人是很难取得成功的。创新是创业的本质，创业者更是一批具有创新精神的人。

4. 承担风险

选择了创业也就意味着以后要承担许多风险，甚至是许多巨大的风险。在产品开发过程中，存在着诸多不确定性；商场是没有硝烟的战场，充满着各种竞争，充满着各种风险。

5. 成就导向

创业者几乎无一例外是目标导向型，也可理解为成就需求，创业者做事往往会有更强的目的性和成就需求，他们很自然地设定个人目标并且确保成长以完成这些目标。

6. 对不确定性的包容

创业者总是比其他人对动态变化的切不是特别明确的情况更加适应。

7. 掌控命运的意识

创业者很少把自己看成环境的受害者，而是自己掌控命运，这可能是由于他们具有把消极的环境看成机会而不是威胁的趋向。

8. 永不言败

创业的过程就像跑一场马拉松，整个过程充满了不确定性，只有排除万难才能获得成功。创业者应永不言败，这是创业者应具备的非常重要的特征。创业者要相信，失败并不可怕，可怕的是丧失斗志，不敢从头再来。只要创业者拥有不屈不挠、持之以恒、永不放弃的决心，就会离成功更近一步。

9. 有远见

远见是指看到别人没有看到的机会的能力。有远见是创业者应具备的特征之一。通常来说，成功的创业者似乎总能发现一些被他人忽略的市场机遇，使自己的产品、服务甚至是技术走在时代的前列，从而在市场中获得主动权。

10. 善于学习

创业者应该拥有一颗善于学习的心，仅掌握书本上的知识是远远不够的。创业者要明白：最好的课堂是社会，最好的老师是生活。因此，在生活中，创业者应该不断地学习，保持思维的灵活性，这样才能更好地统筹大局、协调发展。

三、创业者的能力

根据对全球创业观察中国报告的研究，创业能力包括创业动机和创业技能两方面。

（一）创业者的创业动机

人们为什么要创办企业以及他们与非创业者（或创业失败的人）的不同，与创业者的动机密不可分。虽然对创业者心理特征的研究还没能得出一致结果，但认识心理因素在创业过程中的作用还是很重要的。

管理学和心理学的理论认为，人的行为是受动机支配的，动机反映的是人最本质的需要。需要是人感到某种缺乏而力求获得满足的心理倾向，它是人自身和外部条件的要求在头脑中的反映，是人与生俱来的基本要求。任何动机的产生都是基于某种需要达到一定强度而产生的一种内驱力，最后成为人的行为。因此，研究人的需要对于创业动机有重要意义。

人本主义心理学家马斯洛的需要层次理论，是需要理论中最为经典的。马斯洛把人的需要分为生理的需要、安全的需要、归属与爱的需要、尊重的需要、自我实现的需要，五个层次是从低到高排列的。第一、二层次为动物性或缺失性需要，第三、四、五层次为社会性或生长性需要，当人们满足或者部分满足低层次需要的时候就会产生高一层次的需要。

虽然人们选择创业的动机多种多样，但是归根结底可以总结为三个方面：

1. 财务回报型的创业动机

财务回报型的创业动机比较功利，认为创业是财富积累最迅速且回报率最高的一种活动，尤其是随着互联网时代的到来，大量的成功案例，使得更多有财务追求的人加入了创业者行列，这里不乏资源匮乏的创业者，也有掌握了大量资源的创业者——变现型创业者。这些创业者有的是时代的产物，有的是外部条件带来的压力所迫，然而事实上持此种动机的创业者绝大多数都难以如愿，平均来看，与传统职业中承担同样责任的人相比，创业者并没有赚取更多的财富，创业的财务诱惑在于它的上升潜力，但是有能力并且能够坚持到创业上升的创业者往往认为，财务回报并不是他们的主要动机。

2. 成长型的创业动机

成长型的创业动机源于人在不断社会化过程中对社会关系和成长的需要。人们随着年龄的增长以及对外界环境的深入接触，社会化程度越来越高，想要通过自身积累来获得社会和他人认可的需要也就越发强烈。成长型创业者希望通过增加实践经验，丰富社会阅历，或者为自己以后的发展或实现自己的某个目标，而选择自主创业或参与创业活动。成长型创业者往往以锻炼和学习为主要创业目标，非常注重风险的把控，承受失败的能力较强，因此失败的和中途放弃的也比较多。大学生创业者有较大比例属于此种类型。

3. 成就型的创业动机

有强烈成就感的人往往会选择自主创业，来满足自我价值实现的需要。与一般的经理人有所不同，经理人更倾向于权力，而创业者更倾向于成就感。一方面，成就型的创业者更加具有浪漫主义，有情怀、有梦想，他们往往不甘于就业，而是喜欢追求创业的自我价值实现的心理满足感；另一方面，成就型的创业者天生机敏，当他们认识到新产品或新服务的创意价值时，更执着于这些价值应用和实现。与追求财务回报型和成长型创业动机相比，成就型的创业动机往往源于人自身的性格和修养，他们做事情更加执着和创新，拥有更积极的人生观和对新鲜事物的好奇心，因此，他们创业成功的概率也就相对更大而且过程也更加快乐。

创业者的创业动机并非单一的、静止的。从短期看，创业者的需求层次及其影响因素的共同作用形成了创业者不同的创业动机，不同的创业动机导致创业者创业行为过程和行为结果的差异；同时，创业者的创业活动导致创业者的现实需求得到满足。从长期看，由于需求在时间上的连续性，已有需求的满足又会导致新需求的产生，从而形成一个循环，最终表现为创业精神对经济增长的贡献与经济的繁荣。

（二）创业动机的影响因素

决定创业者行为差异的深层次原因是创业者的需求层次及其影响因素。创业的决定是各种因素共同作用的结果。一方面包括创业者的个性特点、个人环境、相关的商业环境、个人目标和可行的商业计划。另一方面，创业者将预期的结果同自己的心理期望相比较。此外，创业者还关心创业中付出的努力与可能的收获之间的关系。

创业者最初的期望和最终的结果会极大地影响到他们创立和维持一个企业的动力。当企业的经营业绩达到或超出期望，创业行为就会被正面强化，创业者将有动力继续创业，而到底是留在现在的企业，还是创建另一家新企业就依他们的创业目标而定。当实际结果难以达到预期时，创业者的动力就会下降并负面地影响继续创业的决定。这些对未来的预期同样会影响到后面的战略实施和公司管理。

从直接影响创业动机形成的原因看，依据马斯洛的需求层次理论，当人的某一层次需求得相对的满足后，较高一层次的需求才会成为主导需求，并最终形成优势动机，成为推动行为的主要动力。创业者的需求层次不同，由此产生的创业动机也存在差异。机会拉动型创业者的需求层次比生存推动型创业者高，机会拉动型创业者的创业动机受自我实现需求的推动，因为该型创业者大多没有生活压力，具备一定的知识、经验和能力，敢于承担风险，并相信能通过创业活动来实现自己的价值；生存推动型创业者则处于生理需求或安全需求等较低的需求层次，生活压力是生存推动型创业者处于生理或安全需求的根本原因。由此可见，不同的需求层次决定了不同的创业动机，从而影响了创业者行为过程与行为结果。

从间接影响创业动机形成的原因看，创业者的需求层次还受诸多具有长远意义的宏观因素的影响。

一是社会保障。高水平的社会保障可以提高人们的需求层次，由于需求层次决定创业动机，从而可以得出：社会保障越高，机会拉动型创业精神指数就越高；社会保障越低，生存推动型创业者精神指数就越高。

二是收入水平。创业者作为理性个体，短期内的收入变化不会对创业者需求层次产生显著作用，长期内收入变化必然导致创业者需求层次的变化，长期内收入水平提高有利于创业者需求层次的提升，反之下降。

三是人口统计特征。人口统计特征是创业者自身特点的整体体现，主要表现为创业者群体的受教育水平、经验和经历等因素。由于人口统计特征的差异，相同的外部要素对创业者个体的作用产生不同的结果，从而形成了同一国家或同一地区创业者需求层次的多样性和创业者创业动机差异。

四、认识自己

《礼记·中庸》有言：“凡事预则立，不预则废。”自从创业者决定要开始创业那一刻起，就应该为创业做准备了。必须静下心来，认真梳理一下自己，思考一下如何去做，从哪里开始做，为以后的创业做好准备。

所有人都会自带资源，它包括以下三种方式的综合：我是谁，我知道什么，我认识谁。“我是谁”包括创业者自身拥有的特质、能力和个性；“我知道什么”包括创业者的教育背景、经验和专业知识；“我认识谁”则意味着社会人际网络。

（一）我是谁：无可取代的竞争优势

与专业技能领域相比（如体育、艺术），在创业领域不存在创业成功所必需或者充分的、系统性的专业技能、能力，或者人格类型。我们通常不会将自己是谁，自己自身拥有的特质、能力和个性认为是首要的资源。我们往往还会觉得，别人身上拥有我们不具备的优势（如热情开朗、果断迅速或者严谨细致），但其实，任何特质的人都可能成为成功的企业家。

DISC（见图5-1）并不是一连串的字谜。它是一种人类行为语言，其基础为心理学家威廉·莫尔顿·马斯顿博士在1928年出版的著作《常人之情绪（Emotions of Normal People）》。

图 5-1 DISC 理论

DISC理论研究的是由内而外的人类正常的情绪反应，它将人们的行为风格分成了支配型、影响型、稳健型和谨慎型。DISC即四个字母的缩写。D即dominance，支配型人格，常常是领导型的指挥者（the director）；I即influence，影响型人格，常常是互动型的社交者（the interactor）；S即steadiness，稳健型人格，常常是和平型的支持者（the supporter）；C即conscientiousness，谨慎型人格，常常是修正型的思考者（the corrector）。DISC已发展成为全世界使用广泛的评价系统之一。

可能有人会觉得D特质或者I特质的人适合创业。其实不然，每种特质的人都有优秀的企业家代表，如D型目标明确，直接果断，使命必达，雷厉风行；I型沟通能力强，非常具有感染力，善于社交；S型低调内敛，善于做支持；C型严谨细致、高要求，工作室追求专业，用数据说话。可以看到，各种特质都可以创建伟大的事业，各自的行为风格也都会成就独一无二的创业经历。

（二）我知道什么

“我知道什么”包括你的教育背景、专业技能、兴趣爱好、参与的培训、独特的生活经历等，这些都是你最宝贵的资源。比如你大学的计算机专业背景可能是开发一个专业软件的起点，你擅长的手工技能或许会成为你开创少儿培训事业的资源。

值得注意的是，创业中的学习是不断发生的，你知道的东西的边界会越来越大。不同的创业者会致力于根据他们在某一领域内独有的丰富知识来发展机遇。

（三）我认识谁

人际关系网络也是创业者所拥有的最宝贵的财富。我们每个人生存在这个世界上，都需要和别人产生联系。有些联系是与生俱来的，包括你的父母、兄弟姐妹、远近亲戚。更多的联系是后天生活、学习、工作中所建立的，如同学、同事、朋友。并且，能够通过认识的人结识到更多的人。互联网的发展，让人与人之间的联系变得更加畅通、易得。

创业者的人际关系网络，往往决定了其事业的高度。血缘、地缘、业缘，同乡、校友、同僚等，都是形成人际交往网络的重要因素。在这些网络里，校友网络又显得比较特别。创业者通过建立利益相关者关系网络去拓展企业——把他人所拥有的资源和自己所拥有的资源结合起来。这是每个人都应该珍视和善用的资源。

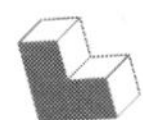

任务二　培养创业精神

创业精神既是创业的源泉和动力，也是创业的支柱。没有创业精神，就不会有创业行动，创业也就无从谈起；即使有创业，也往往是浅尝辄止、半途而废。因此，创业精神对创业来说至关重要。

知识拓展

创业者的13个思维工具

一、创业精神的内涵

创业精神是指在创业者的主观世界中，那些具有开创性的思想、观念、个性、意志、作风和品质等。激情、积极性、适应性、领导力和雄心壮志是创业精神的五大要素。

1. 三个主题

第一个主题是对机会的追求，创业精神是追求环境的趋势和变化而且往往是尚未被人们注意的趋势和变化。

第二个重要的主题是创新。创业精神包含了变革、革新、转换和引入新方法，即新产品、新服务或者是新方式。

第三个主题是增长。创业者追求增长，他们不满足于停留在小规模或现有的规模上，创业者希望他的企业能够尽可能增长，员工能够努力工作。因为他们在不断寻找新趋势和机会，不断地创新，不断地推出新产品和新的经营方式。

2. 基本特征

创业精神具有以下几方面特征：

（1）高度的综合性。创业精神是由多种精神特质综合作用而成的。诸如创新精神、拼搏精神、进取精神、合作精神等都是形成创业精神的特质精神。

（2）三维整体性。无论是创业精神的产生、形成和内化，还是创业精神的外显、展现和外化，都是由哲学层次的创业思想和创业观念、心理学层次的创业个性和创业意志、行为学层次的创业作风和创业品质三个层面所构成的整体，缺少其中任何一个层面，都无法构成创业精神。

（3）超越历史的先进性。创业精神的最终体现就是开创前无古人的事业，创业精神本身必然具有超越历史的先进性，想前人之不敢想，做前人之不敢做。

（4）鲜明的时代特征。不同时代的人们面对着不同的物质生活和精神生活条件，创业精神的物质基础和精神营养也就各不相同，创业精神的具体内涵也就不同。创业精神对创业实践有重要意义，它是创业理想产生的原动力，是创业成功的重要保证。

二、创业精神的本质

创业精神是创业者在创业过程中的重要行为特征的高度凝练，主要表现为勇于创新、敢当风险、团结合作、坚持不懈等。

1. 勇于创新

创业精神的灵魂是创新，就是将新的理念和设想通过新的产品、新的流程、新的市场需求，以及新的服务方式有效地融入市场中，进而创造出新的价值或财富的过程。缺乏创新，就不会有新企业的诞生和小企业的成长壮大。

2. 敢当风险

没有甘冒风险和勇担风险的魅力，就不能成为创业者。中外无数创业者虽然成长环境、成长背景和创业机缘各不相同，但无一例外都是在条件极不成熟和外部环境极不明晰的情况下，敢为人先。

3. 团结合作

社会发展到今天，行业分工越来越细，没有谁能一个人完成创业所需要完成的所有事情。真正的创业者都是善于合作的，而且还能将这种合作精神扩展到企业的每个员工。面临困境时，团队成员能团结一心，“心往一处想，劲往一处使”。

4. 坚持不懈

创业的道路是坎坷的，选择了创业就是选择了面对更多困难、迎接更多挑战，而创业精神就体现在战胜困难与挑战的过程中。因此，创业者必须坚持不懈，只有知难而进，在战胜困难中学会成长，才能抓住属于自己的机会。

下面以温州人的创业精神为例，介绍创业精神的实质。

温州人是市场经济的成功者。2023年，温州全市银行存款余额达3 625.54亿元，另据调查分析，温州居民手里还握有1 000多亿元现金。这令人咋舌的财富是怎么创造的，其成功奥秘是什么，值得细细琢磨。至少有三点启示。

其一，温州人敢想、敢干、敢闯。在温州流行这么一句话：敢于冒风险的人，总是能抓住机会；害怕冒风险的人，机会总是擦肩而过。温州原是个山多田少、资源稀缺且台风频繁“光顾”自然环境并无优势的沿海城市。改革开放初期，勇于“弄潮”的温州人，从个体小手工业起家，凭借他们对市场的敏锐嗅觉和眼光而创业。当温州人创业成为学界总结的“温州模式”时，他们跨出国门走向世界去闯市场，短短几年，温州打火机就占了全球大部分的份额，全球每10双皮鞋中就有一双是温州货……

其二，温州人善干、实干。温州人具有吃苦耐劳的精神，在创业过程中得以充分释放。他们依靠勤奋和孜孜不倦的学习而取得了成功。

其三，温州人讲诚信走遍天下。温州人向来有“亲帮亲、邻帮邻”的乡土文化，温州私营经济涉足200多个行业，他们凭借“乡土文化”形成的“乡土网络”，演变成为上下游的产业链。温州人善于流动，因此机会也多。

温州人敢闯精神、吃苦精神、抱团精神和永不懈怠的开拓精神值得一学。

创业精神首先是一种组织和管理方法，它能够帮助一个人在任何情况下都能够从容面对并解决问题。

创业精神是一个过程，即某个人或某个群体通过有组织的努力，以创新的和独特的方式追求机会、创造价值、谋求增长。创业精神包括发现机会和调度资源去开发这些机会。

三、创业精神的影响因素

创业精神主要受到文化环境、产业环境、机制环境、生存环境等因素的影响。

1. 文化环境

创业行动者是生活于现实文化环境中的学习者。作为学习者，其生活所在区域的文化价值观就是其学习的重要内容之一，因此在一个商业文化氛围浓厚的地方，潜在的创业者容易产生创业精神。以温州为例，早在南宋时期，温州的商业就十分发达，据戴栩《江山胜概楼记》所载：“市声澒洞彻子夜，晨钟未歇，人与鸟鹊偕起。”程俱《北山集》载：“其货纤靡，其人多贸。”这种独特的区域文化传统孕育了当今温州商人的创业精神。

2. 产业环境

不同的产业环境会对创业精神产生影响。对于垄断行业而言，企业缺少竞争，就容易抑制创业精神的产生；而在一个完全竞争的市场结构中，由于企业间优胜劣汰，竞争激烈，往往能激发创业精神。

3. 机制环境

创业精神产生于特定的机制环境中，竞争的机制环境有利于创业精神的产生。

4. 生存环境

在资源贫瘠的地方，人们为了改善生存状况而寻求发展机会，整合外界资源，更容易激发和形成创业精神。例如，我国历史上徽商、晋商的形成，最初都是源于生存环境的艰难。

四、大学生创业精神的培育

大学生创业精神的培育主要从营造校园文化、培育创业人格、培养创新能力和强化创业实践等方面着手。

1. 营造校园文化

校园文化是学生成长的外部环境。它对学生具有陶冶功能、凝聚功能、激励功能、导向功能。良好的校园文化能够塑造优秀的学生品质。应将创业精神有机地融入学科活动、科技活动等活动中，以培养创业意识。在各类小发明、小制作、小创造活动及各种劳动中，要结合进行创业精神的培养，逐步在学生中孕育出创业精神。

2. 培育创业人格

研究发现，高成就者具有谨慎、自信、不屈不挠、进取心、坚持性、不自卑等心理特征。这说明个性特征对个体的创业来说是非常重要的，尤其是独立性、坚持性、敢为性和克制性等。所以，人格教育与创业精神培养是相辅相成的。应依据大学生的心理特点，有针对性地讲授心理健康知识，开展辅导或咨询活动，帮助大学生树立心理健康意识，提高心理素质，自觉培养坚忍不拔的意志品质和艰苦奋斗的精神，提高承受和应对挫折的能力。此外，还可以通过创业案例剖析创业者的人格特征，掌握形成良好心理素质和人格特征的途径和方法。

3. 培养创新能力

创新是创业精神的核心。必须突出对学生创新能力的培养，才能适应21世纪经济社会发展对人才的需要。要尊重学生的个性发展，爱护和培养学生的好奇心、求知欲，为学生的禀赋和潜能的充分开发创造一种宽松的环境。培养学生的科学精神，训练创新思维，提高创新能力。

4. 强化创业实践

“纸上得来终觉浅，绝知此事要躬行。”创立、创建和完善学生实践活动的外部环境，鼓励学生利用课余时间参加一定的创业模拟和社会实践活动，增强学生对企业的了解和社会的认知，进而加强对社会的适应能力。如开展创业比赛活动、与企业联合开展学生的实习活动等。

创业精神的培养既取决于客观条件的许可，更依赖学生主观的努力。高校应营造有利于人才脱颖而出的氛围，创造各种条件，积极培养学生的创业精神，加上学生们自身的重视，就能培养出现社会所需要的具有创新精神的人才。

项目实训练习

1. 谈一谈你对创业者基本素质的认识。
2. 全面分析自己，与同学共同探讨作为创业者应该具备哪些素质，并完成一份自我分析报告。
3. 完成个人资源画布。

我是谁	我知道什么	我认识谁
性格、能力、兴趣爱好等	专业背景、知识、技能、培训、生活经验等	家人、培养、同学、领导、同事、用户、合作伙伴、偶尔认识的人等

4. 大学生在创业过程中可能面临的主要挑战是什么？
5. 分析你是谁，思考回答你想成为谁，以及如何拉近你和目标的差距。
6. 大学生创业者应该如何平衡学业和创业的关系？
7. 收集成功或者不成功的创业者创业的案例故事，分享并分析他们具有的特征。

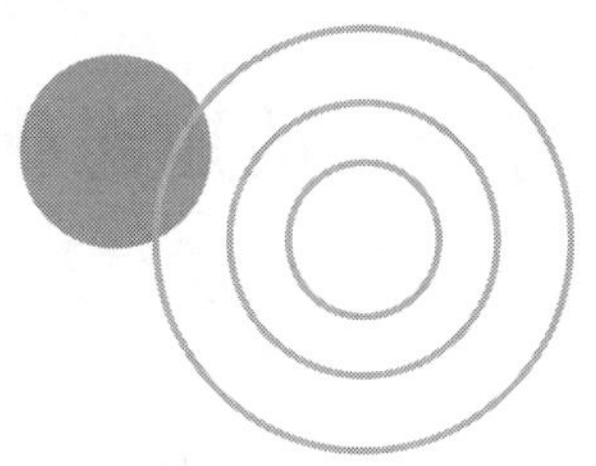

项目六 创业团队

名　言

上下同欲者胜。

——孙武

学习目标

通过对本项目的学习，使学生形成对创业团队的理性认知；认识创业团队在创业过程中的重要作用，学会管理与构建高效创业团队并掌握组建创业团队的基本方法。

案例导入

济南大学学生创业团队

济南大学的一支学生创业团队，致力于解决传统农药滥用导致的环境污染和食品安全问题。他们的研究成果不仅在国家级比赛中获得一等奖，相关产品投产后还带动了1 500余名相关技术和上下游管理人员实现就业。

该团队自2020年10月成立以来，以减少甚至代替农业生产对传统农药的依赖为目标，自主筛选出球孢白僵菌BBUJN菌株，能高效杀死200余种害虫。团队还创新性地利用废弃啤酒糟进行发酵，变废为宝，有效解决了废弃啤酒糟造成的环境污染和资源浪费问题。同时，他们不断改进发酵工艺，探索最佳发酵条件，实现有效活菌数≥100亿个/g。

团队将研究成果通过技术转化应用于农林行业，研发出部分替代农药和化肥的新型生态菌剂，并成功申请三项专利。他们的产品具有绿色无污染、有效改良土壤、促进作物生长和防治多种害虫等优点，能够有效解决食品安全和生态安全问题，助力国家农业高质量发展。

在项目推广过程中，团队与多家行业内龙头企业达成合作意向，产品已推广到全国各地，受到广大客户的认可和支持。此外，团队还建立了网站和小程序等新媒体平台进行产品的宣传与销售。

这个案例展示了大学生创业团队的创新精神和社会责任感，他们通过自己的努力和专业知识，为解决实际问题做出了贡献，并在创业过程中取得了一定的经济和社会效益。

任务一　认知创业团队

一、创业团队的内涵

在创业过程中，团队协作的力量很重要。没有完美的个人，但有完美的团队。一个人的力量是单薄的，而通过开发每个团队成员的特长和资源，则可以形成凝聚的合力。

狭义的创业团队是指，在创业初期，由一群才能互补、责任共担、愿为共同的创业目标而奋斗的人所组成的一群创办新企业的人，即创始合伙人团队；广义的创业团队除了包括狭义创业团队外，还包括与创业过程有关的各种利益相关者，如专家顾问团队、内外部董事、股东、投资人等。

创业团队是团队而不是群体。团队中成员所做的贡献是互补的，而群体中成员之间的工作在很大程度上是互换的。

二、创业团队的组成要素

创业团队对于初创企业的成功非常重要。在创业初期，创业团队的构成一般包括发起创始人以及3～5名联合创始人。随着企业的发展，创业团队的规模和组成可能会发生变化。例如，在一项针对104家高科技企业的研究报告中指出，在年销售额达到500万美元以上的高成长企业中，有83.3%是以团队形式建立的。创业者在创业过程中的压力是来自方方面面的，因而寻求“联合创始人”或“合伙人”的帮助有助于提升创业成功概率。一般而言，创业团队需要具备五个重要的组成要素：

1. 共同价值观

共同价值观是团队的核心和基石，是团队的灵魂，也是维系团队发展的精神支柱；它对创业团队来说尤为重要，具有导向、凝聚、约束和激励的作用，会成为创业团队的基因。力求企业长远发展的团队成员很可能在短期内不注重收益，而“以利为先”的团队成员则会将眼前利益放在首位。如此一来，创业团队内便会形成价值观的冲突。与没有共同价值观的人合作，团队内部的关系将充满冲突和不满。尤其是在创业过程中，当遇到困难和麻烦的时候，当利益与原则冲突的时候，这种现象尤其明显。

共同价值观是组织文化的核心和基石，是组织的灵魂，也是维系组织生存发展的精神支柱。价值观是人们选择行动的判断标准，它能决定管理活动的成效和方向，是组织文化理论的核心概念。大部分公司之所以能够成功，在于员工能够分辨、接受和执行组织的价值观。

2. 目标及计划

创业团队应该有一个既定的共同目标，为团队成员导航。没有目标，创业团队就没有存在的价值。目标在初创企业的管理中常以初创企业的远景、战略等形式体现。目标包括总目标以及各种实现总目标的计划。

在初创企业成立和步入成熟期的时候，创业团队的首要目标是通过努力提升企业的技术实力、拓展市场、增强管理、把握企业发展方向以及规划长远发展。这里的目标其实也包含了计划。目标和计划有两层含义：一是实现最终的创业目标，这是需要通过详尽的方案以及后续的实施来实现的；二是保证计划实施的进度，令企业在成长过程中不会因计划的滞后而受到阻碍。由此可见，目标是计划的最终目的，计划是实现目标的过程。

3. 团队成员

我国唐朝著名诗人邵谒曾说过："长材靡入用，大厦失巨楹。"可见，发现人才、使用人才在我国古代就引起了广泛重视。孙中山先生也说过，人能尽其才则百事兴。有了人才，不一定有事业；但是没有人才，就一定没有事业。人是构成创业团队最核心的要素。两个及两个以上的人我能形成一个群体，当群体有共同奋斗的目标时就形成了团队。在一个创业团队中，不同的成员通过分工来共同完成创业团队的目标。团队的规模不宜过大，因为冗余人员有可能会令整个团队的高效运转变成一纸空谈。此外，规模过大还可能会导致团队内产生小团体，这势必会削弱团队的凝聚力。但是，团队的成员也不宜过少，不然团队应有的功能以及优势就无法实现。

4. 团队定位

创业团队的定位包含两层意思：一是创业团队的定位，包括创业团队在初创企业中处于什么位置，创业团队最终应对谁负责等；二是创业团队成员的定位，包括个体作为成员在创业团队中扮演什么角色等。

5. 权限划分

创业团队当中，主导人物的权限与其团队的发展阶段和初创企业所处行业相关。创业团队内部的权限需要正确划分。这样做的目的是保证创业计划的顺利进行和各项工作的有效进展。在权限划分当中，创业团队应该明确每个成员在企业运营中所拥有的权力和要承担的职责。所谓的明确，是指权限的划分不能重叠，也不能空缺。一般来说，创业团队越成熟，主导人物所拥有的权限相应越小，在创业团队发展的初期阶段，领导权相对比较集中。对于大学生的初创企业而言，一方面缺乏经验，另一方面经济形势瞬息万变，这有可能让创业团队不断出现人员调整。因此，各成员的权限也应在这个过程中不断调整，达到人尽其才，合适的人做适合的事。

三、创业团队的特征

团队的兴起源于团队的优势，这种优势是基于团队的三大特征所带来的灵活、实用和高效，使团队能在纷繁复杂的任务环境里有效地完成既定目标。团队的三大特征是指团队的目标导向、优势互补、责任共担。

1. 目标导向

目标导向也可以理解为任务导向，目标是团队成立的前提和基础。最初的团队就是为了完成某项特殊的任务而组建的，当任务完成之后，团队也就解散了。发展到今天，虽然团队的出现更加普遍，团队的形式更加多样，但是任何一个团队都是基于一个既定的目标而设立的，而且这个目标一定是一个具体的任务或者是解决某个难题。从目标着手，再匹配适合的队长、队员及资源，是团队组建的一般逻辑。团队的成员常常是弹性的、流动的，但是目标是相对稳定的，可以衍生目标、调整目标，但是一个团队通常不会改变目标。可见，团队目标可谓团队的灵魂。

2. 优势互补

为了有效地实现目标，作为团队成员的人就成了团队中最核心的要素。为了克服个人知识、能力、经验和经历的有限性以及实现团队的灵活性，团队中的人数通常是3人以上，10人左右为宜，一般最多不超过30人，这也需要看团队目标的困难程度以及所需要知识和技能的广度。因此，组成这些人的最大特点不是人多，而是他们能否形成优势互补，包括性格互补、能力互补和资源互补，实现整体效力大于部分效力之和。

3. 责任共担

团队区别于组织的最大一个特征就是利益共享、责任共担。一个团队的绩效评价通常不针对个人，而是针对整体，因此在团队中经常会实现真正的集体利益大于个人利益。当然，团队并不排斥个人的其他目标，但是当个人目标与集体目标相悖时，就要做出取舍。历史上有很多的类似案例，如腾讯团队、小米等成功团队都实现了成功后的利益共享，又如一些失败的创业团队很难独善其身。正是由于这种利益共享、责任共担的特征使得团队往往能够更有干劲、更高效地完成任务，实现目标。

根据各方观点来看，一个优秀的创业团队必须包括带头人和领导者。这样的带头人和领导者其实并不靠资金、技术、专利来决定，而是需要团队成员在共事过程中发自内心的认可。许多创业团队在很短的时间内就解散了，一个很重要的原因在于缺乏一个合格的带头人和领导者。创新意识非常强的战略决策者，决定企业的未来发展方向。具备较强策划能力的成员，要在初创企业中对企业的优势、劣势、机会和威胁等方面进行分析，对企业未来进行预测，并对企业的管理和远期规划提出意见；擅长发挥执行力的成员则要发挥自己高效的优势，执行企业的具体事务，如与供应商洽谈、进行员工培训、负责广告宣传等。唯有这样，团队成员才能算是比较合格的。一个成员很可能身兼数职，但是，一个团队中不能出现角色重叠，因为只要出现职能重复或职位重复的情况，那么今后必然会有各种矛盾和冲突出现，甚至最终可能导致整个创业团队解散。

四、创业团队的类型

创业团队并非一模一样，也不是一成不变的。依据创业团队的地位平等性和成员间依赖性的强弱，创业团队可以划分为不同类型，包括星状创业团队、网状创业团队、虚拟星状创业团队。

（一）星状创业团队

星状创业团队一般有一个核心主导人物，充当领军的角色。这种团队在形成之前，一般是核心主导人物有了创业的想法，然后根据自己的设想进行创业团队的组建。因此，在团队形成之前，核心主导人物已经就团队组成进行过仔细思考，根据自己的想法选择相应人物加入团队，这些加入创业团队的成员也许是核心主导人物以前熟悉的人，也有可能是不熟悉的人，但其他的团队成员在企业中更多时候是支持者角色。

（二）网状创业团队

网状创业团队的成员一般在创业之前都有密切的关系，如同学、亲友、同事、朋友等。在交往过程中，共同认可某一创业想法，并就创业达成了共识以后，开始共同进行创业。在创业团队组成时，没有明确的核心人物，大家根据各自的特点进行自发的组织角色定位。因此，在企业初创时期，各位成员基本上扮演的是协作者或者伙伴角色。

（三）虚拟星状创业团队

虚拟星状创业团队是由网状创业团队演化而来。基本上是前两种的中间形态。在团队中，有一个核心成员，但是该核心成员地位的确立是团队成员协商的结果，因此核心人物某种意义上说是整个团队的代言人，而不是主导型人物，其在团队中的行为必须充分考虑其他团队成员的意见，不像星状创业团队中的核心主导人物那样有权威。

创业团队的划分不是绝对的，由于领袖权限和协作程度不同，因此，一个创业团队的类型有可能介于两种类型之间。在企业发展的特定阶段，创业团队在不同类型之间演变对企业来说是非常有利的。例如，在营销中有一种策略是将企业打造成"狼团队"。而有些人将其套用到创业团队当中后发现也同样适用。可是，"狼团队"是星状创业团队。所以，对于初创企业，尤其是大学生初创办的企业而言。属于"狼团队"是不利于寻找企业目标的。实际中，大学生在创业时往往会选择网状或虚拟网状创业团队，待企业越来越成熟，才将团队转变成星状。这个时候"狼团队"的主动出击和永不言败的优势才能慢慢展现出来。

任务二　组建创业团队

一、创业团队组建过程

创业团队的组建是一个相当复杂的过程，不同类型的创业项目所需的团队不一样，创建步骤也不完全相同。一般创业团队的组建过程如以下六个步骤所示：

知识拓展

创业团队组建和管理案例

1. 明确创业目标

创业团队的总目标就是通过完成创业阶段的技术、市场、规划、组织、管理等各项工作，实现企业的从无到有、从起步到成熟。总目标确定之后，为了推动团队最终实现创业目标，再将总目标加以分解，设定若干可行的、阶段性的子目标。

2. 制订创业计划

在确定了总目标以及阶段性子目标之后，紧接着就要研究如何实现这些目标，这就需要制订周密的创业计划。创业计划是在对创业目标进行具体分解的基础上，以团队为整体来考虑的计划。创业计划确定了在不同的创业阶段需要完成的阶段性任务，通过逐步实现这些阶段性目标，最终实现创业目标。

3. 招募合适的人员

招募合适的人员是创业团队组建最关键的一步。关于创业团队成员的招募，主要应考虑两个方面。一是考虑互补性，即考虑其能否与其他成员在能力或技术上形成互补。这种互补性既有助于强化团队成员之间的彼此合作，又能保证整个团队的战斗力，更好地发挥团队的作用。一般而言，创业团队至少需要管理、技术和营销三个方面的人才。只有这三个方面的人才形成良好的沟通协作关系，创业团队才可能实现稳定高效。二是考虑适度规模，适度的团队规模是保证团队高效运转的重要条件。团队成员太少则无法实现团队的功能和优势；而过多又可能会产生交流障碍，很可能使团队分裂成许多较小的团体，进而大大削弱团队的凝聚力。

4. 职权划分

为了保证团队成员执行创业计划、顺利开展各项工作，必须预先在团队内部进行职权划分。团队成员之间的职权划分必须明确，既要避免职权的重叠和交叉，也要避免无人承担而造成工作上的疏漏。此外，由于还处于创业过程中，面临的创业环境又是动态、复杂的，会不断出现新的问题，团队成员可能不断更换，因此，创业团队成员的职权也应根据需要不断地进行调整。

5. 构建创业团队制度体系

创业团队制度体系体现了创业团队对成员的控制和激励能力，主要包括团队的各种约束制度和激励制度。一方面，创业团队通过各种约束制度（主要包括纪律条例、组织条例、财务条例、保密条例等），指导其成员避免做出不利于团队发展的行为，对其行为进行有效的约束，保证团队的稳定秩序；另一方面，创业团队要想实现高效运作，要有有效的激励机制（主要包括利益分配方案、奖惩制度、考核标准、激励措施等），使团队成员能看到随着创业目标的实现，其自身利益将会得到怎样的改变，从而达到充分调动成员的积极性、最大限度发挥团队成员作用的目的。要实现有效的激励，必须把成员的收益模式界定清楚，尤其是关于股权、奖惩等与团队成员的利益密切相关的事宜。需要注意的是，创业团队的制度体系应以规范化的书面形式确定下来，以免带来不必要的混乱。

6. 团队的调整融合

完美组合的创业团队并非自创业一开始就能建立起来的，很多是在企业创立一定时间以后，随着企业的发展而逐步形成的。随着团队的运作，团队组建时在人员匹配、制度设计、职权划分等方面的不合理之处会逐渐暴露出来，这时就需要对团队进行调整融合。由于问题的暴露需要一个过程，因此，团队的调整融合也应是一个动态持续的过程。在完成了前面的工作步骤之后，团队的调整融合工作专门针对运行中出现的问题，不断地对前面的步骤进行调整，直至满足实践需要为止。在进行团队调整融合的过程中，最为重要的是要保证团队成员间经常进行有效的沟通与协调，培养和强化团队精神，提升团队士气。

在创业初期，尤其是大学生创业的过程中，创业团队的组建存在各式各样的情况，可能是先有了团队之后才去创业，也可能是一个人先有了创业的想法然后再组建创业团队等。因此，在创业初期，团队的组建不一定完全遵照一般过程；但是，在创业团队逐渐完善和成熟的过程中，大都遵循了这样的过程。也就是说，创业团队组建的起点可能不同，但是到头来遵循的过程还是大体相同的。

二、高效创业团队

（一）高效创业团队的特点

1. 开放

世界是一个开放的系统，创业团队要在社会中生存和发展，需要与外界进行信息交流。新团队成员的加入、新技术的引进带来很多的信息和资源，使企业发展的机会更多，发展也更加迅速。创业团队打开新的局面，往往意味着开发新的技术、开拓新的市场、应用新的经管思想、创立新的组织形等，这种开放性要求创业团队必须是一个具有创新观念和强大能力的集体，而且对创新气氛培养的重视远高于对规章纪律的重视。

2. 平等

创业团队内部往往具有高度的平等性，但这种平等并不是股权和各种权力的绝对平等，而是立足于公正基础上的平等，是建立在团队成员对团队贡献程度基础上的平等，是建立在承担责任和担当义务基础上的平等。对于一个合作机制较强的创业团队来说，“共创、共享、共担”成为合伙人共事的理念。所以，平等性成为团队的重要特征。事实上，无数团队的案例证明，绝对的平等不仅不利于初创企业的发展，反而会阻碍其发展，原因是权力过于分散，导致决策困难和缓慢，最终导致在运营中无法及时把握机会。所以，能够激励成员发挥特长、出于公心的政策和制度是创业团队急需建立和实现的。此外，公正性也是保证创业团队稳定和长远发展的基础。

3. 互补

一个表现良好的创业团队通常具有良好的团队互补性。某些团队成员可能偏向技术，某些成员则偏向内部经营管理，而某些团队成员可能强于销售渠道的开拓。创业团队成员有可能在思维方式上有所不同：有些人内省，能够很好地思考自身或初创企业发生的问题，思考解决问题的办法；有些人则显得外向，能够很好地拓展企业发展所需要的资源。团队的互补性还体现在团队人口在统计学变量上的差异，如性别、年龄等因素的不同，也会影响到创业团队的有效性。

4. 协作

相较个人创业来说，创业团队的最大优势就在于它的协作能力，初创企业遇到的风险和困难是多方面的，所以，团队成员的分工协作有利于规避风险和杜绝隐患。从另一个角度讲，团队成员能力的互补性也需要由团队协作来实现。

（二）组建高效创业团队的原则

创业者在组建创业团队的时候，都希望自己的创业团队是最好的、最高效的。通过整个创业团队的共同努力，可以快速实现创业的成功。在组建创业团队的过程中要注意哪些事项？下面将介绍创业团队组建的基本原则——MPTRS原则，即理、事、情、补、享原则。

1. 理

理（misson）是建立在共同的理想和价值观基础上的目标，是愿景与期望，是使命感与责任，是超越金钱之外的精神的追求。能够走到一起并组成团队的创业者，都是有着共同的理想和事业愿景的人，而不是追逐眼前利益那么简单。对于创业者而言，更多的是去追寻、去创造一个自己渴望的美好世界，他们也在寻找“同类”，也就是具有共同价值观的人。最重要的一点在于，创业不是一项朝九晚五的工作，而是需要充满热情的执着投入。支撑创业者努力拼搏的就是工作热情，这种热情来源于根植于内心的价值观和信念。

2. 事

事（process）是实现目标的过程。世间并不存在瞬间实现目标的神通广大的魔法或者灵丹妙药，只有通过不断的艰辛努力，才有可能实现目标。从许多成功的创业团队的经验当中，我们可以发现它们的共性，那就是这些团队都建立起了可执行的团队愿景，使得整个团队凝聚力高、执行力强以及目标明确一致。引导团队走向高效的原则是：目标一致、齐心协力、分担责任。实现和体现这个原则的则是奋斗的点滴的综合，是过程，是经历，是创业团队成员必须经历的患难与共的时光，是铭刻在他们心中的点点滴滴。或者是共同拼搏的过程，或者是经历失败后的痛哭，或者是取得成功时的欢笑，都是承担责任、齐心协力的过程。这些只属于他们的共同的故事、点滴、经历，最终逐渐凝结成为一个创业团队的文化，渗透到每个团队成员的内心。

3. 情

情（trust）是背靠背的信任，是建立在信任基础上的“共命运，同进退”。创业者必须为员工营造一种氛围，让员工有归属感。管理学中普遍认为“刘备团队”是一个完美团队。刘备、张飞和关羽的创业团队在得到以诸葛亮为首的文官团队的倾力辅佐后，建立了根据地，图谋一统天下。他们联孙抗曹，巧取荆州，最后建立了与孙权和曹操形成鼎足之势的蜀国。刘备、张飞和关羽这些创业团队成员之间的坚不可摧的情谊让他们克服任何困难，也完美阐述了以义制利的最佳含义。这样的情是创业团队的至高追求和渴慕目标。对于创业团队来说，合作精神也应该是协作精神的精髓。团结的队伍才能实现预设的目标，并营造出富有进取精神的氛围。要形成真正的良好氛围，关键在于成员间的信任。没有信任就没有尊重，也就没有相互关怀和支持，更没有凝聚力。

4. 补

补（replenish）是创业团队成员的性格、技能、知识能力等方面的相互补充。根据调查，迅速崛起并发展壮大的公司当中，有高达70%的公司是由团队而非个人创立的。由此可见，团队的整体素质对于创业成功是至关重要的。因此，团队成员之间的性格、技能、知识能力等的相互补充便是提升创业团队素质及帮助创业成功的重要因素。成功的创业团队中，成员各司其职、缺一不可。团队的分工也需要明确，以防出现问题时互相推诿责任。

5. 享

享（share）不仅指在团队成员之间的股权分享，还包括荣誉分享。只有患难与共，才能真正诞生奇迹。事实上，分享正成为趋势和潮流。当今创业者与更具有分享精神，企业内部更加平等、轻松、愉快、简单直接。他们也会更坦率地分享企业发展的故事，包括内部发生的冲突和矛盾。

三、创业团队管理

（一）创业团队的成长

从创业团队的生命周期来看，团队发展到追逐权力的阶段，团队冲突增加，矛盾加剧，团队效率也会降低，部分核心成员选择离开团队，许多团队在“争权夺利”这个阶段就停止了发展。对于初创企业来说，此时的生存和发展可能面临着重大危机。如何突破这个瓶颈，实现团队自我超越，是创业团队建设应考虑的关键问题。

事实上，在创业过程中，创业团队的成员构成和组织架构经常变动。创业团队的变动性从短期看，更多的是会增加创业风险，一旦团队遭到破坏，创业资本、技术、人才等创业资源都会流失；但从长期看，创业团队变动不可避免，在变动的过程中可能会演化成结构更合理、共同点更多的创业团队。创业过程是团队成员磨合的过程，这个磨合过程可能出现以下三种结果：

（1）创业团队成员相互之间更加了解，合作力量大于冲突，重视团队资源和承认团队力量，团队合作的意愿更强烈，团队合作文化进一步形成。尽管团队成员之间可能在经营理念、个人利益等方面存在分歧、矛盾，但共同的价值取向、企业的整体利益在维持团队稳定和发展中起了主要作用。

（2）团队合作力量和意愿与冲突和矛盾的力量能够相对平衡，或者使冲突力量分散，形成相互牵制，维持相对稳定。这种创业团队达成一致共识的时间少，但能够相互妥协，寻求利益共同点，而这种妥协可能以牺牲效率为代价。这种创业团队在发展过程中，可能面临矛盾进一步激化、内耗力量增加，平衡难以维持等问题。

（3）团队成员经历一段时间磨合后，很难形成共同点，团队文化无法建成，这时团队面临解散的风险。因此，随着初创企业的发展，创业团队的领导者要注重权力和地位的激励机制，将创业成员的工作成效和职业生涯发展、地位提升有效结合起来，建立并维护创业团队的运作原则，使团队成员之间相互尊重和信任，能够倾听彼此的意见，明确的创业团队分工可以让成员们在各自领域中独当一面，这对团队的凝聚具有非常积极的作用。

（二）创业团队冲突的避免

创业团队在发展的过程中会遇到各种矛盾，从而带来冲突。如何应对和解决这些冲突呢？为了发挥出创业团队的互补优势，团队内部应该建立成员间相互合作和学习的重要机制。这既有利于创业的成功，又对减少和解决团队内的冲突有着正面积极作用。正如很多创业案例所描述的，创业能否继续，在很大程度上取决于核心团队成员能否看到其他人的长处，并不断相互学习。因此，为了避免创业团队的冲突，在建立和管理团队的时候应该遵循如下原则：

1. 打造合作式创业团队

意见不统一是创业团队内部非常常见的一种现象，而一个合作式创业团队会在不统一的意见中寻求团队合作的可能性。合作式创业团队会主动寻求每个成员的特长，并通过发挥他们各自的优势，将团队的最大潜力发掘出来。

2. 避免团队内部不适宜的竞争

创业团队内部之间有意见分歧是正常的，但如果这种分歧演变成了过度竞争而非寻求共识，那么这种竞争就会成为危害团队的负面行为。创业团队的各成员应该观察各自的优点并取长补短，这是团队领袖或管理者在管理团队的时候应该特别注意的。

3. 在集思广益和果断决策之间找到平衡点

创业团队如果广泛地听取每个成员的意见，对于团队做出正确的决策无疑是非常有利的。但是，如果过度地强调团队内的意见表达，那么可能会出现“议而不决”的情况。所以，在团队内部的讨论当中，团队领袖或管理者要推进团队内的“决议终决权”。

4. 确立团队的目标

团队的目标不宜太多，否则会令成员很难集中精力完成任务。在确立团队目标时，创业团队可以利用SMART原则：

（1）S（specific）——清晰明确。团队的目标要有明确的范围、程度、时间和效果等。

（2）M（measurable）——可量化。团队的目标应该是可以用某种标准来衡量的。

（3）A（assignable）——可分配。团队目标的实现是可以具体分配给某个人或某些人去完成的。

（4）R（reallstic）——可实现。团队目标要切实可行，同时要具备足够的资源。

（5）T（time-related）——有时限。团队目标的实现时间要明确。

5. 适时调整团队构成

就像整个创业过程一样，完善的团队结构的建立也不是一蹴而就的，而是经过实践不断调整和磨合的。另外，随着企业的不断成长和重新定位等原因，原有的团队组成也有可能不再适应新的企业的管理需求。所以，创业团队在任何阶段都有可能不断调整结构、不断进化。在调整的过程中，成员之间的摩擦和矛盾可能会显现出来。此时，需要团队的管理者运用其他原则来避免或减少团队内的冲突。

值得强调的是，创业团队的稳定不是指创业团队一成不变，而是一种“动态的稳定”。创业团队的创建应该遵循“按需组建，渐进磨合”的方式。创业团开始就拥有一支成功、稳定的高效团队是每个创业者的理想，然而这种可能性微乎其微。这就需要在合理组建创业团队的基础上，不断加强团队管理，通过建立合理有效的激励机制，使创业团队成员在相互尊重、相互信任、公平公正的团队氛围内，密切联系、协同配合，保证创业团队的成长能够满足初创企业发展的需要。

（三）创业团队的协作

要让团队成员之间互相配合，好好协作，需要遵循以下几点要求：

1. 统一解读团队价值观

事实上，创业团队内部的很多障碍是由于误解而产生的，而产生误解的原因是缺乏一套共同的沟通语言。有时候，创业团队内部的矛盾并非因价值观的不同而引发，而是各个成员不同理解和解释。即使一个简单的概念，不同的人对其也可能产生不同的理解。团队的管理者不仅要求其他成员坚持团队价值观，同时自己也要坚守团队价值观。所以，对价值观的权威解读和价值观的统一同样重要，它们都能够减少团队成员之间的矛盾和误解。

2. 构建良好的团队文化

在初创企业建立的过程中，创业者常常关注企业文化，却忽视了创业团队的文化。创业当中的合作风险是很大的，因为即便创始人做好了万全的准备，与团队成员的合作还是有可能遇到麻烦。例如，团队成员在创业之前是非常好的朋友，可是在一起创业的过程中就会发现彼此的另一面，从而产生隔阂。这样的情况对于创业团队的长期发展会产生非常严重的消极影响。而良好的团队文化是能够降低成员之间隔阂与矛盾的有效方法，并且对团队凝聚力的提升有着潜移默化的影响。良好的团队文化对团队建设的正面效应表现在它能够令各成员更加尊重和信任彼此，团队成员之间的关系会因此变得更加协调。而且团队文化让团队成员的工作态度变得更加积极主动，并让整个团队紧紧地凝聚在一起，最终将团队竞争力提升到一个全新的高度。

3. 建立公平有效的激励制度

无论创业团队的管理者怎样避免团队冲突，团队在实际运行当中都不可能完全消除内部冲突。此外，初创企业在与同类企业的竞争中，必然会遇到各种意料之外的情况。因此，切实可行的激励制度对于创业团队处理和减少这些麻烦来说是很有必要的。创业团队的激励制度包括荣誉和报酬等。荣誉包括成员的成就感和地位，甚至包括受到尊重和承认的感觉；关于成员的报酬，合理的分配是让成员忠于团队的必要条件。有效地利用荣誉和报酬两种激励制度，是维系创业团队正常运行的有效手段。

4. 组织必要的团队活动

团队活动是让团队成员之间互相了解的平台之一。社交活动也是，正式组织或随意安排都可以，如外出聚餐、各种娱乐活动等。还有一些特殊安排，如为某位成员庆祝生日、为元老级别员工庆贺、为某人庆贺周年纪念等其他个人生活方面的事情。通过这些来调节，可以让成员更好地相互了解，培养感情，融洽成一家人。融洽的感情在关键时期会起重要作用，能帮助团队披荆斩棘、迎风破浪、共渡难关。

5. 了解团队的优势

合伙还是单干？普遍的意见是：做小生意可以自己单干，干大事业就要合伙。

众多民营企业的经营者都偏向于合伙创业。他们认为，初次创业者当然可以选择单干，但这样做的风险很大，因为一旦创业失败，创业者要承担“无限责任”。如果有合伙人投入资金，合伙者就以出资额为限承担责任。

从表面上看，单干的冲劲会很大，决策果断，可以灵活应变，但其缺点也是显而易见的，如资金难以筹集、决策容易失误、发展后劲不足等。虽然合伙创业也存在决策迟缓、管理成本增大等诸多缺点，但合伙创业比较容易成功。合伙创业者可以在资金、知识技能、关系资源等方面进行整合，如果合伙人志趣相投、股权结构和企业制度设置合理，创业者就很容易将企业做强做大。

其实，也不能绝对地说哪种创业方式好，这要看创业者要进入的是哪一个行业。有些行业是必须要合伙人才能创业的，如创办律师楼、顾问公司、培训机构等。如果没有合伙人，你很难开展业务。对资金、技术依赖性强的行业也不适合单干。一些行业的创业者必须要有合作精神，要建立起合作的团队。

群体是一群人的集合体。英文是goup；团队则是一群人的有机组合，英文是team。作为一个团队，有其特有的三个特点，如果不具备，就只能说明这是一个群体。

（1）自主性。可以举个例子。如果你是一个领导或主管，出门以后手机一直在响，首先，这表面上看起来你很忙，其实只能说明这个单位或公司的权力总是抓在你的手上，是要由你来决策，除非你拍板，这个事情没有人决定。其次，你一出来，公司里的人做事情就令你非常担心，职员不能自动自发地把事情做好。

（2）思考性。从两个方面来考虑。一个单位的领导要做决策肯定是要有一定的依据，如果这些依据的70%都是来自基层，就说明这个团队注意员工的思考性。反之，如果这些意见都是来自中高层，没有对群众的意见进行调查，没有总结，则说明这个团队的思考性不强。对于一个员工而言，如果领导安排你一个事情，如让你由北京运送一台台式计算机至上海，如果你仅回答用邮局运送，就可以说你的思考性不强。而作为一个优秀团队的员工是要进行思考，如果你思考后说，可以用空运、火车托运、邮局，甚至放在长途汽车上捎带过去等方法，并说出每种方法的优缺点，如价格、速度、安全，并拿出你的最佳方案给领导，这就说明你具备了在一个团队中生存的基本条件，当然还有其他条件。

（3）协作性。这当然是一个非常熟悉的话题，是社会快速发展的必然要求。大家都听说过一个很久的典故：一个和尚挑水喝，两个和尚抬水喝，三个和尚没水喝。以及像“三个臭皮匠，赛过诸葛亮”“1+1不等于2”的道理，这都是是否有协作精神的具体表现。

四、发扬团队的功能

对于每个创业团队的成员来说，都懂得团队的意义和功能，发扬团队精神，取长补短，互相配合，用最少的时间实现最高的效率，并且在工作过程中融洽、愉快，从彼此的配合和帮助中获取成就感和满足感。

团队对于创业来说，主要具有以下功能：

1. 目标导向功能

通过建设团队精神，可以使整个创业团队思想统一，形成相同的工作目标和合力。对于团队中的每个人来说，团队的目标就是自己努力的方向；同时，团队将整体目标细化给每个人，将繁重的工作分工合作化，通过相互的协调配合来完成工作，能够令工作变得相对简单。

2. 核心凝聚功能

任何的团队都需要凝聚力的存在，需要有核心人物的统筹指挥，形成自上而下的行政功效。创业团队可通过时间磨合，形成默契，令每个团队的个体形成“没人管我来管，有人管我服从”的意识，并且通过在工作中的互相了解，使每个人对团队形成一种归属感、使命感和认同感。

3. 激励功能

团队的激励功能并不纯粹是物质层面的，更重要的是精神层面的，如众人的认可和尊重。通过团队的激励功能，奖励先进，带动后进，使得其他人主动向优秀的人看齐，养成“你行，我也行”的意识，从而以更大的努力投入到工作中去。

4. 控制功能

意识决定行为，培养成员对团队的认可意识，可形成强烈的团队荣誉感，令成员自觉地去控制自己的行为，对团队有利的，主动去做；对团队有害的，自觉不做。

项目实训练习

1. 在组建创业团过程中需要注意哪些问题？
2. 如何组建和管理一支高效的创业团队？
3. 你是否有担任学生干部的经历？如果有，你觉得当好一名学生干部同维系好一个创业团队之间有没有什么共同之处？你认为学生干部的哪些工作原则可以用于维系创业团队？
4. 如果你要创业，你如何选择合作伙伴？
5. 详细分析《西游记》中的唐僧师徒团队和三国时期的刘备团队。

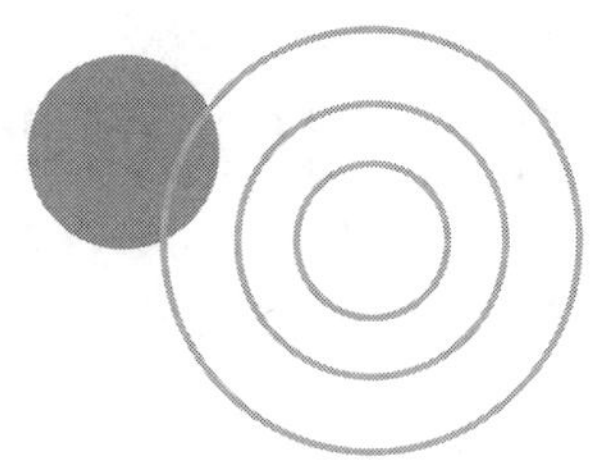

项目七 创业机会

名 言

来而不可失者，时也；蹈而不可失者，机也。

——苏轼

学习目标

通过本项目的学习，学生可以认识创业机会的概念、来源和类型，了解创业机会的一般步骤与影响因素，发现有商业潜力和适合自己的创业机会，掌握创业机会评价的方法；要进一步认识创业有风险，也有规避和防范的方法，增强对机会风险的理性认识，提高防范风险的能力。

案例导入

张宇的创业故事

在一个繁华的都市，有一位名叫张宇的年轻人，他一直怀揣着创业的梦想。张宇敏锐地发现，随着人们生活节奏的加快，对于便捷、高效的餐饮服务的需求日益增长。然而，市场上的大多数餐饮品牌都未能完全满足这一需求。

于是，张宇决定创办一家以提供快速、健康餐饮为特色的餐厅。他经过深入的市场调研和分析，精心设计了餐厅的菜单，主打新鲜、营养的沙拉和果汁，同时提供定制化的餐饮方案，以满足不同消费者的口味和需求。

为了确保食材的新鲜和品质，张宇与当地的优质供应商建立了长期合作关系。他还注重餐厅的环境和服务，打造了一个舒适、时尚的用餐空间，培训了专业的服务团队，为顾客提供优质的用餐体验。

在餐厅的运营过程中，张宇不断创新和改进。他引入了先进的点餐系统，提高了点餐效率；同时，他还积极利用社交媒体和线上渠道进行推广，吸引了更多的顾客。

经过几年的努力，张宇的餐厅逐渐在市场上站稳了脚跟，并赢得了良好的口碑。他不断扩大业务规模，开设了更多的分店，成为当地知名的餐饮品牌。

张宇的创业故事告诉我们，只要善于发现市场需求，勇于创新和实践，就能够在竞争激烈的市场中找到属于自己的创业机会。

任务一 认识创业机会

一、机会、创意

任何重要的行动都来自某种想法，创业活动更不例外。创业因机会而存在。机会是具有时效性的有利情况。

（一）机会

机会就是未明确的市场需求或未充分使用的资源或能力。

创业者识别创业机会是要敏锐地注意到有利情况，捕捉甚至创造出创业机会。

机会识别首先需要从识别甚至创造需求开始。但一些创业者习惯于先研发产品，然后再验看顾客对产品的反应。市场需求多数情况下不明确，也很抽象，需要创业者敏锐地辨识，甚至创造。识别创业机会，不仅要关注人们对物质与精神产品的需求，还要特别关注物质产品的非物质因素。

为了解顾客需求，直接向顾客询问很少能得到清晰准确的答案，他们只是希望更美好、更便宜、更便捷、更适用，这也是创业者努力的方向。在这样的方向指引下，创业者要努力创新甚至创造新的业务，进而创造价值。创业者经常会给消费者带来惊喜，带来消费者预期之外的产品和服务。

对机会的识别源自创意的产生。创意是具有创业指向同时具有创新性甚至原创性的想法，是将问题或需求转化成逻辑性的架构，让概念物象化或程序化，而不是单纯的奇思妙想。创意的形成是一个过程，尽管时间可能很短。在创意没有产生之前，机会的存在与否意义并不大。

思考：你曾经有什么大胆的创意吗？

机会窗口指企业实际进入市场的时间限制。新产品市场建立，机会窗口就打开；随着市场成长，企业进入市场并设法建立有利可图的地位；在某个时点，市场成熟，机会窗口会关闭。

（二）创意

创意是什么？它是指对现实存在事物的理解以及认知，所衍生出的一种新的抽象思维和行为潜能。

创意是传统的叛逆，是打破常规的哲学，是破旧立新的创造与毁灭的循环，是思维碰撞、智慧对接，是具有新颖性和创造性的想法，不同于寻常的解决方法。

《现代汉语词典》中对创意的解释是“有创造性的想法、构思等”。

创意很难说存在绝对意义上的好与坏，但具有价值的创意一般具有以下三个特征：

1. 新颖性

创业的本质是创新，创业指向的想法首先应具有新颖性。这里的新颖性可以是新的技术和新的解决方案，可以是差异化的解决办法，也可以是更好的措施。另外，新颖性还意味着一定程度的领先性，不少创业者在选择创业机会时关注国家政策优先支持的领域就是在寻找领先性的项目。不具有新颖性的想法不仅将来不容易吸引投资者和消费者，对创业者本人都不会有太大的激励作用。新颖性还可以加大模仿的难度。

2. 真实性

有价值的创意绝对不会是空想，而要有现实意义，具有实用价值。首先，创意要可实现，简单的判断标准是能够开发出可以把握机会的产品或服务，而且市场上存在对产品或服务的真实需求，或可以找到让潜在的消费者接受产品或服务的方法。

3. 价值性

创意的价值特征是根本，好的创意要能给消费者带来真正的价值。创意的价值要靠市场检验。好的创意需要进行市场测试。

看到机会、产生创意并发展成清晰的商业概念意味着创业者识别到机会，并因为找到解决问题的手段而有可能把握住机会，这是启动创业活动所需具备的基本前提。

二、创业机会

创业机会主要是指具有较强吸引力的、较为持久的有利于创业的商业机会，创业者据此可以为客户提供有价值的产品或服务，并同时使创业者自身获益。

创业机会目的是满足顾客的需求，解决顾客的实际问题，让人们生活得更好，这是价值来源的根本。

判断创意是否适合创业并不容易，需要天时和地利，也会因人而异。有价值的创意是否适合于创业，首先和机会的性质有关系。大部分创业机会来自创业以前工作中想法的复制或完善。另外，既有企业能够拿出一部分利润投入研究与开发工作，有更多的资源支持机会的开发，还会因为已经建立起声誉而更易获得顾客的信任。

（一）创业机会的来源

机会从何而来，很难详细阐述。总结一下，主要包括以下几个方面：

1. 技术变革

它可以使人们去做以前不可能做到的事情，或者更有效地去做以前只能用不太有效的方法去做的事情。新技术的出现也改变了企业之间竞争的模式，使得创办新企业的机会大大提高。例如，网络电话技术使得传统的资本密集型的电话业务，转化为一种只需要少量资金就可行的业务，为那些资本匮乏的新企业提供了新的机会。

2. 制度变革

它意味着革除过去的禁区和障碍，或者将价值从经济因素的一部分转移到另一部分，或者创造了更大的新价值。比如环境保护和治理政策出台，会将那些污染严重、对环境破坏厉害的企业的资源，转移到保护人类环境的创业机会上来。专利技术的严格执行，通过专利费用的形式将价值转移到拥有专利的大公司，使得那些缺乏核心技术的企业从品牌企业沦为加工厂，或破产倒闭。

3. 社会和人口结构变革

通过改变人们的偏好和创造以前并不存在的需求来创造机会。比如，诸多节日越来越渗透到人们的生活中，并逐步成为年轻一代追求的时尚，创造了许多新的创业机会。社会与人口结构变化也经常表现为市场需求的变化，新兴国家的兴起、消费结构和消费者结构变化、对物质产品的非物质需求的关注等，都值得关注。

4. 产业结构变革

产业结构变革指因其他企业或者为顾客提供产品或服务的关键企业的消亡，或者企业吞并或互相合并，行业结构发生变化，从而改变了行业中的竞争状态，形成或终止了创业机会。

变化是创业机会的重要来源，没有变化，就没有创业机会，而创业者更善于创造性地利用变化。变化可以是文化方面的，也可以是技术方面的，在所有变化中技术变化速度最快。在现实中，许多人都充满了创业主意、富有创业幻想，但能否在众多的创业想法中发现真正的创业机会，并有能力抓住它，最终成为一个成功的创业者，要受到许多因素的制约。下面，我们继续讨论影响创业机会识别的主要因素，识别创业机会的一般程序或规律，以及一些识别机会的常见方法。

（二）创业机会的特征

1. 隐蔽性

生活充满了机会，机会每天都会出现在人们的身边，可惜的是，大多数人都意识不到它的存在，创业机会更是如此。

正因为创业机会具有隐藏性，才使它在人们心目中是如此的神秘和可贵。如果没有了隐蔽性，人们一眼便能看到机会，一伸手就能摸到它，那么这也就不能称为创业机会了。

2. 偶然性

创业机会在大多数情况下是偶然形成的。尽管它普遍存在于人们身边的事物中，但人们并不能轻易地捕捉到它。人们越是刻意地寻找创业机会，就越是难见其踪影；而往往在人们毫无准备的时候，它却突然出现在人们面前。

创业机会虽是偶然现象，却是客观事物内在的必然性的表现。如果人们没有平时知识的积累，辛勤持久的探索，即使创业机会出现了，人们也会认为这不过是一种偶然现象，无法准确把握。

3. 易逝性

创业机会最显著的特征是具有易逝性。“机不可失，时不再来”，就是对创业机会易逝性的最好说明。

机会是一个非常态、不确定的时间表现形式。虽然每天都可能会有创业机会出现，但同样的创业机会是不可能再次出现的。此外，由于创业机会往往是社会所共有的，人们都在寻找，在激烈的竞争中，只要稍一迟疑，创业机会就会被别人抢走。

4. 时代性

创业机会的时代性是指一定时代对各种创业机会打上的烙印和赋予的社会色彩、时期色彩。

社会色彩是指不同制度的社会对创业机会产生的影响。政治制度比较宽松的社会能在更为广阔的领域里为个人奋斗提供各种创业机会；而在政治制度比较严密的社会，有许多领域是不能涉足的，这些领域中的创业机会也就不能够被发现了。

三、创业机会的类型

（一）识别型、发现型和创造型机会

根据目的—手段的明确程度，可以将创业机会划分为识别型（目的—手段关系明确）、发现型（目的—手段关系有一方不明确）和创造型（目的—手段均不明确）三种类型。

1. 识别型机会

识别型机会指市场中的目的—手段关系十分明显时，创业者可通过目的—手段关系的联结来辨识机会。例如，当供求之间出现矛盾或冲突时，不能有效地满足需求，或者根本无法实现这一要求时辨别出新的机会。常见的问题型机会大都属于这一类型。

2. 发现型机会

发现型机会指当目的或手段任意一方的状况未知，等待创业者去发掘机会。比如，一项技术被开发出来，但尚未有具体的商业化产品出现，因此需要通过不断尝试来挖掘出市场机会。例如，激光技术出现后数十年才真正为人们所用。

3. 创造型机会

创造型机会指目的和手段皆不明朗，因此创业者要比他人更具先见之明，才能创造出有价值的市场机会。在目的和手段都不明朗的状况下，创业者想要建立起关联的难度非常高。但这种机会通常可以创造出新的目的—手段关系，将能为创业者带来巨大的利润。

在商业实践中，识别型、发现型和创造型三种类型创业机会可能同时存在。一般来说，识别型机会多半处于供需尚未平衡的市场，创新程度较低，这类机会并不需要太繁杂的辨别过程，反而强调拥有较多的资源，就可以较快进入市场获利。把握创造型机会就非常困难，它依赖新的目的—手段关系，而创业者往往拥有的专业技术、信息、资源规模都相当有限，更需要创业者的创造性资源整合与敏锐的洞察力，同时还必须承担巨大的风险。发现型机会最为常见，也是目前大多数创业研究的对象。

结合我国经济发展实践不难发现，在改革开放之初，巨大的市场需求瞬间释放，识别型机会占主导。逐渐地，市场需求饱和，市场竞争压力增大，识别型机会锐减，发现型机会比例加大，这时候，人们创业不仅需要勇气和投机心理，还需要理性地分析市场环境来找寻市场空缺。可以大胆假设，在未来，创造型机会将占据主导地位，成为推动我国经济社会发展的新兴力量。

（二）问题型、趋势型和组合型机会

进一步分析目的—手段组合，依据目的的性质，机会可以分为问题型机会、趋势型机会和组合型机会三种类型。

1. 问题型机会

问题型机会指的是由现实中存在的未被解决的问题所产生的一类机会。问题型机会在人们的日常生活中和企业实践中大量存在。比如，消费者的不便、顾客的抱怨、大量的退货、无法买到称心如意的商品、服务质量差等，在这些问题的解决中，会存在着价值或大或小的创业机会，需要用心发掘。例如，闲鱼是一个二手交易平台，创业初衷是解决大学生二手交易的问题。闲鱼通过提供安全的交易环境、智能的搜索推荐功能等，成功解决了信息不对称、安全隐患等问题，成

为了中国最大的二手交易平台之一。一般人看到的是问题，而创业者看到的是机会。

2. 趋势型机会

趋势型机会就是在变化中看到未来的发展方向，预测到将来的潜力和机会。这种机会一般容易产生在时代变迁的时期。在这种环境下，各种新的变革不断出现，但往往不被多数人所认可和接受，一般处于萌发阶段。一旦能够及早地发现并把握，就有可能成为未来趋势的先行者和领导者。趋势型机会一般出现在经济变革、政治变革、人口变化、社会制度变革、文化习俗变革等多个方面，一旦被人们所认可，它产生的影响将是持久的，带来的利益也是巨大的。

例如，随着手机的普及和各类娱乐、购物App的兴起，网络直播带货逐渐兴起。可以建立视频制作和主播培育公司，帮助直播账号持有者提升粉丝量和带货能力，不断壮大直播带货团队，以获取更大的收益。

3. 组合型机会

组合型机会将现有的两项以上的技术、产品、服务等因素组合起来，实现新的用途和价值而获得的创业机会。这种机会类型好比“嫁接”，对已经存在的多种因素重新组合，往往能实现与过去功能大不相同，或者效果倍增的局面（1+1>2）。比如，芭比娃娃就是将婴幼儿喜欢的娃娃与少男少女形象结合起来，形成了一个新组合，满足了脱离儿童期但还未成年的人群的需求，最终获得了创业上的巨大成功。

（三）模仿型、改进型、突破型机会

从手段—目的的手段角度分析，又可以分出模仿型、改进型、突破型机会。

不少生存型的创业活动采取的是模仿性的行为，模仿他人的成功模式，满足当地的需求；“仿制”行为多数具有改进性创新；数码相机相对于胶卷成像，电子手表相对于机械手表等则属于突破性创新，甚至可以说是“创造性的破坏”。

四、机会识别

（一）影响机会识别的关键因素

任何创意都不是凭空产生或是想象出来的。创意的产生基于合适的人和合适的环境。近年来，学术界一直努力回答为什么有的人而不是其他人看到机会，下面是取得共识的四类主要因素。

1. 先前经验

在特定产业中的先前经验有助于创业者识别机会。另外，创业经验也非常重要，一旦有过创业经验，创业者就很容易发现新的创业机会。这称为“走廊原理”，指创业者一旦创建企业，他就开始了一段旅程，在这段旅程中，通向创业机会的“走廊”将变得清晰可见。这个原理提供的见解是，某个人一旦投身于某产业创业，将比那些从产业外观察的人更容易看到产业内的新机会。调查发现，创业者创业前所担任过管理职位的多样性越高、行业经验相关性越强，能收获的企业绩效越优越。相对于创新性较低的机会而言，创新性较强的机会更多地被经验多样性高的创业者所识别和开发。

2. 认知因素

有些人认为，创业者有“第六感”，使他们能看到别人错过的机会。多数创业者以这种观点看待自己，认为他们比别人更“警觉”。警觉很大程度上是一种习得性的技能；拥有某个领域更多知识的人，倾向于比其他人对该领域内的机会更警觉。例如，一位计算机工程师，就比一位律师对计算机产业内的机会和需求更警觉。有些研究人员认定，警觉不仅是观察周边事物比较敏锐，还包括个体头脑中的意识行为。例如，有学者认为，机会发现者（即创业者）与未发现者之间最重要的差别，在于他们对市场的相对评价；换句话说，创业者可能比其他人更擅长估计市场规模并推断可能的含义。目前不少学者利用认知心理学乃至社会心理学的理论知识研究创业行为，值得关注。

3. 社会关系网络

个人社会关系网络的深度和广度影响着机会识别。建立了大量社会与专家联系网络的人，比那些拥有少量网络的人容易得到更多机会和创意。一项对65家初创企业的调查通过对比分析半数创建（独自识别出商业创意的创业者）与网络型创业者（通过社会联系识别创意的创业者）之间的差别，发现网络型创业者比独立创业者识别出更多的机会，但他们不太可能将自己描述为特别警觉或有创造性的人。

在社会关系网络中，按照关系的亲疏远近，可以大致将各种关系划分为强关系与弱关系。强关系以频繁相互作用为特色，形成于亲戚、密友和配偶之间；弱关系以不频繁相互作用为特色，形成于同事、同学和一般朋友之间。研究显示，创业者通过弱关系比通过强关系更可能获得新的商业创意，因为强关系主要形成于具有相似意识的个人之间，从而倾向于强化个人已有的见识与观念。另外，在弱关系中，个人之间的意识往往存在着较大差异，因此某个人可能会对其他人说一些能激发全新创意的事情。例如，一位电工向餐馆老板解释他如何解决了一个商业问题。当听到这种解决办法后，餐馆老板可能会说：“我绝对不可能从本企业或本产业内的人那里听到这种解决方案。这种见解对我来说是全新的，有助于我解决自己的问题。”

4. 创造性

创造性是产生新奇或有用创意的过程。从某种程度上讲，机会识别是一个创造过程，是不断反复的创造性思维过程。在听到更多趣闻轶事的基础上，你会很容易看到创造性包含在许多产品、服务和业务的形成过程中。

（二）机会识别的过程

对个人来说，机会识别可分为五个阶段。如果在某个阶段，某个人停顿下来或没有足够信息使识别过程继续下去，那么他的最佳选择就是返回到准备阶段，以便在继续前进之前获得更多知识和经验。

1. 准备阶段

准备阶段主要指创业之前的阶段，在这一阶段创业者积累带入机会识别过程中的背景、经验和知识。正如运动员必须练习才能变得优秀一样，创业者需要经验以识别机会。研究发现，50%～90%的初创企业创意来自个人的先前工作经验。

2. 孵化阶段

孵化阶段是个人仔细考虑创意或思考问题的阶段，也是对事情进行深思熟虑的时期。有时候，孵化是有意识的行为；有时候，它是无意识行为并出现在人们从事其他活动时。

3. 洞察阶段

在洞察阶段，问题的解决办法被发现或创意得以产生。有时，它被称为“灵感”体验，是创业者识别出机会的时刻。有时候，这种经验推动过程向前发展；有时候，它促使个人返回到准备阶段。例如，创业者可能意识到机会的潜力，但认为在追求机会之前需要更多的知识和考虑。

4. 评价阶段

评价阶段是创造过程中仔细审查创意并分析其可行性的阶段。许多创业者错误地跳过这个阶段，他们在确定创意可行之前就去设法实现它。评价是创造过程中特别具有挑战性的阶段，因为它要求创业者对创意的可行性采取一种公正的看法。

5. 阐述阶段

阐述阶段是创造性创意变为最终形式的过程，详细情节已构思出来，并且创意变为有价值的新产品、新服务或新的商业概念，甚至已经形成能够实现价值的商业模式。

结合前面对于机会来源的讨论，可以大致勾勒出创业机会识别过程的轮廓。机会识别是创业者与外部环境（机会来源）互动的过程，在这个过程中，创业者利用各种渠道和各种方式掌握并获取有关环境变化的信息，从而发现现实世界中在产品、服务、原材料和组织方式等方面存在的差距或缺陷，找出改进或创造目的手段关系的可能性，最终识别出可能带来新产品、新服务、新原料和新组织方式的创业机会。

（三）识别创业的方法

创业活动包含了机会识别和机会开发两大部分。机会是创业的核心要素，创业离不开机会。机会是一种隐性的状态或情形，感知到机会会产生创意，但并不是所有的创意都能适合创业而成为创业机会，不同的创业机会其价值也不同。对于同样的机会，不同的人看到的会不同，让不同的创业者来开发，效果也会不一样。创业的实质是具有创业精神的个体对具有价值的机会进行挖掘、开发、利用的过程。

可以使用多种多样的技术和方法帮助识别创业机会。在此主要归纳了较为常用的四种方法。有的也许来自启发，或者依靠经验获得；另一些则很复杂，也许需要市场研究专家的支持。

1. “新眼光”调查

当阅读某人的发现和出版的作品时，实际上就是在进行调查。利用互联网搜索数据，寻找包含所需要信息的报纸文章等都是调查的形式。大量获取信息对发现问题以及更加快速地切入问题有帮助。在调查中要学会问问题，如：你会选择网上购物吗？每个月花在外卖上的钱有多少？会在网上买什么？向销售商和供应商询问如下问题：我们这样的业务需要什么样的广告？什么产品比较热销？提供什么服务？向小企业主询问如下问题：银行往来对象是谁？第一笔融资来自哪儿？花费在广告上的销售额百分比是多少？如何吸引老顾客？行业当前存在的最大问题是什么？同时，通过不断地获取信息，也将开始建立自己的直觉，“新眼光”也将不断发展。上网了解世界各地的实时动态情况，如可以在所在社区取得成功的服务业务，可以进入的新市场。

“新眼光”调查可以提供很多看问题的新方法。训练自己的大脑，接受新的想法、新的信息、新的统计数据和这个日益变化的世界。观察一切，把想法记录下来。想法越多，就越有可能找到最适合自己的业务和自己的目标市场。

2. 通过系统分析发现机会

实际上，多数的机会都可以通过系统分析得到发现。人们可以从企业的宏观环境（政治、法律、技术、人口等）和微观环境（顾客、竞争对手、供应商等）的变化中发现机会。借助市场调研，从环境变化中发现机会，是机会发现的一般规律。以日本汽车公司识别并把握美国汽车市场机会为例。20世纪60年代初，日本汽车公司利用政府、综合贸易商社、企业职能部门，甚至美国市场研究公司广泛搜集信息。通过市场调研，他们发现：美国人把汽车作为身份或地位象征的传统观念正在逐渐削弱，汽车作为一种交通工具更重视其实用性、舒适性、经济性和便利性；美国的家庭规模正在变小，核心家庭大量出现；美国汽车制造商无视环境变化，因循守旧，继续大批量生产大型豪华车，因而存在一个小型车空白市场。于是，日本汽车商设计出满足美国顾客需求的美式小汽车，以其外形小巧、购买经济、舒适平稳、耗油量低、驾驶灵活、维修方便等优势敲开了美国市场大门。

3. 通过问题分析和顾客建议发现机会

问题分析从一开始就要找出个人或组织的需求和他们面临的问题，这些需求和问题可能很明确，也可能很含蓄。创业者可能识别它们，也可能忽略它们。问题分析可以首先问“什么才是最好的”。一个有效并有回报的解决方法对创业者来说是识别机会的基础。这个分析需要全面了解顾客的需求，以及可能用来满足这些需求的手段。

一个新的机会可能会由顾客识别出来。顾客建议多种多样，他们会提出一些诸如“如果那样的话不是会很棒吗”这样的非正式建议。还有，他们可以有选择地采取非常详尽和正式的短文形式。例如，一些组织在将他们的需求“反向推销”给潜在供应商的过程中非常积极。一个讲究实效的创业者是渴望从顾客那里征求想法的。

4. 通过创造获得机会

这种方法在新技术行业中最为常见，它可能始于明确想满足的市场需求，从而积极探索相应的新技术和新知识，也可能始于一项新技术发明，进而积极探索新技术的商业价值。通过创造获得机会比其他任何方式的难度都大，风险也更高。但是，如果能够成功，其回报也更大。这种情况下所产生的创新在人类所具有重大影响的创新中，居于压倒性的主导地位。

五、评价创业机会

（一）有价值创业机会的基本特征

不管是识别到什么样的创业机会，都要认真评价。创业学教育家、百森商学院的杰弗里·蒂蒙斯教授认为机会应该具有吸引力、持久性和及时性，是具有如下四项特征的构想：

（1）对消费者具有吸引力。

（2）能够在当前商业环境中实施。

（3）能够在现存的机会窗口（指将创业市场化的时间。如果其他的竞争者也存在类似的创意并且已经将其市场化了，机会窗口就关闭了）中执行。

（4）你拥有创立企业的资源和技能，或者你知道谁拥有这些资源与技能并且愿意与你共同创业。

（二）个人与创业机会的匹配

无论创业机会是由创业者自身发现还是他人提议，抑或是偶然碰到或是通过系统调查得到，首先要扪心自问的是：这个机会是否适合我？为何应该由我而非他人来开发这个机会呢？

并非所有机会都适合每个人，一位资深律师可能因为参与一场官司而发现了一个高科技行业内的机会，但是，他不太可能放弃律师职业而进入高科技行业创业，因为他缺乏必需的技术知识和在高科技行业内的关系网络。换句话说，即使看到了有价值的创业机会，个体也可能因没有相应的技能、知识、关系等而放弃创业活动，或者把机会信息传递给其他更合适的人，或者是进一步提炼加工机会从而将其出售给其他高科技企业。当然，创业活动往往不会拘泥于当前的资源约束，创业者可以整合外部的资源开发机会，但这需要具备资源整合能力。

并非所有的机会，都有足够大的价值潜力来填补为把握机会所付出的成本，包括市场调查、产品测试、营销和促销、雇佣员工、购买设备和原材料等一系列与机会开发活动相关的成本，还包括为创业所付出的时间、精力，以及放弃更好工作机会而产生的机会成本。研究发现，创业者的创业机会成本越高，所把握的创业机会的价值创造潜力也就越大，所创办的新企业的成长潜力也越高。

学者逐渐认同创业活动是创业者与创业机会的结合，其核心观点是：一方面，创业者识别并开发创业机会；另一方面，创业机会也在选择创业者，只有创业者和创业机会之间存在着恰当的匹配关系时，创业活动才最可能发生，也更可能取得成功。

（三）创业机会评价的特殊性

任何一个创业机会，在创业者评价和选择过程中，都有三个根本性的矛盾。

1. 能力与实践的矛盾

创业是创造性的实践活动，获得这种能力的唯一的途径是实践的历练。而创业者通常是在有实践经验的情况下开始实践，在不具备创业能力的情况下进行创业。这便产生创业能力与创业实践的矛盾。矛盾决定了能力的获得与能力的产生总是同步进行的，进而决定了取得这种能力的费用是高昂的。创业机会评价总是在创业者不能完全把握创业机会的情况下评价创业的。

2. 功能创造与功能决定的矛盾

不论是提供物质产品还是服务产品，都是一种有效用的功能。创业者是功能的创造者，而功能的有效与否，最终取决于功能使用者的实际购买行为。矛盾就这样产生了，功能制造者不是功能决定者，而功能决定者不是功能制造者。这个矛盾是市场未知性的表现，决定了创业的风险性。

3. 演习和实战的矛盾

在创业初期所做的事情都具有探索的特征、实验的性质。这导致产生了一个矛盾：本来属于探索的对象，却当成了确定的对象，本来属于实验的内容，却要当作真实的内容来做，对具有探索、实验性质的事情，却必须实实在在地做。这是用实战的方式进行事实上的演习，是用演习获得的经验去应对真刀真枪的实战。

六、评价创业机会的技巧和策略

创业者自身的特征及想法固然重要，但并不是每个想法都能转化为创业机会。许多创业者仅凭想法去创业，也对创业充满信心，但最终却失败了。不是每个创业机会都会给创业者带来益处。每个创业机会都存在一定的风险，因此，创业者在利用创业机会之前要对创业机会进行科学的分析与评价，然后做出相应的决策。评价创业机会，需要采取科学的评价方法。

蒂蒙斯教授提出的创业机会评价框架是相对比较完善的。他认为，创业者从行业和市场、经济因素、收获条件、竞争优势、管理团队、致命缺陷问题、个人标准、理想和现实的战略差异八个方面进行评价。

（一）行业和市场

（1）市场容易识别，可以带来持续收入。

（2）顾客可以接受产品或服务，愿意为此付费。

（3）产品的附加价值高

（4）产品对市场的影响力高。

（5）将要开发的产品生命长久。

（6）项目所在的行业是新兴行业，竞争不完善。

（7）市场规模大，销售潜力达到1 000万～10亿元。

（8）市场增长率在30%～50%甚至更高。

（9）现有厂商的生产能力几乎完全饱和。

（10）在五年内能占据市场的领导地位，达到20%以上。

（11）拥有低成本的供货商，具有成本优势。

（二）经济因素

（1）达到盈亏平衡点所需要的时间在1.5～2年。

（2）盈亏平衡点不会逐渐提高。

（3）投资回报率在 25%以上。

（4）项目对资金的要求不是很大，能够获得融资。

（5）销售额的年增长率高于15%。

（6）有良好的现金流量，能占到销售额的20%～30%。

（7）能获得持久的毛利，毛利率要达到40%以上。

（8）能获得持久的税后利润，税后利润率要超过10%。

（9）资产集中程度低。

（10）运营资金不多，需求量是逐渐增加的。

（11）研究开发工作对资金的要求不高。

（三）收获条件

（1）项目带来的附加价值具有较高的战略意义。

（2）存在现有的或可预料的退出方式。

（3）资本市场环境有利，可以实现资本的流动。

（四）竞争优势

（1）固定成本和可变成本低。

（2）对成本、价格和销售的控制较高。

（3）已经获得或可以获得对专利所有权的保护。

（4）竞争对手尚未觉醒，竞争较弱。

（5）拥有专利或具有某种独占性。

（6）拥有发展良好的网络关系，容易获得合同。

（7）拥有杰出的关键人员和管理团队。

（五）管理团队

（1）创业者团队是一个优秀管理者的组合。

（2）行业和技术经验达到本行业内的较高水平。

（3）管理团队的正直廉洁程度能达到较高水准。

（4）管理团队知道自己缺乏哪方面的知识。

（六）致命缺陷问题

（1）不存在任何致命缺陷问题。

（2）个人目标与创业活动相符。

（3）创业者可以做到在有限的风险下实现成功。

（七）个人标准

（1）创业者能接受收入减少等损失。

（2）创业者渴望创业这种生活方式，而不只是为了盈利。

（3）创业者可以承受适当的风险。

（4）创业者在压力下状态依然良好。

（八）理想与现实的战略差异

（1）理想与现实情况相吻合。

（2）管理团队已经是最好的。

（3）在客户服务管理方面有很好的服务理念。

（4）所创办的事业顺应时代潮流。

（5）所采取的技术具有突破性，不存在许多替代品或竞争对手。

（6）具备灵活的适应能力，能快速地进行取舍。

（7）始终在寻找新的机会。

（8）定价与市场领先者几乎持平。

（9）能够获得销售渠道，或已经拥有现成的网络。

（10）能够允许失败。

系统评价类似于大公司开展的可行性论证分析。在系统评价创业机会时，一定要注意创业活动不确定性强的特点，创业者不太可能按照框架中的指标对创业机会一一做出评价，而仅会选择其中若干要素来判断创业机会的价值，从而使得创业者机会评价表现为主观感觉而非客观分析的过程。不能事事都强调依据，不确定环境本身就难以预测，需要在行动中不断地检验创业者的设想。过分强调证据，容易把困难放大，弱化创业者承担风险的勇气。

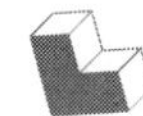

任务二　管理创业风险

一、机会风险的构成与分类

有价值的创业机会也是有风险的。创业者在创业过程中，面临着瞬息万变的市场环境，面临着激烈的市场竞争，创业者要深入理解风险和风险的构成，了解风险的类别，为防范风险做好准备。

（一）创业风险的定义

风险是指一定环境、一定时间段内，影响决策目标实现的不确定性，或是某种损失发生的可能性，发生损失的可能性越大，风险就越高。它可以用不同结果出现的概率来描述，结果可能是好的，也可能是坏的，坏结果出现的概率越大，风险就越高。

创业风险是指在创业过程中，由于创业环境的不确定性，创业机会与创业企业的复杂性，创业者、创业团队的能力与实力的有限性，而导致创业活动偏离预期目标的可能性及后果。

（二）创业风险的构成

风险的构成主要包括风险因素、风险事件和风险损失三个方面。

1. 风险因素

风险因素主要包含有形风险因素和无形风险因素两大类。有形风险因素也称实质风险因素，是指某标的本身所具有的足以引起风险事故发生或增加损失机会或加重损失程度的因素，如创业各要素存在的风险因素；无形风险因素是与人的心理或行为有关的风险因素，通常包括道德风险因素和心理风险因素，如创业中人的道德、心理状况等因素。

2. 风险事件

风险事件也称风险事故，是指酿成事故和损失的直接原因和条件。风险一般只是一种潜在的危险，而风险事件的发生使潜在的危险转化成为现实的损失。从这个意义上来说，风险事件是损失的媒介。创业中的风险事件是指导致创业风险损失的可能性变成了现实，如政策调整带来的损失等。

3. 风险损失

风险损失是指非故意的、非预期的和非计划的经济价值的减少和灭失，包括直接损失和间接损失。创业风险损失是由于风险事件的出现给创业者或者创业企业带来的能够用货币计量的经济损失。

（三）创业风险的分类

创业过程是将创业的内、外部环境条件整合利用的过程，因此其面临的风险种类必然也是多样的。

1. 按照风险影响的范围分类

按照风险影响的范围分类可以分为系统风险和非系统风险。

（1）系统风险又称市场风险，也称不可分散风险，是指由于多种因素的影响和变化，导致投资者风险增大，从而给投资者带来损失的可能性。系统性风险的诱因多发生在企业等经济实体外部。企业等经济实体作为市场参与者，能够发挥一定作用，但由于受多种因素的影响，本身又无法完全控制它。其带来的波动面一般都比较大，有时也表现出一定的周期性。

（2）非系统风险又称非市场风险或可分散风险，它是源于创业者或创业企业本身的商业活动和财务活动而引发的风险。

2. 按照风险的可控程度分类

按照风险的可控程度分类，可以分为可控风险和不可控风险。

（1）可控风险是指在一定程度上可以控制或部分控制的风险，如财务风险、团队风险等。

（2）不可控风险是指风险的产生与形成不能由风险承担者所控制，如宏观经济政策的变化，政治形势的变化等风险。

3. 按照创业风险的内容分类

按照创业风险的内容可以将其分成以下几类：

（1）环境风险。企业的外部环境是复杂多变的，国家政策、法律规定、人民的生活水平、国民经济发展的状况、科学技术的发展、基础设施建设、行业状况等都会给企业带来不确定因素，形成创业风险。

（2）市场风险。市场风险是指新产品、新技术的可行性与市场不匹配而引起的风险。一方面是由于新产品或新技术推出的时间不对，没有把握住市场的最佳时机；另一方面是由于市场本身也具有许多不确定因素，如消费者对产品的需求程度、好恶程度、销售渠道的畅通程度、产品更新的程度、替代品的竞争状态等。

（3）金融风险。金融风险包括利率风险和通货膨胀风险。

① 利率风险。利率风险是指由于银行存款利率或其他投资收益率的提高，使得创业投资收益减少的风险。银行存款利率变动的同时，投资收益率也随之变动。新旧投资收益率的差额有可能使创业投资者蒙受损失，而银行利率的升降则是创业者无法控制的。

② 通货膨胀风险。通货膨胀风险是指当物价上涨时，货币的购买力下降，其可能给创业者带来的风险。一般来说，创业投资要在一定时期后才实现固定的收益，若受到通货膨胀的影响，创业投资者的实际收益会相对减少甚至为零。

（4）法律风险。某些科研成果的转化或产品的生产和交换的过程会涉及所有权问题，如知识产权问题等。知识产权是对知识财产拥有合法权利的认定。

（5）机会选择风险，指创业者由于选择创业而放弃自己原先所从事的职业，所丧失的潜在晋升或发展机会的风险。

（6）人力资源风险，指由于人的因素对创业活动的开展产生不良影响或偏离经营目标的潜在可能性。创业者自身的素质和能力有限、创业团队成员的知识和技能水平不匹配、管理过程中用人不当、关键员离职等因素是人力资源风险的主要诱因。

（7）技术风险，高新技术产品从构思到生产的过程中会遇到工艺、设备、材料等方面的问题，这些高新技产品因生产技术不够成熟或难度高，在研发、试制过程中遇到难以为继的困难局面的可能性很大，而且这项技术是否可行，在预期与实践之间可能会有偏差，因而就会产生风险。

（8）管理风险。管理风险的大小主要由下列因素决定：管理者素质、决策风险和组织风险。企业管理者的敬业精神、品质观念、管理手段、道德水平、责任感等素质的不确定性可能带来一定的风险；决策风险指创业者不进行科学分析，仅凭借个人经验或凭运气的决策方法可能导致企业发生经营失败的风险；组织风险即由于创业企业组织结构不合理而带来的风险。

（9）财务风险。财务风险是指新企业在经营、生产过程中资金运行盈利的可能性。企业的盈利取决于产品的产量、成本、销售价格和收益之间的关系。财务风险管理不善必会造成企业成本过高、利润下降，甚至亏损倒闭。

二、防范系统风险的方法

系统风险是由于某种全局性的共同因素引起的，创业者或初创企业本身控制不了或者无法施加影响，相对较难采取有效的消除风险的方法。由于环境引起的、市场引起的风险一般是系统风险。对于系统风险，创业者或初创企业应该尽量做好防范，一般有如下三个方面的做法：

（一）深入分析创业者或初创企业所处的环境

当下，国家对高职生创业十分支持，创业者要深入了解创业的税费减免，小额贷款担保，无息贷款，政府贴息贷款，科技型创业在场地、项目、资金、技术、培训等方面的资讯，以便于自己的创业项目更好地得到政策的帮助。另外，创业者要深入分析创业的宏观环境、行业环境、地区环境等，对创业过程中可能遇到的系统性风险进行预判。

（二）正确预测能够预测的风险

在创业中很多风险是不可预测的，也有一些风险是可以预测的，创业者要尽可能利用自己掌握和能够调动的资源，采用科学的方法，对那些能够预测的风险进行深入分析，通过企业内部成员的探讨和外部专家的分析预测未来的变化，准确判断变化对企业未来会产生的影响。

（三）采取有效措施合理应对

由于系统风险的不可分散性，创业者只能依据以上两个步骤对系统风险分析，并制订合理的应对措施。当创业者经过以上两个步骤做出了判断之后，要给出妥善应对方法。预判的风险是尚未发生的风险，不能心存侥幸，待风险发生后追悔莫及。

三、防范非系统风险的方法

（一）防范机会选择风险

创业者在创业准备之初，就应该对创业的风险和收益进行全面权衡，将创业目标和目前的职业收益进行比较，结合当下的创业环境、自己的生涯规划进行权衡分析。如果认为创业时机已经成熟，刚好有一个绝佳的创业机会可以转化为创业项目，而且该项目又与自己的生涯规划相吻合，那么就要下定决心，立即着手创业。否则，就不要急于创业，而应先继续从事目前的工作，边工作边认真观察，学习所在企业高层管理者的管理技巧等；同时，学会利用自己的工作机会建立良好的关系网络，待时机成熟再开始创业。

（二）防范人力资源风险

人力资源是创业活动中最重要的资源，由此产生的风险对初创企业来说往往也是致命的风险，所以一定要予以充分关注。首先，创业者应不断充实自己，持续提高个人素质，使自己的知识和能力与创业活动相匹配；其次，通过沟通、协调、激励、奖惩、评价、目标设定等多种手段管理创业团队，并在创业团队发展的不同阶段确定相应的管理内容、科学合理地对成员进行绩效评价，最后，招聘具有良好职业道德和团队合作意识、拥有岗位相匹配技能的员工，通过在合同中明确权利义务关系和适当授权，以及畅通的人力资源管理系统，使关键员工的工作管理与非工作管理相结合。

（三）防范技术风险

技术创新能够带来丰厚的回报，但是技术转化到产品过程中也存在着巨大的风险，在具有一技术含量的创业项目进行操作时，要注意防范技术风险。解决办法是：首先加强对技术创面的可行性论证，减少技术开发和技术选择的盲目性，技术要聚焦，不能过于分散；其次要通过组建技术联合体或建立创新联盟等方式来分散技术创新的风险；最后，要不断激发技术开发人员工作的积极性和创造性，高度重视知识产权。

（四）防范管理风险

管理风险是指管理运作过程中因信息不对称、管理不善、判断失误等影响管理的水平。管理风险具体体现在构成管理体系的每个细节上，可以分为四个部分：管理者的素质、组织结构、企业文化、管理过程。预防风险办法有以下几种：

1. 管理者的素质方面

首先要加强领导者自身的品德修养，从而增强企业凝聚力和激励力，同时着力弥补其他如资源劣势等方面的不足，提升管理的效率和效果；同时要扩展知识，对技术创新涉及的知识方法等有一定程度的理解，增强与技术创新人员的沟通，从而对创新活动的组织更为科学；还要全面提升管理层人员的素质和能力，在管理人员中尤其要注重协作沟通能力的提高。刻意培养管理创新意识和创新能力。

2. 组织结构方面

中小企业应在组织效率和灵活性上充分发挥自身先天优势；积极利用多种渠道与社会组织加强内外信息沟通和交流；注重知识经验的有效识别和积累，加强企业知识管理，建立知识储备库；扩大企业开放程度，利用各种社会力量，与高校、科研院所建立密切关系，增强组织对创新方向的把握。

3. 企业文化方面

要致力于良好的企业文化的培养，除了凝聚力、向心力的形成和培养，尤其应该塑造创新精神和团队精神，真正把创新作为企业生存和发展的根本所在，树立朝气蓬勃、齐心向上的企业精神，为创新活动创造良好的环境。

4. 管理过程方面

应该遵循对技术创新管理的科学性，减少管理人员的随意性。首先要设立正确的创新目标，最大限度地利用现有条件制订科学合理的计划，其中包括对风险的预测及建立相应的防范规避机制；其次，组织的过程管理要以计划为依据，充分挖掘企业各种资源，使现有资源的效用发挥到最大，注意组织结构的适时调整；再次，领导过程要以现有目标为前提，加强对参与创新人员的适当激励，保持创新团队的士气；最后，控制环节除了一般的信息准确及时、控制关键环节、注意例外处理等方面，应突出关注控制的经济效益，要关注采取行动的效率和效果。

（五）防范财务风险

财务风险是指公司财务结构不合理、融资不当使公司可能丧失偿债能力而导致投资者预期收益下降的风险。财务风险是企业在财务管理过程中必须面对的现实问题，财务风险是客观存在的，企业管理者对财务风险只有采取有效措施来降低风险，而不可能完全消除风险。预防风险办法有以下几个方面：

（1）建立财务预警分析指标体系，防范财务风险产生。财务危机的根本原因是财务风险处理不当，因此，建立和完善财务预警系统尤为必要。

（2）建立短期财务预警系统，编制现金流量预算。由于企业理财的对象是现金及其流动，就短期而言，企业能否维持下去，并不完全取决于是否盈利，而取决于是否有足够现金用于各种支出。

（3）确立财务分析指标体系，建立长期财务预警系统。对企业而言，在建立短期财务预警系统的同时，还要建立长期财务预警系统。其中资产获利能力、偿债能力、经济效率，企业发展潜力指标量具有代表性。反映资产获利能力的有总资产报酬率、成本费用利润率等指标；反映偿债能力的流动比率和资产负债率等指标；经济效率高低直接体现企业经营管理水平，反映资产运营指标的有应收账款周转率以及产销平衡率；反映企业发展潜力的有销售增长率和资本保值增值率。

（4）树立风险意识，健全内控程序，降低负债的潜在风险，如订立担保合同前应严格审查被担保企业的资信状况，订立担保合同时适当运用反担保和保证责任的免责条款，订立合同后应跟踪审查被担保企业的偿债能力，减少直接风险损失。

四、评估创业者风险承担能力

创业者风险承担能力是指创业者所能承受的最大风险。创业者在进行风险识别的过程中，不但要确定其决定接受的风险程度，还要对其实际能承受风险的程度进行评估，以采取合理的风险管理方法，减少创业过程中的不确定性。影响创业者风险承担能力的因素主要有以下四个方面：

1. 特定时间段所要承担的风险

从创意到商业构想，再到创业企业的建立，不同阶段的创业风险大小会有所不同。一般来说，随着时间的推移和创业活动的深入，创业者面临的风险会逐渐增大。创业者首先要能够根据风险的来源及其对创业活动的影响程度，估计出在不同时间段可能要承受的总风险。

2. 可用于承担风险的资金

一般来说，创业者的年龄和家庭状况会对创业者用于承担风险的资金有所影响。刚毕业的高职生因为很少有创业资金的积累，其用于承担风险的资金较少；同样，家庭比较困难的创业者会更多考虑到家庭基本生活对资金的需求，以及较少的家庭支持等，其用于承担风险的资金一般也会较少。正常情况下，用于承担风险的资金数量和创业者的风险承担能力呈正相关关系。

3. 从其他渠道取得收入的能力

从其他渠道取得收入的能力越强，创业失败对创业者的情绪和生活水平的影响就越小，创业者能够用来偿还创业失败所引致的债务的能力就越强（采用公司制作为企业法律形式的创业活动除外，因为公司制企业是有限责任，只以创业者投入企业的资金为限对公司债务承担责任），其风险承担能力也就越强。因此，从其他渠道取得收入的能力和创业者的风险承担能力也呈正相关关系。

4. 危机管理能力

创业者的危机管理能力会影响到创业风险发生时采取的风险抑制措施的效果，从而影响到损失的大小。危机管理能力越强，风险因素导致风险事件发生并进而可能形成风险损失时，创业者就越能及时采取有效的风险防范措施对损失状况进行抑制，避免损失的进一步扩大，减少损失所产生的危害。所以，创业者的危机管理能力越强，其风险承担能力就越强，二者也呈正相关关系。

项目实训练习

1. 阅读下面两个案例，思考并回答问题。

案例一：做自己最喜欢的事

杨明在大学毕业后，先后换了七个工作岗位，都感觉不是自己想要从事的，最后他决定自主创业。他开始选择的项目是开办一个电子商务网站“全球制造网”。虽然这个项目是他喜欢的，但这时的他，一无资金二无技术，亲戚和朋友也没有可以提供帮助的，何况当时已经有了“阿里巴巴”网站，最初的困难可想而知。

杨明开始利用电话黄页上的信息，对上面登记有电话和地址的公司进行地毯式宣传和推销，几个月下来，不仅没有拉到客户，反而因房租和员工工资、网站运营欠了债。

这时，好多人开始劝他放弃，但是他坚决要做下去。为了争取某公司这个大客户，他一次次登门，一次次被拒绝，最后他争取到一个给这家公司的管理层讲课的机会。对方说，如果他的课可以打动在座的管理者，他就可以拿到这个合作的机会。但是，在他讲课的时候，听课的人中有的竟然睡着了。

面对这样的挫折，公司里的员工也劝他放弃努力。但是，杨明再次分析了失败的原因，又在众人的反对声中，更加努力地去说服这家公司。最后杨明锲而不舍的精神终于打动了该公司的老总，该公司成为“全球制造网”的第一个VIP用户。正是杨明的不放弃，使他最后获得了客户。

问题：

（1）当你认为一件事不可能做到时，你还会不会去做？说出你不去做的理由，分析下如果去做了，会出现什么后果。

（2）当你决定去做一件事，遇到大多数人反对时，你还会不会去做？

（3）是不是每个人都适合创业？如果感觉自己不适合创业，应该如何去做？

案例二：兰迪·怀斯的鸡用隐形眼镜

兰迪·怀斯从小就有一个梦想：要制作一种鸡用的隐形眼镜，以此来提高鸡蛋的产量，增加养鸡场的经济收益。这个念头产生于19世纪60年代，那时他的父亲是一位养鸡场的场主。他发现，鸡在一起养殖时，经常有自相残杀的事件发生。为了减少鸡的自相残杀，他考虑可以生产一种红色的专门给鸡佩戴的隐形眼镜，使鸡的视力受到影响，从而减少这种影响鸡场效益的行为。

19世纪70年代初，兰迪·怀斯在哈佛商学院深造期间写过一篇颇受欢迎的案例分析。他讲述了父亲事业失败的经历，并且设想开一家新的公司。他不仅研究了鸡蛋生产业的经营状况，还考察了新兴鸡用隐形眼镜的可行性。

当兰迪·怀斯从商学院毕业以后，就希望自己可以成立这个公司，但是没有投资者给他投资。他认为："投资者并不关心鸡蛋的生产情况。"15年后，当他在银行有了一定存款之后，又一次充满热情地开始了自己的事业。兰迪·怀斯认为塑模技术已经大大提高，而且蛋农们对于新鲜事物的抵触也比以前有所减轻了。他说："现在最大的危险可能是过于自信，我们一定可以让人们接受我们的产品。"当然，只有当产品卖出去以后，人们才可以确信这一点。

而事实是，蛋农们考虑谁来给鸡佩戴这种隐形眼镜。这个产品并没有让怀斯的公司门庭若市，蛋农们认为这个故事太动听，以至于叫人难以置信。因为，如果是一个70万只鸡的鸡场，光给鸡佩戴眼镜这一项工作，就不知要花费多少时间和人工。戴好以后怎么保证鸡不乱动，而眼镜的位置又准确无误呢？

问题：

（1）你认为兰迪·怀斯的"鸡用隐形眼镜"项目会成功吗？为什么？

（2）一个企业要想使自己的经济效益好，就必须生产出受消费者欢迎的产品。你是怎么理解这句话的？

（3）说说你对下面这段话的理解："不是你来决定要生产什么，而是由消费者的需求，也就是市场来决定你来生产什么，只有这样，你的企业才可以成功。"试想，这种隐形眼镜产品要如何改进才可以被客户接受？

（4）如何修改鸡用眼镜的设计方案，才可以使该项目运作成功？试列出改进的三个创新方案。

2. 思考并回答问题。

（1）了解当地对大学生创业的优惠政策，谈谈阅读以上两个案例后的感想。

（2）你觉得当前大学生创业最大的障碍是什么？

（3）你认为大学生创业成功率不高的主要原因是什么？

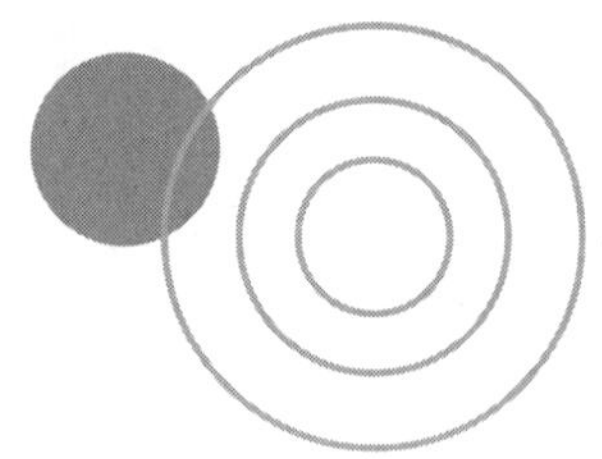

项目八 创业资源

名　言

工欲善其事，必先利其器

——《论语·卫灵公》

学习目标

了解创业资源的类型，掌握创业资源获取的一般途径和方法，明确创业资源获取的技巧和策略。了解创业融资的相关理论，学会创业所需资金的测算方法，明确创业融资的主要渠道及差异，掌握创业融资的一般过程。

案例导入

案例一：利用空档时间，让别人的项目为自己赚钱

有一天，小张梦想着开设一家早餐店，但资金有限。在他家附近，有一家餐馆每天早上都有几个小时没有开业。小张想到了这段时间的空档，便与餐馆老板谈判，提议以低价租用这段时间的餐厅空间。

餐馆老板考虑到早上没有生意，同意了小张的提议。第二天，小张便开始利用这段时间，找到了供应美味早餐的供应商，提供豆浆、油条、包子等。小张在这段时间内开设了自己的早餐店，每天都吸引了大量顾客。

由于生意兴隆，小张将店务委托给自己的家人，同时开始寻找其他餐馆合作。通过这种方式，他成功地在城市内开设了多家早餐店，形成了自己的品牌。这一切都是在最小化成本的情况下实现的，充分利用了被浪费的资源，创造了最大的回报。

这个故事凸显了如何巧妙地利用被忽视的资源，实现自己的梦想。

案例二：为各方提供利益，巧妙整合资源

有一位年轻人梦想成为一名专业摄影师，但由于缺乏专业设备和资金，一直未能实现这个梦想。一天，他注意到一家摄影工作室在非营业时间闲置，便主动与工作室老板交谈，提出每天租

用工作室的空闲时间段。

工作室老板考虑到这段时间本来无人使用，答应了年轻人的请求，并以较低的租金将工作室借给了他。年轻人开始在这段时间内积极拍摄并提供摄影服务。他发现工作室的专业设备极大提升了他的摄影作品的质量。

随着时间推移，年轻摄影师逐渐积累了一些作品，并开始在社交媒体上展示自己的才华。一天，一家广告公司看到了他的作品，希望他为他们的广告项目提供摄影服务。年轻摄影师以较高的价格成功为广告公司拍摄了一系列广告照片。

这使得他有了足够的资金购置专业摄影设备，并逐渐建立了自己的摄影事业。同时，他也为工作室老板带来了额外的租金收入。通过为各方提供利益，年轻摄影师成功地利用被闲置的资源，实现了自己的梦想，同时也助力了其他人的事业。

这个故事强调了如何通过巧妙整合资源，让多方获益，实现最低成本下的最大回报。

案例三：利用资源搭建人际网络，与成功人士深度合作

有一位年轻人，名叫小张，梦想着在商业领域取得成功。他面临的一个问题是：自己并没有丰富的资金和资源。于是，他开始寻找一种能够最大限度发挥自己优势的方法。

一天，小张听说城市中有一家成功的创业公司正在寻找新的项目经理。他意识到，如果能够得到该公司领导人的认可，对于自己的事业发展将大有裨益。

于是，小张巧妙地借助朋友的关系，找到了该公司领导人并请他喝咖啡。在咖啡厅里，小张巧妙地提出了一些关于未来商业趋势和新兴市场的见解，引起了该公司领导人的兴趣。小张并没有直接提及自己的求职意愿，而是以分享行业动态和洞察力的方式，巧妙地建立了与该公司领导人的深度连接。

在接下来的日子里，小张主动为该公司领导人提供一些有关行业的报告和分析，以展示自己的价值。该公司领导人渐渐对小张产生了信任感，开始认可他的专业能力。

最终，该公司领导人推荐小张担任新项目经理的职务。通过这次机会，小张成功地搭建了一条与商业领袖深度合作的人际网络，并得以利用该公司领导人的资源和声望，实现了自己事业的飞速发展。

这个故事凸显了如何善用人际关系，通过与成功人士建立联系，整合他们的资源和经验，为自己创造更广阔的发展空间，最终实现个人目标。

任务一　认识创业资源

一、创业资源的内涵与种类

（一）创业资源的内涵

一般而言，资源是经济主体在提供产品和服务的过程中所拥有或可支配的、能够实现企业战略目标的各种生产要素与支持条件。在创业过程中，新企业需要各种生产要素和各种支持条件，创业者只有创造性地将各种生产要素和支持条件整合利用，才能有效地提供满足市场需求的产品

和服务，并创造出新的价值。

创业资源是指企业创立及成长过程中所需要的各种生产要素和支撑条件，是创业企业在创造价值过程中所需要的特定资产。

创业资源和一般的企业管理资源不同，需要从新企业的视角对其进行分析。在创业的过程中，创业机会只有与相应的创业资源进行匹配，才能形成现实的创业行为；否则，即使出现了好的创业机会，创业者也难以迅速抓住并利用这个机会，只能眼睁睁地看着机会从身边溜走。

对于创业者来说，只要是对其创业项目和创业企业的发展有所帮助的要素，都可以归入创业资源的范畴。创业者既要积累个人资源，也要善于创造性地整合社会资源，以创造有利于创业的良好条件。

成功的创业者对把握商机过程中所需要的创业资源及对这些创业资源的所有权和使用权有着自己的看法，他们会在新企业的各个阶段努力争取各种创业资源，并努力提高资源的利用率。

（二）创业资源的分类

1. 按照资源性质分类

按照资源性质，可将创业资源分为六种，即人力资源、社会资源、财务资源、物质资源、技术资源和组织资源。

（1）人力资源包括创业者与创业团队的知识、训练、经验，也包括组织及其成员的专业智慧、判断力、视野、愿景，甚至是创业者本身的人际关系网络。创业者是新创企业中最重要的人力资源，因为创业者能从混乱中看到市场机会。创业者的价值观和信念，更是新创企业的基石。如果说新创企业之间的竞争实际上是创业者个人之间的竞争，这样的判断也并不夸张。

（2）社会资源主要指由于人际和社会关系网络而形成的关系资源。社会资源可以是人力资源的一部分，或者说是特殊的人力资源。社会资源对创业活动非常重要，因为社会资源能使创业者有机会接触到大量的外部资源，有助于透过网络关系降低潜在的风险，加强合作者之间的信任和声誉。丰富社会资源是创业者的重要使命。

（3）财务资源包括资金、资产、股票等。对创业者来说，财务资源主要来自个人、家庭成员和朋友。由于缺乏抵押物等多方面原因，创业者从外部获取大量财务资源比较困难。

（4）物质资源指创业和经营活动所需要的有形资产，如厂房、土地、设备等。有时也包括一些自然资源，如矿山、森林等。

（5）技术资源包括关键技术、制造流程、作业系统、专用生产设备等。技术资源与智慧等人力资源的区别在于，后者主要存在于个人身上，随着人员的流动会流失；技术资源大多与物质资源结合，可以通过法律手段予以保护，形成组织的无形资产等资源。

（6）组织资源包括组织结构、作业流程、工作规范、质量系统。组织资源通常指组织内部的正式管理系统，包括信息沟通、决策系统以及组织内正式和非正式的计划活动等。一般来说，人力资源需要在组织资源的支持下才能更好地发挥作用，企业文化也需要在良好的组织环境中培养。

2. 存在形态分类

（1）有形资源指具有物质形态的、价值可用货币度量的资源，如组织赖以生存的自然资源，以及建筑物、机器设备、原材料、产品、资金等。

（2）无形资源指具有非物质形态的、价值难以用货币精确度量的资源，如信息资源、关系资源、权利资源及企业的信誉、形象等。无形资源往往是使有形资源更好发挥作用的重要手段。

二、创业资源与一般商业资源的异同

商业资源是指包括个人在内的具有商业价值的各类有形和无形的资产及其组合。创业资源是一种商业资源，但不是所有的商业资源都是创业资源。

两者的关系体现在两个方面：一方面，创业资源与一般商业资源在本质上都属于商业资源的范畴，因此两者必然具有一定的共同点；另一方面，两者作为商业资源的不同分支，也必然具有各自不同的一些属性。

1. 创业资源与一般商业资源的相同点

创业资源作为商业资源的一部分，具有商业资源所具有的共同特性。

首先，两者都具有稀缺性。资源相对于创业需求是稀缺的，这里所说的创业资源的稀缺性，既不是说这种资源不可再生或可以耗尽，也与这种资源绝对量大小无关，而是指这样一个事实，与成熟企业相比，新企业缺少时空上的资源积累，即在给定的时间内，与创业资源的需求相比，其供给量相对不足。

其次，两者包含的内容相同。创业资源和商业资源从包含内容上讲都涵盖了厂房、场地、设备等有形资源，以及企业名称、商标、专利、营销能力、管理制度、信息资料、企业文化等无形资源。

2. 创业资源与一般商业资源的不同点

创业资源作为一种特殊的资源有其典型的特点。

首先，创业资源多为外部资源。新企业创业资源短缺，意味着企业直接控制的内部资源不足，创业者选择的途径是使外部资源内化（股权安排、专业化协作等）。利用外部资源来解决创业资源的短缺问题，能大大减少公司的风险与固定成本，加上创业公司本身的市场地位和市场空间都并不稳固，所以利用外部资源可以避免将来废弃这些资源的风险。

其次，创业者在创业资源中的作用举足轻重。创业者开创事业的意图与开创事业前的决定都是之后新企业目标、策略与结构的成形因素，并且对日后新企业的存活与成长都有影响，所以创业者是创业过程中最重要的创业资源。员工的素质也是一种特别重要的人力资源，创业者可以利用市场的力量（资金、竞争等）和个人人格的力量（如承诺、经验、品格等）影响员工的投入。

最后，专有化高的知识在创业资源中至关重要。创业所需要的资源中，知识是非常重要的一项，它为公司实施差异化战略提供了基础，一般是公司核心竞争力的根源所在，可为新企业在某些方面建立一定的竞争优势。这种竞争优势一方面取决于这种资源本身的价值，也和企业对于这项资源的运用方式和其他相关资源的配合密切相关；另一方面，专有知识不容易交易，比显性知识更容易建立起竞争优势。

创业者获取创业资源的最终目的，是通过组织这些资源追逐并抓住创业机会，提高创业绩效即获得创业的成功。无论创业资源是否直接参与企业的生产，它们的存在都会对创业绩效产生积极影响。

三、社会资本、资金、技术及专业人才在创业中的作用

创业者在创业过程中进行资源整合，不同的资源在创业过程中有不同的作用，社会资本、资金、技术及专业人才在创业中的作用尤为突出。

1. 社会资本在创业中的作用

从其基本内涵看，社会资本是相对于经济资本和人力资本的概念，它是指社会主体（包括个人、群体、社会甚至国家）间紧密联系的状态及其特征，其表现形式有社会网络、规范、信任、权威、行动的共识以及社会道德等方面。社会资本存在于社会结构之中，是无形的，它通过人与人之间的合作进而提高社会的效率和社会整合度。

第一，社会资本可以促进创业者创业资源的合理利用。大学生创业所需要的资源，一种是无形的资源，如社会关系网络、信息、人气、文化等；另一种是有形的资源，如土地、资金、设施设备、人力等。社会资本能够促进有形资本和无形资源的合理利用。

第二，社会资本可以帮助创业者实现创业资源的整合。创业的组成因素包括创业主体、创业客体与中介，创业条件的形成正是三者互动的结果。创业的主体是高职生，创业的客体是所提供的产品或服务，创业的中介是学校、政府、市场或信息技术、社会支持等。不同组合中的任何一个环节对创业者创业的影响可能都是至关重要的。而社会资本在这方面就体现了它明显的优势。社会资本嵌入社会网络之中，其作用的发挥不仅体现在生产价值上，而且也体现在对共同体的维持和促进上。

2. 资金在创业中的作用

资金在创业过程中无时无刻不在发挥着重要的作用，创业之初需要启动资金，在企业的销售活动产生现金流之前，企业需要为购买和生产存货支付资金，需要支付员工薪水，需要对创业其他相关活动进行支出，每一个过程都需要资金。创业过程中需要运转资金，没有好的现金流，企业经营会出现严重问题。资金对企业，尤其是对初创型企业有着至关重要的作用。

3. 技术在创业中的作用

技术是人类为了满足自身的需求和愿望，遵循自然规律，在长期利用和改造自然的过程中积累起来的知识、经验、技巧和手段，是人类利用自然改造自然的方法、技能和手段的综合。创业者在创业过程中如何掌握某方面的核心技术，对创业将产生极大的促进作用，核心技术就是创业的核心资源，这种核心资源是其他人短时间难以复制和模仿的，能够让创业者在创业初期占领高地，更好地促进创业成功。

4. 专业人才在创业中的作用

人是创业的主题，在创业过程中起着决定性的作用，是人决定了创业项目，人的能力和素质决定了创业项目的启动方式和资金投入方式。创业者及创业团队的知识、技能和经验影响着创业的成败。组成一个有专业人才的一流的创业团队，能够极大促进企业的成功。专业人才的加入，能够增强新企业的竞争力，特别是一些高科技新创企业，专业人才的作用更加突出。

四、影响创业资源获取的因素

创业资源的获取是指在确认并识别资源的基础上，得到所需资源并使之为创业服务的过程。创业资源的获取不仅决定着能否把创业设想转化为创业行动，而且决定着企业这一契约组织的形成方式。

影响创业资源获取的因素主要有创业导向、商业创意的价值、创业资源的配置方式、创业者的管理能力及社会网络等。

1. 创业导向

创业导向是一种态度或意愿，这种态度或意愿会导致一系列创业行为。创业导向会通过促进机会的识别和开发，进而促进资源的获取。因此，创业者要注重创业导向的培育和实施，充分关注创业者特质、组织文化和组织激励等影响创业导向形成的重要因素，采取有效的方式获取资源，并在资源的动态获取、整合和利用过程中，注意区分不同资源，充分发挥知识资源的促进作用。

2. 商业价值的创意

创业的关键在于商业创意。商业创意为资源获取提供了杠杆，但获取资源还有赖于创意的价值被资源所有者认同的程度。换言之，一种能被资源所有者认同的、有价值的商业创意，才有助于降低创业者获取资源的难度。

3. 创业资源的配置方式

由于创业资源的异质性、效用的多维性和知识的分散性，人们对于同一创业资源往往只有不同的效用期望，有些期望难以依靠市场交换得到满足，因此，如果通过资源配置方式创新，能够开发出新的效用，使之更好地满足资源所有者的期望，创业者就有可能从资源所有者手中获得资源使用权，以开展生产经营活动。

4. 创业者的管理能力

创业者的管理能力是企业软实力的主要表现，管理能力越强，获取资源的可能性越大。创业的管理能力可以从其沟通能力、激励能力、行政管理能力、学习能力和协调能力等多方面予以衡量。创业者通过管理能力获取必要资源的同时，还能为创业企业创造良好的发展环境。

5. 社会网络

社会网络是机构之间及人与人之间比较持久的、稳定的多种关系结合而成的网络关系。由于创业资源广泛存在于各种资源所有者手中，这些所有者又处于一定的社会网络之中，而且人们对于商业活动的认识和参与，客观上会受到自己所处网络及在网络中地位的影响，所以，社会网络对于创业资源的获取具有重要的意义。

不同的社会网络和网络地位，为人们之间的沟通协作提供了不同渠道。在社会网络中处于优势地位的创业者，具有较好的社会关系依托，可以有选择地了解不同对象的需求，有针对性地对不同对象传递商业创意，有目的地获取不同资源所有者的理解和信任，最终成功地从不同网络成员那里获取所需的资源，为自己进行资源配置方式创新提供基础。

除上述因素外，创业者的资源辨识能力和外部社会环境等也会对创业资源的获取产生一定影响。

五、创业资源获取的途径与技能

（一）获取创业资源的途径

获取创业资源的途径分为市场途径和非市场途径两大类。当创业所需要的资源有活跃的市场，或者有类似的可比资源进行交易时，可以采用市场途径；其他情况下则可以采用非市场途径。

1. 通过市场途径获取创业资源

通过市场途径获取创业资源包括购买和联盟两种。

（1）购买是指利用财务资源通过市场购入的方式获取外部资源，主要包括购买厂房、设备等物质资源，购买专利和技术，聘请有经验的员工及通过外部融资获取资金等。需要注意的是，诸如知识，尤其是隐性知识等资源虽然可能会附着在非知识资源之上，通过购买物质资源（如机器设备等）得到，但很难通过市场直接购买，因此，需要创业企业通过非市场途径去开发或积累。

（2）联盟是指通过联合其他组织，对一些难以或无法自己开发的资源实行共同开发。联盟的前提是联盟双方的资源和能力互补且有共同的利益，而且能够对资源的价值及其使用达成共识。

2. 通过非市场途径获取创业资源

通过非市场途径获取创业资源包括资源吸引和资源积累等。

（1）资源吸引指发挥无形资源的杠杆作用，利用创业企业的商业计划和创业团队的声誉、通过对创业前景的描述来获得或吸引物质资源、技术资源、人力资源和资金等。

（2）资源积累是指利用现有资源在企业内部通过培育形成所需的资源，主要包括自建企业的厂房、设备，在企业内部开发新技术，通过培训来增加员工的技能和知识，通过企业的自我积累获取资金等。

究竟是通过市场途径还是非市场途径获取资源，主要取决于资源在市场的可用性和成本等因素。例如，若证明快速进入市场能够带来成本优势，则可采用外部购买方式。对于多数创业企业来说，由于初始资源禀赋的不完整性，创业者需要获取资源所有者的信任来获取资源。但无论如何，采用多种途径同时获取不同资源总是正确的选择。

（二）资源整合的原则和方法

尽管与已存在并进入成熟发展期的大型企业相比，创业型企业的资源比较匮乏，但实际上，创业者所拥有的创业精神、独特创意及社会关系等资源同样具有战略性。因此，对创业者而言，一方面，要借助自身的创造性，用有限的资源创造尽可能大的价值；另一方面，要设法获取和整合各种战略资源。

1. 资源整合的原则

创业者在整合创业资源的时候，总体上应遵循以下原则：

（1）渐进原则。对于任何一个创业企业或者创业团队来说，有利的创业资源都是难以完全发掘、配置和利用的。因此，就必须遵循渐进的原则，根据对资源的需求程度及资源开发和利用的成本、收益和不确定性三者的综合考虑，逐步寻找和利用各种创业资源。也就是说，对于每种创业资源，都应当选择一个适当的整合时机，以降低资源的维护成本。

（2）双赢原则。基本上，创业者所发掘和应用的每种创业资源实际上也是相对独立的利益体。因此，创业者在开发和使用这些资源的时候，就不能仅仅从创业企业的自身利益出发，而必须坚持双赢的原则。尤其是对于需要长期使用的创业资源，创业者不仅要兼顾自身，而且更要重视对方的利益。

（3）量力原则。不仅对于不同的资源需要渐进开发和使用，即使对于同一种创业资源，也存在着逐步开发的问题。尤其是对于创业者和创业企业来说，资源开发的能力和经验都相对较弱，因此就更需要采取量力而行的原则，按部就班地对某一种创业资源进行开发和使用。例如，一个创业者一开始就想充分发掘员工的敬业精神，于是，他采取了多种有效措施，结果他确实做到了。员工们每天都以饱满的热情努力工作，希望能够在不久的将来取得好的效益（包括一定的股份）。一年之后，就在大家感觉目标即将实现的时候，公司却遭遇了一次很大的挫折，员工们的士气一下子就低落了下来。此时，他所能想到的激励员工的方法早已用尽，他这才知道以前自己过早、过度地开发和利用了员工的敬业精神。

2. 资源整合的方法

（1）善用资源整合技巧。创业者通常可利用身边能够找到的一切资源进行创业活动，有些资源对他人来说也许是无用的，但创业者可以通过自己独有的经验和技巧，将这些资源加以整合、创造，并应用到创业活动中去。例如，很多高新技术企业的创业者并不是专业技术人员出身，却可能因兴趣或其他原因，对某个领域的技术略知一二，进而凭借这些技术敏锐地发现了创业机会，并迅速实现了相关资源的整合。

整合已有的资源、快速应对新情况，是创业的利器之一。创业者要善于用发现的眼光洞察身边各种资源的属性，将它们创造性地整合起来。这种整合很多时候甚至不是事先仔细计划好的，而是具体情况具体分析和尝试的产物，这也体现了创业的不确定性，考验了创业者的资源整合能力。

（2）步步为营。创业者分多个阶段投入资源，并在每个阶段投入最有限的资源，这种做法称为步步为营策略。步步为营策略首先表现为节俭，即设法降低资源的使用量，降低管理成本。应注意的是，过分强调降低成本会影响产品和服务的质量，甚至会制约企业的发展。例如，为了求生存和发展，有的创业者不注重环境保护，甚至以次充好，这样的创业活动尽管短期可能赚取利润，但就长期而言，这种企业的发展潜力非常有限。因此，创业者需要有原则地节俭。

步步为营策略还表现为自力更生，减少对外部资源的依赖，其目的是降低经营风险，加强对所创企业的控制。很多时候，步步为营不仅是一种经济的做事方法，也是创业者在资源受限的情况下寻找实现企业目的、目标和理想的途径，更是在有限资源的约束下获取满意收益的方法。习惯于步步为营的创业者会形成一种审慎控制和管理的价值理念，这对创业企业的成长与向稳健成熟发展期的过渡尤其重要。

（3）发挥资源的杠杆效应。资源杠杆效应是指以尽可能少的付出获取尽可能多的收获。资源杠杆效应的发挥是创造性产生的过程。

尽管存在资源约束，但创业者并不会被当前控制或被支配的资源所限制，成功的创业者善于利用资源杠杆效应，利用他人或者其他企业的资源来实现自己创业的目的：用一种资源补足另一种资源，产生更高的复合价值；利用这种资源撬动和获得其他资源。很多既有企业不只是一味地积累资源，它们更擅长资源互换，进行资源结构更新和调整，积累战略性资源，这是创业者需要学习的重要经验。

对创业者来说，容易产生杠杆效应的资源主要包括人力资本和社会资本等非物质资源。人力资本由一般人力资本与特殊人力资本构成。一般人力资本包括受教育背景、以往的工作经验及个性品质特征等。特殊人力资本包括产业人力资本（与特定产业相关的知识、技能和经验）及创业人力资本（如先前的创业经验或创业背景）。有调查显示，一般人力资本可为创业者提供知识、技能、资格认证、名誉等资源，同时也提供了同学、老师及其他连带的社会资本；特殊人力资本可直接作用于资源获取。有产业相关经验和先前创业经验的创业者能够更快地整合资源，实施市场交易行为。

（4）设置合理的利益机制。资源通常与利益相关，创业者之所以能够从家庭成员那里获得支持，是因为家庭成员之间不仅是利益相关者，更是利益整体。利益相关者是指与创业者创建新企业有直接利害关系的自然人或法人。创业者在整合资源时就一定要设计好有助于资源整合的利益机制，借助利益机制把潜在的和非直接的资源提供者整合起来，借力发展。因此，创业者整合资源时就需要关注有利益关系的组织或个人，要尽可能多地找到利益相关者。同时，创业者要分析并确认这些组织或个体与自己及自己想做的事情有利益关系。创业者与利益相关者的利益关系越强、越直接，创业者整合到资源的可能性就越大。设置合理的利益机制是资源整合的基本前提。

利益相关者要为新企业提供资源并做出承诺，而创业者的责任则包括以下两点：

① 满足利益相关者的需求。创业者要寻找那些与自己具有共同利益的利益相关者，同时也需要寻找那些与自己可以互补的利益相关者。如果创业者要让利益相关者对自己有信心，那么创业者首先要对自己有信心。同时，创业者要有诚实可信的声誉，与利益相关者在利益上公平分享回报。

② 以利益相关者为核心，形成资源整合机制。新企业要尽快建立以利益相关者为核心的资源整合机制，以保证企业的持续发展。有一个非常典型的资源整合的案例——“借力修天桥”。

天津的国际商城是天津市第一家上市公司。国际商城紧邻南京路，这是一条十分繁忙的主干道，道路对面就是滨江道繁华的商业街。在国际商城刚开业时，门口并没有过街天桥，行人穿越南京路既不方便也不安全。有一天，一个年轻人为此找政府商量，提出自己出钱修建过街天桥，希望政府批准，前提是在修建好的天桥上挂广告牌。政府同意了。这个年轻人拿到政府的批文，立即找到一些著名的大公司，洽谈广告业务。在这么繁华的街道上立广告牌，当然是件好事情。就这样，这位年轻人从大公司那里拿到了广告的订金，用这笔钱修建了天桥还略有剩余。天桥修建好了，广告也挂上了，年轻人从大公司那里拿到余款，这就是他的第一桶金。

任务二　推动创业融资

一、创业融资的概念

创业融资是指创业企业从自身生产经营及资金运用情况出发，根据未来经营发展的需要，通过一定的渠道或方式筹集资金，以满足后续经营发展需要的一种经济行为。

创业企业筹集资金的基本目的在于满足企业扩张或者偿债的需要，同时应该遵循一定的原则，通过一定的渠道和方式去进行。

二、创业融资的困境

显然，创业融资的困境是相对于既有企业的融资而言的。一项对六家城市商业银行及其分支机构的抽样调查显示，企业规模和贷款申请被拒绝次数呈现负相关关系；同样，企业经营年限与贷款被拒绝次数的比例也是负相关关系。可见，企业规模越小，成立时间越短，越难以获得银行资金的支持。对创业企业而言，其融资困境更为显著。

与既有企业相比，创业企业在融资条件上具有明显的劣势：

首先，创业企业缺少可以抵押的资产。这使得创业启动资金极为有限。既有企业在获得银行贷款资金时，可以用企业的资产作为抵押，而创业企业几乎没有可以提供抵押的资产。为创业企业提供资金比为其他企业提供资金面临更大的风险。

其次，创业企业没有可参考的经营记录。资金提供者要在将来的某个时点收回资金并获得回报，企业未来的经营情况关系重大。对既有企业来说，可以通过分析其已有的盈利能力来预测未来的经营情况，银行或其他投资人在向企业提供资金时也都会对企业的财务报表进行分析。但创业企业既缺少资产，也没有以往的经营业绩，所能提供的资料不过是一份商业计划书，未来的营业情况具有更大的不确定性。

最后，创业企业的融资规模相对较小。当创业企业向银行申请借款时，其金额往往比既有企业小，而银行办理一次业务的成本相差不大，使得创业企业的单位融资成本远远高于既有企业。据调查，从贷款规模比较，对中小企业贷款的管理成本平均为大型企业的5倍左右，银行理所当然地愿意向大企业而不是向创业企业贷款，这加剧了创业企业融资的难度。

三、创业融资难的理论解释

创业融资难源于创业活动的高风险性。这种风险包含了两个部分：一部分来自创业活动本身固有的风险，即创业企业的不确定性；另一部分来自外部投资人对创业活动风险的感知，即信息不对称。

1. 不确定性

创业活动本身面临非常大的不确定性。尽管既有企业也面临环境的不确定性，但创业企业的不确定性比既有企业的不确定性要高得多。创业企业缺少既有企业所具备的应对环境不确定性的经验，尚未发展出以组织形式显现的组织竞争能力。从统计上看，创业者普遍缺乏创办新企业的经验，缺乏进行创业管理的知识和经验，在商机把握和资源组织方面能力不强等。这些短板导致创业者难以把握创业机会，不能及时对市场变化做出反应，创业容易失败，进而加剧了创业企业的不确定性。创业企业的高失败率给投资者带来很大的风险，导致了创业融资难度增加。

2. 信息不对称

信息不对称是经济生活中普遍存在的现象，产品的销售方比购买方具有更多关于产品质量的信息，工人比雇主更了解自己的技能和能力，公司的经理比公司的所有人更了解公司的成本、竞争地位和商业机会。在创业融资中同样存在着信息不对称。一般来讲，创业者比投资者对自身能力、企业的产品、企业的创新能力、市场前景更加了解，处于信息优势的地位，而投资者则处于相对信息劣势的地位。投资前的信息不对称可能导致逆向选择。由于投资者只能根据感知到的信息进行判断，那些素质不高、技术上有缺陷，经营管理不善的创业企业可能因为将各项数据和材料做得漂亮而获得投资；而真正优秀、未来收益高的企业有可能没做好这方面的工作而失去投资。投资后的不对称则与道德风险有关，被投资公司的创业者往往既是大股东又是经营管理者，可能侵害投资者的利益，如改变资金用途、关联交易、股权稀释、给自己设定过高的报酬等，投资者对创业者的行为很难监控。

一般来讲，企业的融资能力可定义为资金的供给方对企业提供的与企业投资能力有关信息的满意程度。企业显示信息的能力又可以用企业的规模、财务状况、现有可抵押或质押的财富水平和企业能获得潜在资金的渠道等指标来反映。一般来说，创业企业成立时间短，没有或很少有过往记录，规模较小，经营活动的透明度差，财务信息具有非公开性，潜在的投资者很难了解和把握创业者及创业企业的有关信息。在我国，部分创业者群体不成熟，基础薄弱。由于创业环境、相关产业的相对不成熟，没有能够培育出比较成熟的投资者群体，他们对相关产业及投资活动的认识、直觉、经验、判断都有待于进一步的提高。所有这一切均加深了创业融资中信息不对称的程度。

四、创业融资的过程

一般来说，创业融资的过程包括以下几个阶段：

（一）做好融资前的准备

在现实生活中，有些人有很好的创意，但融不到资金。有些人虽然自己没资金，但凭借自己的专业、信息和技术优势，凭借自己的人际关系，总能一次次幸运地找到资金实现自己的企业梦想，成就自己的人生。“机会总是眷顾有准备的人”，创业融资不只是一个技术问题，还是一个社会问题。我们认为在创业前或融资前做好以下工作，会有助于创业能资或功。

1. 建立个人信用

个人信用是指基于信任、通过一定的协议或契约提供给自然人及其家庭的信用，使得接受信用的个人不用付现就可以获得商品或服务。它不仅包括用作个人或家庭消费的信用交易，也包括用作个人投资、创业及生产经营的信用。

个人信用记录包括以下内容：

一是个人基本身份信息，包括姓名、婚姻及家庭成员情况、职业、学历等。

二是信用记录，包括信用卡及消费信贷的还款记录、商业银行的个人贷款及偿还记录。

三是社会公共信息记录，包括个人纳税、参加社会保险、通信缴费、公用事业缴费以及个人财产状况及变动等记录。

四是特别记录，包括有可能影响个人信用状况的涉及民事、刑事、行政诉讼和行政处罚的特别记录。

信用对国家、社会、个人都是重要的资源，信用在创业融资过程中起着很重要的作用。无论是从何种渠道筹集资金，投资者都会比较关注创业者个人的信用状况。因此，为保证融资的顺利进行，创业者应尽早建立起良好的个人信用记录，如做一个诚信的信用卡持卡人，同时注意在日常生活中按时缴纳各项税费，遵纪守法，保持良好的个人信用记录。

人都生活在一定的社群中，创业者也不例外。创业者因为具有创业精神、创新意识，可能在思维方法和行为方式上会有不同之处，显示异质型人才资本的特征，但信任是一种市场规则，若谁违背了，则该信息会在社群内通过口碑传播。创业最初的融资往往来自亲人、朋友和同事，如果口碑太差，信任度太低，融资难度会加大。个人信任不是在创业融资时速成的，需要创业者平时注重自己的道德修养，培养良好的信用意识。诚实守信是中华民族的优良传统，是商业兴旺发达的基础。勿以恶小而为之，勿以善小而不为，是建立个人信任的一个戒条。

2. 积累人际资源

社会学家费孝通用“差序格局”来解释中国社会以个人为中心的社会关系网络。他认为，社会关系网络以自身为中心，以血缘、亲缘和地缘等五缘为纽带，就像把一块石头丢在水面上所产生的一圈一圈的波纹一样，不断扩展。创业者的关系网络形成了新企业的社会资本。著名教授边燕杰等认为，企业社会资本是指企业通过社会关系取得稀缺资源（是指资金）并由此获益的能力。

许多研究表明，创业者的人际关系对创业融资和创业绩效有直接的促进作用。人际关系是基于正常的社会经历建立的诸如师生、同学、朋友、同事等的关系，这些关系在创业过程中会带来有用的信息和资源。因此，在校的大学生要善于建立良好的同学关系和师生关系，勤于参加社团活动和社会实践，建立健康、有益的人际关系，创造和积累基于同事关系、师生关系和亲友关系的社会资本，为创富人生、实现自我奠定基础。

（二）计算创业所需资金

世上没有免费的午餐，也没有零成本的融资。创业者必须明白，企业所使用的资金都是具有一定成本的。这并不是说筹集的资金越少越好，因为任何一家顺利经营的企业都需要基本的周转资金，如果筹集的资金不足以支持企业的日常运转，则企业会面临资金断流，进而导致破产清算；但也不意味着筹集的资金越多越好。如上所述，资金是具有成本的，如果在资金使用过程中不能创造出高于其成本的收益，则企业会发生亏损。因此，创业者在筹集资金之前，要能够运用科学方法准确地计算资金需求量。

需要指出的是，融资需求量的确定不是一个简单的财务测算问题，而是一个将现实与未来综合考虑的决策过程，需要在财务数据的基础上，全面考察企业经营环境、市场状况、创业计划以及内外部资源条件等因素。

（三）编写创业计划书

证据表明，有计划的企业比没有计划的企业表现得要好。

创业计划书是融资的重要工具。创业企业对于资金的需求，需要通盘考虑企业创办和发展的方方面面，要对企业有一个全面的筹划。编写创业计划书是一种很好的对未来企业进行规划的方式；在创业计划书中，创业者需要估计未来可能的销售状况，为实现销售需要配备的资源，并进而计算出所需要的资金数额。

（四）确定融资渠道

确定创业企业需要的资金数额之后，创业者需要进一步了解各种融资渠道的优缺点，根据筹资机会的大小，以及创业者对企业未来的所有权规划，充分权衡利弊，确定所要采用的融资渠道。

现在，政府出台了很多支持创业的政策，但一些创业者不了解，失去了获得有关政策支持的机会。同时，创业者也应对企业股权和债权的比例安排进行考虑。

（五）展开融资谈判

选定所拟采取的融资渠道之后，创业者需要与潜在的投资者进行融资谈判。创业者首先要对自己的创业项目非常熟悉，充满信心，并对潜在投资者可能提出的问题做出猜想，事先准备相应的答案。在谈判时，要抓住时机陈述重点，做到条理清晰。站在资金提供者角度考虑他们通过投资能得到的收益。另外，还应向有经验的人士进行咨询，以增大谈判成功的概率。

五、创业所需资金的测算

合理地筹集创业所需资金是对创业者最为基本的素质要求，也是其创办企业的前提。筹集不到足额资金会使企业出现资金断流，甚至被迫清算；筹集的资金过多，又会导致资金的闲置，产生机会成本，导致企业经营效益低下。因此，创业者一定要能够对创业所需资金进行科学的估算。一般来讲，创业所需资金包括投资资金和营运资金两部分。

1. 投资资金

投资资金发生在企业开业之前，是企业在筹办期间发生各种支出所需要的资金。投资资金包括创业企业开业之前的流动资金投入、非流动资金投入，以及开办费用支出所需要的资金投入。在计算投资资金时，大部分创业者均能想到购置厂房、设备及材料等的支出，以及员工的工资支出，但常常会忽略诸如机器设备安装费用、厂房装饰装修费用、创业者的工资支出、业务开拓费、广告费等开业前可能发生的其他大额支出。

2. 营运资金

营运资金主要是流动资金，是创业企业开始经营后到盈亏平衡前创业者投入企业的资金。计算营运资金需要根据企业未来的销售收入、成本和利润情况来确定，通过财务预测的方式实现。

（1）测算营业收入。营业收入是指企业在从事销售商品、提供劳务和转让资产使用权等日常经营业务过程中所形成的经济利益的总流入。对创业企业营业收入的测算是制订财务计划与编制预计财务报表的基础，也是计算营运资金的第一步。在测算营业收入时，创业者应立足于对市场的研究和对行业营业状况的分析，根据其试销经验和市场调查资料，利用推销人员意见综合专家咨询、时间序列分析等方法，以预测的业务量和市场售价为基础估计每个会计期间（会计期间是指为了会计核算的需要，人为地将企业持续不断的生产经营过程划分成相等的时间单位，分为月份、季度、半年度、年度等）的营业收入，并根据行业的信用政策特点和创业企业拟采用的信用政策估算由此可能产生的现金流入。

（2）编制预计利润表。利润表是用来反映企业在某一会计期间的经营成果的财务报表。该表是根据“收入-费用=利润”的会计等式，按营业利润、利润总额、净利润的顺序编制而成的，是一个时期的、动态的报表。

创业者在编制预计利润表时，应根据测算营业收入时预计的业务量对营业成本进行测算，根据拟采用的营销组合对销售费用进行测算，根据市场调查阶段确定的业务规模和企业战略对创业企业经营过程中可能发生的管理费用进行测算，根据预计采用的融资渠道和相应的融资成本对财务费用进行测算，根据行业的税费标准对可能发生的营业税费进行测算，以此计算创业企业每个会计期间的预计利润。

由于创业企业在起步阶段业务量不稳定，在市场上默默无闻，营业收入和推动营业收入增长所付出的成本之间一般不成比例变化，所以，对于创业企业初期营业收入、营业成本和各项费用的估算应按月进行，并按期预估企业的利润状况。一般来说，在企业实现收支平衡之前，企业的利润表均应按月编制；达到收支平衡后，可以按季度、半年、年度来编制。

（3）编制预计资产负债表。资产负债表是总括反映企业在某一特定日期全部资产、负债和所有者权益状况的报表。

创业者在编制预计资产负债表时，应根据测算的营业收入金额和企业的信用政策，确定在营业收入中回收的货币资金及形成的应收款项，根据材料或产品的进、销、存情况确定存贷状况，根据投资资本估算时确定的非流动资金数额和选择采用的折旧政策计算固定资产的期末价值，根据行业状况和企业拟采用的信用政策计算确定应付款项，根据估算的收入和行业税费比例测算应交税费和预计利润表中的利润金额确定每期的所有者权益，并可据此确定需要的外部筹资数额。

与预计利润表一样，预计资产负债表一般在企业实现收支平衡前也应按月编制，在实现收支平衡后可以按季度、半年、年度来编制。

（4）结合企业发展规划预测融资需求量。上述财务指标及报表的预估是创业者必须了解的财务知识，即使企业有专门的财务人员，创业者也应该大致掌握这些方法。

在创业活动中，资金的计算如果没有考虑全面，初创企业将面临危机。

案例及分析：

创业所需资金计算案例

小张是一名资深的会计从业者，在会计领域工作多年，积累了丰富的经验。随着行业的发展和市场需求的增长，他敏锐地察觉到成立一家专业会计服务公司的商机。

近年来，××市××区的创业氛围日益浓厚，政府出台了一系列支持创新创业的政策，为创业者提供了一定的便利和扶持。××街一带作为商业繁华区域，聚集了众多企业和创业者，对于会计服务的需求与日俱增。

小张经过深思熟虑和充分的市场调研，决定在××街开启创业之旅。他满怀激情地规划着公司的未来，精心计算着创业所需的资金。

（1）租一间20 m^2左右的办公室，每月需要租金3 000元左右。

（2）购置两台计算机，每台5 000元；一套最基本的财务软件，大约需要3 000元；两台打印机，一台针式打印机用来打印会计凭证和账簿，另一台打印一般的办公文件，两台打印机大概需要3 500元；一台税控机（用于帮助客户进行纳税申报），价格3 000元；一台传真机，价格1 000元。

（3）购置3套办公桌椅，每套300元。

（4）购置一台饮水机，价格300元；每月大约需要4桶水，每桶水15元。

（5）事先需要买一些办公用品及办公耗材，需支出1 000元，大约可供一个月使用；电话费、网费每月320元左右；水电费每月200元；同类会计服务公司的广告费一般为每月1 200～2 000元，小张准备每月花费1 500元。

（6）公司开业初期需雇佣1名会计，工资每月为3 500元，社会保险费合计每月1 000元。

（7）开户、刻章直至办完整套开业手续，大约需要一个月的时间，需要的开业前的基本费用为1 000元。

（8）每个客户每月可以收取230元的服务费，为每个客户服务的基本支出大约为20元/月。另外，客户在60户以内时基本上不用增加会计和外勤人员。

于是，小张简单算了一下，他创办会计公司所需要的资金为33 480元。由于开办公司的资金需要不是太多，而每一户的利润也较为可观，加上小张对自己的专业知识和开拓市场的能力非常自信，他觉得自己的公司一定会办得红红火火。

但是，为了以防万一，怕有些项目考虑不周全，小张在筹集资金时还准备了一些风险资金，共筹集了50 000元。可是，令小张没想到的是，公司刚刚经营了几个月，就出现了资金断流的情况，连支付房屋租金的钱都不够了。

请帮小张分析一下公司资金断流的原因，以及开办这样的会计公司大概需要多少资金。

分析：

第一，小张只计算了开办公司所需要的投资资金的数额，而没有考虑营运资金的需求。为计算公司需要的营运资金数额，小张需要补充调查公司客户数量的变化情况，即公司大约每个月可以增加的客户数量，以估算公司的营业收入，以及与此相关的利润情况，计算公司的盈亏平衡点，并据此估计其需要的营运资金数额。

本例中，公司每个月需要固定支出的资金包括：房租3 000元、办公用品1 000元、饮用水60元、电话费和网费320元、水电费200元、广告费1 500元、雇员工资及社保费用4 500元，由此，公司每月的基本支出为以上各项之和，即10 580元。每个月主要的资金流入是客户缴纳的服务费用，每个客户250元。因此，公司资金收支平衡点的业务量为收支平衡点业务量=46（户），即客户量达到46户时才能实现资金的收支平衡。假定补充调查的结果是每个月可以增加6个客户，则达到盈亏平衡点的时间为8个月，这就意味着小张要在开业后的8个月内继续追加投资，由此，公司需要投入的营运资金的数额为10 580×8元=84 640元。

第二，小张在计算资金需求时，对支出项目的考虑不够周全。如小张自己的生活支出、业务开拓费、相关税费等都没有考虑在内。一般来说，创业者在开始创办企业之前会有一份工作，其在筹办企业期间相当于原来工资收入的部分是其创业的机会成本，应当作为一项潜在支出考虑；而且，创业者每月基本的生活和劳保支出应计算在创业所需的资金之内。另外，创业初期的市场开拓支出也是必不可少的花费；还有按照行业不同确定的营业税费的支出等。

六、创业融资渠道

创业融资的渠道是指创业者筹集资金的方向与通道，体现资本的来源和流量，主要由社会资本提供者的数量及分布决定。目前中国社会资本的提供者众多，数量分布广泛，为创业企业融资提供了广泛的资本来源。具体来讲，创业融资的渠道主要有私人资本融资、机构融资、风险投资、天使投资、政府扶持资金、众筹、企业孵化器和加速器等。

（一）私人资本融资

1. 个人积蓄

创业者的个人积蓄是创业融资最根本的来源。几乎所有的创业者都向他们新创办的企业投入了个人积蓄。个人积蓄的投入对于创业企业来说具有以下重要意义：

（1）创业者个人积蓄的投入表明了创业者对于项目前景的看法，只有当创业者对未来的项目充满信心时，他才会毫无保留地向企业投入自己的积蓄。

（2）将个人积蓄投入企业，是创业者日后继续向企业投入时间和精力的保证，向企业投入的积蓄越多，创业者越会在日后的生产经营过程中对企业更加关注。

（3）个人积蓄的投入有利于创业者分享投资成功的喜悦。因此，准备创业的人应从自我做起，较早地将自己收入的一部分存储起来，作为创业储备资金。

（4）个人积蓄的投入是对债权人债权的保障，由于在企业破产清算时，债权人的权益优于投资者的权益，所以企业能够融到的债务资金一般以投资者的投入为限，创业者投入企业的初始资金是对债权人债权的基本保障。

当然，对许多创业者来说，个人积蓄的投入虽然是新企业融资的一种途径，但并不是根本性的解决方案。一般来说，创业者的个人积蓄对于创业企业而言是十分有限的，特别是对于新创办的大规模企业或资本密集型的企业来说，几乎是杯水车薪。

2. 向亲友融资

向亲友融资也是创业融资的重要渠道，在创业中起着重要的支持作用。特别是在中国，以家庭为中心形成的亲缘、地缘、商缘等为经纬的社会网络关系，对包括创业融资在内的许多创业活动产生着重要影响。家庭成员和亲朋好友由于与创业者个人的关系而愿意投入资金，从而成为创业企业十分常见的融资方式。

在向亲友融资时，创业者必须按照市场经济的规则、契约原则和法律形式来规范融资行为，保障各方利益，减少不必要的纠纷。具体要注意以下几个方面：

（1）创业者一定要明确所融集的资金的性质，并据此确定彼此的权利和义务。若融集的资金属于亲友对企业的投资，则属于股权融资；若融集的资金属于亲友借给创业者或创业企业的，则属于债权融资。由于股权资本自身的特性，创业者对于亲友投入的资金没有必要承诺日后的分红比例和具体的分红时间；但对于从亲友处借入的款项，一定要明确约定借款的利率和具体的还款时间。

（2）对于亲友融资，创业者最好能够通过书面形式将事情确定下来，以避免将来可能出现的矛盾。

（3）创业者在向亲友融资之前，需要仔细考虑这一行为对亲友关系的影响。要将日后可能产生的有利和不利方面告诉亲友，尤其是创业风险，以便将未来出现问题时对亲友的不利影响降到最低。

（二）机构融资

1. 向银行借款

比较适合创业者的银行借款形式主要有抵押贷款和担保贷款两种。缺乏经营历史从而也缺乏信用积累的创业者，比较难以获得银行的信用贷款。

抵押贷款是指借款人以其所拥有的财产作抵押，作为获得银行贷款的担保。在抵押期间，借款人可以继续使用其用于抵押的财产。抵押贷款有动产抵押贷款和不动产抵押贷款两种。动产抵押贷款是指以股票、国债、企业债券等银行承认的有价证券，以及金银珠宝首饰等动产作抵押，从银行获取贷款；不动产抵押贷款是指以土地、房屋等不动产作抵押，从银行获取贷款。

担保贷款是指借款人向银行提供符合法定条件的第三方保证人作为还款保证的借款方式。当借款方不能履约还款时，银行有权按照约定要求保证人履行或承担清偿贷款连带责任。其中较适合创业者的担保贷款形式有自然人担保贷款和专业公司担保贷款两种。自然人担保贷款是指自然人提供担保取得贷款；专业公司担保贷款是指由担保公司提供担保取得贷款。

尽管银行贷款需要创业者提供相关的抵押、担保或保证，对于刚毕业的大学生来说条件有些苛刻，但如果创业者能够提供银行规定的资料，能提供合适的抵押，得到贷款并不困难。

2. 向非银行机构借款

非银行金融机构是指以发行股票和债券、接受信用委托、提供保险等形式筹集资金，并将所筹资金用于长期性投资的金融机构。根据法律规定，非银行金融机构包括经银监会批准设立的信托公司、境外非银行金融机构驻华代表处、农村和城市信用合作社、典当行、保险公司、小额贷款公司等机构。创业者可以从这些非银行金融机构取得借款，筹集生产经营所需资金。

3. 中小企业间的互助机构贷款

中小企业间的互助机构是指中小企业在向银行融通资金的过程中，根据合同约定，由依法设立的担保机构以保证的方式为债务人提供担保，在债务人不能依约履行债务时，由担保机构承担合同约定的偿还责任，从而保障银行债权实现的一种金融支持制度。信用担保可以为中小企业的创业和融资提供便利，分散金融机构的信贷风险，推进银企合作。

4. 交易信贷

交易信贷是指企业在正常的经营活动和商品交易中，由于延期付款或预收货款所形成的企业间常见的信贷关系，通常也称商业信用。企业在筹办期及生产经营过程中，均可以通过交易信贷筹集部分资金。如企业在购置设备或原材料的过程中，可以通过延期付款的方式，在一定时期内免费使用供应商提供的部分资金。

5. 融资租赁

融资租赁是指实质上转移与资产所有权有关的全部或绝大部分风险和报酬的租赁。融资租赁是集融资与融物、贸易与技术更新于一体的新型金融业务。由于其融资与融物相结合的特点，出现问题时租赁公司可以回收、处理租赁物，因而在办理融资时对企业资信和担保的要求不高，所以非常适合中小企业融资。此外，融资租赁属于表外融资，不体现在企业财务报表的负债项目中，不影响企业的资信状况，对需要多渠道融资的中小企业非常有利。

企业在筹建期，通过融资租赁的方式取得急需设备的使用权，解决部分资金需求，获得相当于租赁资产全部价值的债务信用，一方面可以使企业按期开业，顺利开始生产经营活动；另一方面可以解决创业初期资金紧张的局面，节约创业初期的资金支出，将用于购买设备的资金用于主营业务的经营，提高企业现金流量的创造能力；同时，融资租赁分期付款的性质可以使企业保持较高的偿付能力，维持财务信誉。

（三）风险投资

风险投资又称创业投资，是指由专业机构提供的投资于极具增长潜力的创业企业并参与其管理的权益资本。从投资行为的角度来讲，风险投资是具备资金实力的投资机构或投资家，对具有专门技术并具备良好市场发展前景，但缺乏充足资金的创业型企业进行资助，以此帮助其实现创业计划，并相应承担该阶段投资可能失败的风险的投资行为；从运作方式来讲，风险投资是由专业化人才管理的投资中介向具有较大潜力，但同时也蕴藏着失败风险的创新型企业投入风险资本的过程，也是协调风险投资家、技术专家、投资者的关系，利益共享、风险共担的一种投资方式。

风险投资的主要特征如下：

（1）投资对象多为处于创业期的中小企业，而且多为高新技术企业或现代服务业。

（2）投资期限通常为3～5年，投资方式为股权投资，一般会占被投资企业15%～30%的股权，而不要求控股权，也不需要任何担保或抵押，但可能对被投资企业以后各阶段的融资提出一定的权利。

（3）投资决策建立在高度专业化的基础之上。

（4）风险投资人一般积极参与被投资企业的经营管理，提供增值服务。

（5）由于投资目的是追求超额回报，当被投资企业增值后，风险投资人会通过上市、收购兼并或其他股权转让方式撤出资本，实现增值后的回收。

（6）风险投资人顺利退出投资时往往能够获得原始投资额5倍以上的资本升值，但也有可能投资失败。

（四）天使投资

天使投资是一种非组织化的创业投资形式，是指自由投资者（个人）或非正式风险投资机构（团体）对有发展前景的原创项目构思或初创期小企业进行早期权益性资本投资，以帮助这些企业迅速启动的一种民间投资方式。可以说，天使投资人是年轻的公司甚至处于起步阶段公司的最佳融资对象，是创业企业的早期乃至第一批投资人，在创业企业的产品和业务成型之前就把资金投入进来。

天使投资的主要特征如下：

（1）天使投资的金额一般较小，而且是一次性投入，它对创业企业的审查也并不严格。它更多的是基于投资人的主观判断决定的。通常天使投资是由一个人投资，是个体或者小型的商业行为。

（2）很多天使投资人本身是企业家，了解创业者的难处。他们不一定是高收入人士，很可能是邻居、家庭成员、朋友、公司伙伴、供应商或任何愿意投资公司的人士。

（3）天使投资人不但可以带来资金，同时也能带来一定的资源网络；如果他们是知名人士，还可提高公司的信誉和影响力。

天使投资与风险投资的关系：天使投资是风险投资的一种，但相对而言，天使投资不是那么正式和规范；而风险投资基金的运作则是一种正规化、专业化、系统化的大型商业行为，投资人在投入资金的同时更多地投入管理，除了注入资金以外，更注重提供增值服务。天使投资投入的资金规模一般较小，一次性投入，投资人不参与管理，对投资项目的审查不太严格；风险投资一般投资额较大，往往是几家机构的资金联合进行投资，而且是随着创业企业的发展逐步投入，其对被投资企业和项目的审查也很严格。

（五）政府扶持资金

创业者还可以利用政府扶持政策，从政府方面获得融资支持。随着我国经济的发展，政府对创业的支持力度无论从产业的覆盖面，还是从政府对创业者的支持额度等方面都有了很大进展，由政府提供的扶持基金也在逐步增加。

科技型中小企业技术创新基金是经国务院批准设立、用于支持科技型中小企业技术创新的政府专项基金，扶持和引导科技型中小企业的技术创新活动。根据中小企业和项目的不同特点，创新基金支持方式主要有贷款贴息、无偿资助、资本金投入等。另外，科技部的火炬计划等，每年也会有一定数额的资金用于科技型中小企业的研发、技术创新和成果转化。中小企业国际市场开拓资金是由中央财政和地方财政共同安排的专门用于支持中小企业开拓国际市场的专项资金。

此外，财政部设有利用高新技术更新改造项目贴息基金、国家重点新产品补助基金；国家发展和改革委员会设有产业技术进步资金资助计划、节能产品贴息项目计划；工业和信息化部设有电子信息产业发展基金等。各省、区、市也为支持当地创业型经济的发展出台了许多政策支持创业。创业者应结合自身情况，利用好相关政策，获得更多的政府扶持基金，降低融资成本。

（六）众筹

众筹即大众筹资或群众筹资。它是指通过互联网平台向广大公众募集资金，以支持某个项目、产品、创意或企业的发展。

1. 众筹具有的特点和优势

（1）降低创业门槛：使得那些缺乏传统融资渠道和足够资金的创业者能够有机会将想法变为现实。

（2）市场验证：通过公众的支持情况，可以初步验证项目或产品在市场中的需求和受欢迎程度。

（3）营销和宣传：在众筹过程中，能够引起公众的关注，起到推广和宣传的作用，增加项目或产品的知名度。

（4）社区建设：吸引一批早期的忠实支持者，形成一个围绕项目的社区，为后续的发展提供基础。

2. 众筹存在的挑战和风险

（1）筹款失败的风险：如果在规定期限内没有达到预定的筹款目标，通常无法获得已筹集的资金。

（2）履行承诺的压力：一旦成功筹集资金，发起者需要按照承诺向支持者提供回报，否则可能面临声誉受损等问题。

（3）法律和监管：不同国家和地区对众筹的法律规定不同，需要遵守相关法律法规，避免法律风险。

总之，众筹为创业者和创新者提供了一种新的融资和发展途径，但在参与众筹时，需要充分了解其规则和风险。

（七）企业孵化器和加速器

企业孵化器和加速器都是为初创企业提供支持和帮助的机构，但在服务内容、阶段重点和支持方式上存在一些区别。

1. 企业孵化器（business incubator）

企业孵化器主要为初创企业提供以下方面的支持：

（1）物理空间：为初创企业提供办公场地、基础设施等，降低企业的运营成本。

（2）资金支持：可能会提供少量的启动资金，或者帮助企业对接天使投资、风险投资等资金来源。

（3）创业培训与指导：组织各类创业培训课程、讲座和研讨会，邀请行业专家、成功企业家为创业者提供指导和经验分享。

（4）资源整合：帮助企业整合人力资源、技术资源、市场资源等，促进企业的发展。

（5）政策咨询：为企业提供政策解读和咨询服务，帮助企业充分利用政府的优惠政策和扶持措施。

企业孵化器通常适合处于早期阶段、商业模式尚未完全成熟的初创企业。其目标是帮助创业者将创意转化为可行的商业项目，提高企业的存活率。

2. 企业加速器（business accelerator）

企业加速器主要针对已经度过初创期、具有一定发展基础和市场潜力的企业，提供以下重点支持：

（1）加速成长：通过高强度的辅导和资源注入，帮助企业在短时间内实现快速增长。

（2）战略规划：协助企业制定明确的发展战略和商业规划，明确企业的发展方向和目标。

（3）资源对接：为企业对接更广泛的行业资源、客户资源和合作伙伴，拓展企业的业务渠道和市场份额。

（4）优化商业模式：对企业的商业模式进行深入分析和优化，提高企业的盈利能力和竞争力。

（5）融资支持：帮助企业获得更大规模的融资，包括引入风险投资、私募股权等。

企业加速器的项目通常时间较短且强度较大，旨在帮助企业在短时间内突破发展瓶颈，实现规模扩张和业绩提升。

总的来说，企业孵化器和加速器都是创业生态系统中的重要组成部分，它们为不同发展阶段的初创企业提供了有针对性的支持和服务，有助于提高初创企业的成功率和创新能力。

七、创业融资的选择策略

根据资金来源的性质不同，融资可以分为债权融和股权融两种。

（一）债权融资

债权融资是借款性质的资金，资金所有人提供资金给资金使用人，然后在约定的时间收回资金（本金）并获得预先约定的固定的报酬（利息）。资金所有人不过问企业的经营情况，不承担企业的经营风险，其所获得的利息也不因为企业经营情况的好坏而变化，如前面提到的银行贷款、亲朋好友借贷等。

（二）股权融资

股权融资是投资性质的资金，资金提供者拥有企业的股份，按照提供资金的比例享有企业的控制权，参与企业的重大决策，承担企业的经营风险，一般不能从企业抽回资金，其获得的报酬根据企业经营情况而变化。典型的如天使投资基金、风险投资基金、创业板融资等。

（三）债权融资与股权融资的比较

债务融资和股权融资各有优缺点。

债务融资的优点主要体现在：债务融资需要支付本金和利息，但创业者可以保持对企业的有效控制权，并且独享未来可能的高额回报率。只要按期偿还贷款，债权方就无权过问公司的未来及其发展方向；债权方只要求固定的本息，既不承担企业成长性的风险，也不享受企业成长性的收益。缺点主要是这种融资方式要求企业按时清偿贷款，如果不能保证经营收益高于资金成本，企业就会面临收不抵支甚至亏损。而且，债务融资提高了企业的负债率，如果负债率过高，企业的再筹资和经营能力都面临风险。

股权融资的优点主要体现在：投资者不要求债务融资中常见的担保、抵押等方式，而是要求按一定比例持有企业产权，并分享利润和资产处置收益，能够承担企业经营的风险。创业者通过股权融资不仅得到资金，很多时候投资者拥有创业企业所需要的各种资源，如关系网络、人力资源、管理经验等。股权融资的缺点主要体现在控制权方面，由于股份稀释，创业者可能失去企业的控制权，在一些重大战略决策方面，创业者可能不得不考虑投资方的意见，如果双方意见存在分歧，就会降低企业决策效率。企业如果能够成功上市，在融资的同时，也要承担信息披露等责任，部分创业者可能对此会有顾虑。

项目实训练习

1. 企业融资的渠道有哪些？哪些渠道适合初创企业？
2. 创业企业在融资过程中需要注意哪些问题？
3. 假如你马上要创业了，你准备采用哪种渠道来进行融资？详细说明原因并进行可行性分析。
4. 假设你想要进行创业融资，认真思考并回答以下这些投资者较为关心的问题。

（1）创业项目是否经过政府有关部门批准立项？

（2）创业项目的可行性研究报告和设计预算是否被政府有关部门审查批准？

（3）从国外引进的技术、设备或专利等是否被相关部门审批，并已办妥手续？

（4）创业项目的产品技术、设备是否先进、适用？配套是否完善？是否有明确的技术保证？

(5)创业项目的生产规模是否合理?

(6)创业项目产品经预测是否有良好的市场前景和发展潜力?盈利能力是否较强?

(7)创业项目投资的成本费用预算是否合理?

(8)创业项目生产所需原材料是否有稳定的来源?是否已经签订供货合同或意向书?

(9)创业项目建设地点及建设用地是否已经落实?

(10)创业项目建设及生产所需的水、电、通信等配套设施是否已经落实?

(11)创业项目是否有较好的社会效益和经济效益?

(12)其他与创业项目有关的建设条件是否已经落实?

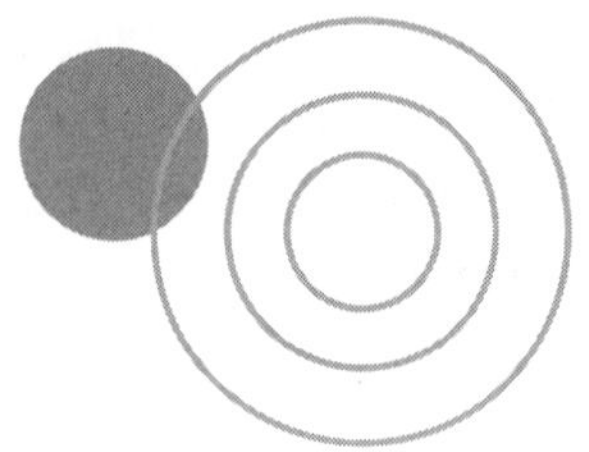

项目九 商业模式

名 言

当今企业之间的竞争，已经不再是产品与价格之间的竞争，甚至不是服务之间的竞争，而是商业模式之间的竞争。

——彼得·德鲁克

学习目标

通过本项目学习，了解商业模式的定义、类型与设计方法；熟悉商业模式设计的基本原则、设计过程和方法；学会运用商业模式画布设计创业项目，了解商业模式创新过程和趋势。

案例导入

首创奥莱乌镇

说起“买买买”，很多人会想到的购物目的地，就是“奥特莱斯”，主打性价比的商业业态。2023年9月22日傍晚，第三届全国奥特莱斯时尚购物季先导活动暨首创奥莱城市夜巷——乌镇站开市典礼在乌镇镇举行。

现场，美食、网红奶茶、烤串、麻辣拌……应有尽有；舞台上，乐队演奏氛围感拉满。因此次“市集”开市而走到一起的，既有线上的零售巨头，也有线下的奥莱领军品牌；既有老牌本土知名品牌，也有时下最火爆的流量平台。其中，品牌集合店涉及国潮品牌，以及众多一线品牌，折扣诱人。另外，首创奥莱还携手京东国际名品等，带来不一样的消费体验。

江南水乡的古朴气质与奥特莱斯的现代商业形态有机结合、相得益彰。产业的壮大提升了乌镇的知名度和美誉度，也推动了乌镇经济的快速发展。一批优秀企业在此落地、成长，首创就是典型代表。

首创钜大有限公司是中国最具规模的奥特莱斯连锁运营商。项目达成意向之后不到100天的时间，首创城发、首创钜大将一座集购物、休闲娱乐、微旅文化为一体的市集带到美丽的乌镇。

首创奥莱乌镇是首创钜大旗下的一个商业项目，它将奥莱业态与市集业态进行了有机结合，打造了一个网红“奥莱集市”。

这个案例的创新点主要体现在以下几个方面：

（1）商业模式创新。首创奥莱乌镇打破了传统奥莱和市集的边界，将两者融合在一起。这种创新的商业模式为消费者提供了一种全新的购物体验，既可以享受奥莱的折扣优惠，又能感受到市集的热闹氛围。

（2）消费场景打造。项目通过打造特色快闪市集，引入了众多品牌和特色项目，涵盖了名品购物、美食、娱乐等元素，为消费者提供了吃喝玩乐“一站式”体验。

（3）线上线下融合。首创奥莱城市夜巷成功地将线上与线下打通，实现促销活动火力全开。在线上，抖音本地生活服务推出专属团购消费券；在线下，CO时尚奥莱店、京东大时尚旗下京东奢品等也推出了丰富的促销活动。

（4）品牌合作与跨界营销。该项目与京东大时尚、抖音本地生活、中国银联等进行跨界合作，引入了更多的品牌和资源，提升了项目的知名度和影响力。

首创奥莱乌镇的成功得益于其对消费者需求的深刻理解和创新的商业模式。它不仅为消费者提供了更多的选择和体验，也为商业地产的发展提供了新的思路和方向。

未来，首创奥莱网红市集有望走进更多城市，服务更多消费者。这种商业模式的创新和发展，将为商业地产行业带来更多的机遇和挑战。

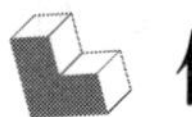

任务一　认知商业模式

一、商业模式概述

（一）商业模式的定义

business model翻译成中文即商业模式。简单来说，“商业”代表的是商业的逻辑，“模式”则是这种逻辑的外在表现。理解商业模式的关键不在于“模式”，而在于“商业”本身。只有深入了解企业商业逻辑的核心，对显性模式的研究才有意义。商业模式成为创业者和风险投资者口中的高频词汇。几乎所有人都坚信，拥有一个出色的商业模式，就等于成功了一半。

商业模式起源于20世纪50年代，直到90年代中期才开始广泛传播和应用。随着互联网的迅猛发展，各种新颖的商业模式如雨后春笋般涌现，受到了广泛关注。21 世纪初，商业模式成为企业创业和运营中无法回避的话题，越来越多的创业者、投资者以及高层管理者都认识到，企业的成功在很大程度上取决于商业模式的设计和创新。企业若要保持良好的运营并实现持续发展，必须不断推陈出新。

学者琼·玛格丽塔（Joan Magretta）认为，有效的商业模式设计和运作需要考虑人物、场景、动机、地点和情节等要素。为了使商业模式的情节具有说服力，人物的安排必须精准，人物的动机也必须明确，最关键的是情节要充分展现新产品或服务如何为客户带来实际利益和便利，以及如何为企业创造利润。米歇尔（Michel）则认为，商业模式是一个组织需要明确在什么时间（When）、什么地点（Where）、为什么（Why）、如何（How）以及在多大程度上（How much）为谁（Who）提供什么样（What）的产品和服务，即5W2H。

商业模式是一个非常宽泛的概念，所谓的商业模式是为实现客户价值最大化，把能使企业运行的内外各要素整合起来，形成一个完整的、高效率的、具有独特核心竞争力的运行系统，并通过最优实现形式满足客户需求、实现客户价值，同时使系统达成持续盈利目标的整体解决方案。其中“整合”“高效率”“系统”是基础或先决条件；“核心竞争力”是手段；“客户价值最大化”是主观目的，也是核心内容，其本质是创造、传递和获取价值；“持续盈利”是客观结果，也是检验一个商业模式是否成功的唯一的外在标准。

商业模式是一种包含了一系列要素及其关系的概念性工具，用以阐明某个特定实体的商业逻辑。它描述了公司所能为客户提供的价值，以及公司的内部结构、合作伙伴网络和关系资本等，用以实现（创造、推销和交付）这一价值并产生可持续盈利收入的要素。

商业模式是一个企业获取收益的模式，它以企业战略为基础，从客户需求出发，创造和共享价值。商业模式也是一个企业实现战略的载体，是各利益共同体构成的商业生态系统，这种系统有助于企业实现价值创造，并持续获取利润。

（二）商业模式四个维度

1. 价值体现

价值体现是指企业打算为客户创造和传递的价值。企业首先要精准定位客户，因为市场中的客户群体十分庞大，且各有特点和属性。随着物质生活水平的不断提升，客户的需求越来越个性化。企业要生存和发展，就必须根据不同客户的需求，满足其个性化需求，为客户创造显著价值。如何获取客户需求呢？这需要锁定目标客户、分析客户需求、确定产品或服务要解决的客户问题。这就要求企业对目标客户群体的需求进行调研，找到他们急需满足的需求，从而实现价值体现。

2. 价值创造

价值创造是指企业明确业务定位，为其构建平台、资源和流程等合作关系。客户价值的创造需要载体，也就是价值提供的形式，可以是产品、服务或其他形式。企业在了解客户需求后，要确定核心业务是什么，有哪些主要资源，创造产品或服务需要的外部关系和资源是什么。关键是要以合适的成本开发出合适的产品或服务，最好能满足客户需求并让客户满意。

3. 价值传递

价值传递是通过相关平台和渠道使企业价值得以传递的过程，以利益相关者价值网络构建为核心，建立和协调与商业伙伴的关系，实现资源和活动的有效整合与最佳配置，形成合作共赢的价值网络体系，为客户创造所需价值并传递给客户。即使有巨大的价值，如果不能传递出去，也是没有用的。产品和服务是企业价值的最佳展示形式，要让客户感受到价值传递，通过产品和服务是最直接的方式。

4. 价值获取

价值获取是指企业创造的价值被市场认可和接受，并从中获得一定份额利润的过程或机制。价值获取的最基本要求是为创业企业带来利润（企业盈利）。从创业初期来看，商业模式应该帮助新创企业尽快实现“正现金流”；然后，商业模式应该有助于新企业以尽可能少的资源推动企业持续发展，从而为创业者带来“最大化的利润”。只有获得价值，企业才能实现可持续发展。

价值体现、价值创造、价值传递和价值获取四者之间互相联系，彼此影响。价值体现是基础，价值创造和价值传递是企业将价值体现变为现实，并传递给客户的过程，价值获取是企业实现盈利的方式。只有在发现并创造价值且传递给客户后才能获取价值。

二、商业模式类型

企业的商业模式形形色色，不同企业的商业模式各异，而商业模式的分类也会因标准不同而有所区别。本书着重介绍以下六种基本商业模式：

（一）非绑定式商业模式

商业咨询顾问约翰·哈格尔和马克·辛格提出了“非绑定式公司”的概念，他们认为不同公司的盈利方式、竞争模式以及企业文化存在差异。企业由不同类型的业务组成，可划分为产品创新业务、客户关系业务以及基础设施平台运营业务。许多大型企业会同时重视其中的两项或三项业务。同时专注于两项或三项基本业务的商业模式称为绑定式商业模式。

与之相对的，非绑定式商业模式是指企业在三者中专注于某一项业务。由于每项业务的专注点不同，如果同一组织（尤其是新创企业）同时专注于三个业务，可能会相互冲突，或者因资源配置不当而失衡。因此，对于中小企业或新创企业而言，最好重点关注其中一项业务。

产品创新业务注重产品创新的速度，通过尽早进入市场来确保高利润，竞争主要集中在人才市场，企业致力于营造适合员工创新的氛围。许多高科技公司都致力于产品创新业务，如 App 产品服务商、高科技产品生产商等，它们必须比其他企业更早地提供独特的产品，以获取产品市场溢价。

客户关系型业务主要关注客户市场范围，通过大量客户产生累积利润，竞争集中在客户市场，以客户服务为企业核心。例如，银行的理财和资产管理咨询服务部门，大多致力于客户关系型业务，它们通过客户数量来获取收益。

规模化基础设施型业务关注的是降低单位成本，通过产品的低成本获取利益，竞争集中于产品或服务数量规模的大小，企业以生产成本为中心。例如，汽车生产商、石油生产商、钢铁生产商以及大规模消耗品生产商主要专注于重资产型业务。它们有大规模的资产投入，并通过标准化、精益管理等方式降低生产成本。

约翰·哈格尔和马克·辛格认为企业应当将这三种业务分离，并在企业内部聚焦于其中一种业务类型。因为每种业务类型都由不同的因素驱动，在同一组织中，这些业务类型可能相互冲突，或者可能产生不利的权衡妥协。

（二）长尾型商业模式

长尾概念由克里斯·安德森在《长尾理论》一书中提出，他发现，在当前的三个经济条件下：生产工具普及化（如小公司也可开发程序，个人也可拍摄微电影）、互联网能够以极低的成本为小众产品开拓市场、搜索引擎成本降低且功能日益强大。在这种情况下，许多被忽视的细分小众市场也能够产生大量利润。因此，长尾商业模式在于少量多次地销售产品：它致力于提供大量种类的小众产品，每种产品的销售量相对较少。将这些小众产品的销售收入汇总，所得收入可以与传统模式销售所得相当。长尾商业模式需要低库存成本和强大的平台，以确保小众商品能够及时被感兴趣的买家获取。长尾商业模式关注的是利基市场，即大众流行市场。

长尾商业模式并不担心某种产品或服务的需求过少，它更注重的是客户群体是否足够大，产品是否足够丰富。例如，小红书是一个内容分享和社交电商平台，用户可以发现和分享各种商品和消费经验。它通过用户生成的内容和推荐，推动了长尾商品的销售，尤其是一些新兴品牌和小众产品。

（三）多边平台商业模式

多边平台在经济学家眼中被称为多边市场，是一种重要的商业现象。多边平台是将两个或多个有明显区别但又相互依赖的客户群体聚集在一起的平台。这样的平台对于平台中某一群体的价值在于其他客户群体的存在。平台通过促进不同群体之间的互动来创造价值。多边平台的价值提升在于其所吸引的用户数量的增加，这种现象称为网络效应。每个客户群体都会产生一个收益流，其中一个或多个群体可以享受免费服务，或者享受来自其他客户群体收益流所带来的补贴。选择正确的客户群体作为补贴对象是关键的定价决策，这决定了多边平台商业模式能否成功。

多边平台商业模式的核心资源是其平台，其运行的关键在于拥有足够多的多边客户。多边平台常常采用补贴的方式，从某一边的客户（或具有某些特征的客户）收取额外费用来补贴另一边的客户，以吸引足够大的客户群体。腾讯是一个具有多边平台特点的公司，它提供了多个产品和服务，包括社交媒体、游戏、音乐、视频等。通过这些产品和服务，腾讯连接了用户、广告主和内容创作者等多个参与者。

（四）开放式平台商业模式

开放式商业模式是由亨利·切萨布鲁夫（Henry Chesbrough）提出的，是指将公司内部的研究流程开放给外部伙伴。切萨布鲁夫认为在一个知识分散为特征的世界里，组织可以通过对外部知识、智力资产和产品的整合创造更多价值。

开放式商业模式通过与外部伙伴的合作来获得创造价值的机会。可以是将外部的价值引入公司，也可以是将公司内部的低效或者闲置的部分提供给外部伙伴，从而共同提升价值。

由内向外的开放常常更关注公司的闲置或者低效资源，如闲置资产、闲置专利或者闲置的人才储备。许多药品商或者高科技产品生产商在研发过程中会产生许多暂时不能产生效益的专利或者技术，他们可以通过出售或者合作来让这些闲置的资产获得新的价值。

切萨布鲁夫将闲置于企业内部的产品、技术、知识和智力资产，通过授权、合资或分拆的方式向外部开放，并实现盈利。他区分了“由内向外”和“由外向内”两种创新模式。当组织将外部的创意、技术和智力引入其开发和商业化流程中时，就是“由外到内”创新开放式商业模式，适用于通过与外部合作伙伴系统地配合而创造和获取价值的企业。这种模式可以是“由外向内”于企业内部尝试来自外部的理念，或者“由内向外”地向外部合作伙伴输出公司无用的理念或资产。由外到内的开放创新模式典型的有腾讯，它通过投资和收购的方式，获取了很多外部的技术和创新资源。例如，腾讯投资了很多互联网企业，如京东、美团、拼多多等，通过与这些企业的合作，腾讯获得了更多的用户和数据资源，同时也提升了自身的技术实力和创新能力。

（五）免费商业模式

在免费商业模式下，至少有一个规模庞大的关键客户群体能够持续地免费享受服务。这种新模式使免费提供服务成为现实。不付费的客户所获得的资金支持来自商业模式中的另一部分客户。也就是说，在免费商业模式中，一部分客户可以免费或以极低的价格享受服务，而费用和利润则来自另一部分细分客户。

许多企业开始关注免费，并试图将免费战略应用于自身。在制定和实施免费战略时，企业应牢牢把握免费的商业本质是交叉补贴。自从互联网免费模式对实体行业产生一定影响和冲击后，交叉补贴变得更具颠覆性，将核心产品完全免费开放，转而对附加产品收费。实际上，在开始免费使用后，用户往往以零或极低的价格开始体验，企业很难说服他们付费或支付更高的费用，但增值功能可以很好地解决盈利问题，这就是交叉补贴的意义。

免费模式通常遵循基础服务免费，增值服务收费的原则。一般是少数的增值服务客户补贴多数的普通客户。但不一定总是少数补贴多数，如保险业即为大量的保险客户为少数出险的客户买单。

免费模式的一个重要因素是边际成本要足够低。随着客户数量的增加，边际服务成本应该极低。免费模式用于吸引大量的客户，而增值服务的吸引力则决定了客户从免费到付费的转化。

免费模式也经常使用“诱饵”来实现盈利。最常见的是在设备及其易耗品（服务）的销售中。商家以低价甚至免费赠送设备，然后以较高的价格提供后续的易耗品或配套服务。商家通过免费的初始产品来锁定未来的产品和服务。通常，“诱饵”模式需要强大的品牌吸引力或产品优势，如小米的手机硬件以接近成本价销售，通过软件和服务盈利。

网络游戏是免费商业模式的典型代表。一部分付费玩家可以获得更好的游戏服务，同时也支持另一部分不付费的玩家。免费模式往往也是多边平台模式，新浪、搜狐等新闻提供商也是如此（同时也是多边模式），它们为普通读者提供免费的新闻服务，但对广告商和有特殊新闻需求的客户提供收费服务。

（六）跨越式商业模式

跨越式商业模式是指企业围绕商品流动的循环链条进行资源整合的商业模式。在传统市场中，商品从生产到消费终端往往需要经过多次流转，这一过程会产生大量成本，压缩了利润空间。然而，随着互联网经济的兴起，许多行业出现了生产前端与消费终端通过特定平台直接对接的现象。例如，二手车交易平台瓜子网的广告语“没有中间商赚差价”，这可能是该公司在行业内交易量领先的重要原因。这种整合上下游资源的模式极大地提高了效率，降低了成本，被形象地称为“跨越式商业模式”。

在互联网时代，整合能力是企业成功的核心能力之一。一家企业在多大范围、多高层次和多强密度上组织资源的能力，决定了其价值创造和发展能力。

互联网企业借助精简中间环节、剔除所有非必要损耗以及缩减产品从生产至送达用户的流程，以此提升效率并降低成本。所以，对于互联网企业而言，只要把握住传统行业价值链中的低效率或高利润部分，利用互联网工具和思维，重新构建商业价值链，就有可能取得成功。

资源整合的一种方式是在不改变现有产业链的情况下，通过资金或时间上的错配创造新的盈利空间。实现资源整合本身就是一项高深的技术。首先要把握好时机；其次要实现合作共赢，在整合过程中满足合作伙伴的发展需求。另一种资源整合是通过联合产业链的上游或下游，根据各自的优势和劣势进行有机结合，形成互补共进的搭配模式。例如，蒙牛创业时的商业模式是：蒙牛自己不养牛，而是由政府出面，农民从信用社贷款买牛，以蒙牛品牌作担保，所有农民生产的牛奶都由蒙牛包销。这样，蒙牛只需整合产业链的上下游资源，以自身品牌搭建一个牛奶产业的平台，就能获得巨额利润。

三、商业模式对创业的意义

1. 商业模式有助于提高创业成功率

商业模式帮助创业者清楚地明白企业可能获利的路径，明确利润的来源，从而使创业者能够获得必要的利润并使企业生存下来。许多创业者失败的原因不是他们工作不努力或遇到的机会不够好，而是他们对企业盈利能力的重视度不够，没有厘清企业内在的价值占有逻辑。创业者往往具有雄心壮志，具有较强的社会责任感，注重为客户和社会创造价值，重视解决客户的痛点和满足客户的需求，重视技术的突破和机会的抓取，偏偏对获利缺乏必要的重视。加之许多初创企业大多处于亏损状态，一些优秀的创业项目又获得了风险资本的青睐，使创业者误认为亏损是创业的正常现象，从而导致最后创业的失败。

2. 商业模式有助于明确目标客户并为客户创造价值

商业模式中的价值主张是创业企业的出发点。为客户创造价值是创业企业立足于市场的基础。创业企业必须从市场上众多的客户中划分出目标客户群，选择细分市场，决定为谁服务，从而使目标客户更好地体验到获得的增值服务，以此在市场中将企业与竞争对手有效地区别出来。客户的黏性很大程度上取决于客户的满意度，价值增值是客户满意度的重要来源。超出预期的价值增值会使客户感到非常满意或惊喜，从而帮助企业传播。因此，明确为客户创造价值与帮助客户获得价值增值能帮助创业企业获得更高的回报。

3. 商业模式有助于推动企业战略实施

商业模式是推动创业企业战略实施的有效工具，也是构建企业生态系统的有效规划。商业模式是一个企业为实施战略而打造的商业系统。商业模式以机会为中心，包含价值创造与获取的内在价值占有逻辑，是对企业生态系统的整体描述。企业进行商业模式创新，意味着其将构建特有的资源组合形式，难以被其他企业复制，并有可能改变整个产业的经济性，具有巨大的经济潜力。

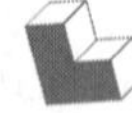

任务二　设计商业模式

一、商业模式设计工具

商业模式画布是由亚历山大·奥斯特瓦德和伊夫·皮尼及超过全球470位参与者共同开发的一种简单的应用于商业模式设计的工具。商业模式画布（business model canvas）是一种能够帮助团队催生创意、降低猜测，确保他们找对目标用户，合理解决问题的易学实用的分析工具。商业模式画布由四个紧密连接的部分组成，即客户、提供的产品和服务、基础设施、财务能力，这四个部分缺一不可。并且这四个部分共由特定的九个模块支持，客户方面包括客户群体、渠道通路、客户关系三个模块，提供的产品和服务包括价值主张模块，基础设施方面包括核心资源、关键业务、重要合作三个模块，财务能力方面包括收入来源和成本结构两个模块。在企业始创时，人们认为商业模式画布是一种用来描述商业模式、可视化商业模式、评估商业模式以及改变商业模式的通用语言，方便大家更好地理解、描述和评估创新商业模式。

若要很好地回答商业模式涉及的三个基本问题：价值创造、价值获取和价值传递，可以把商业模式分为九个关键要素（见图9-1）：客户细分、价值主张、渠道通路、客户关系、核心资源、关键业务、重要伙伴、成本结构、收入来源，参照这九大要素就可以描绘分析企业的商业模式。

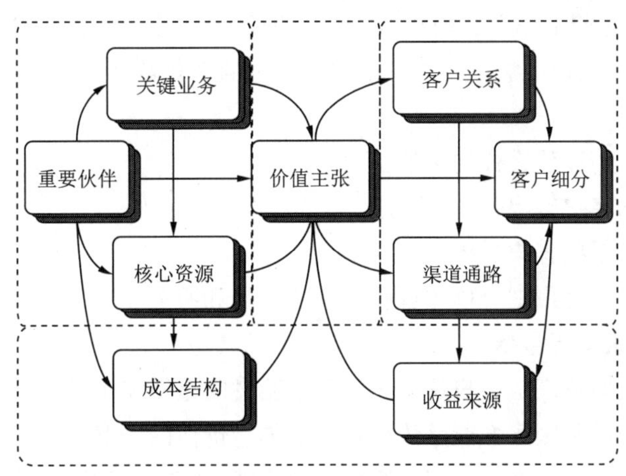

图 9-1　商业模式画布

（一）客户细分

客户是一个商业模式的核心，有了客户，才会有企业发展的根基。客户细分就是选择企业要服务的对象。没有一个企业能够做尽天下所有的生意，没有一个机构能够满足所有类型顾客的需求。所以需要认真地思考并谨慎地选择组织要服务于哪一个客户群体，以及忽略哪一个客户群体。为了更好地服务客户，企业按照客户的特征、行为、地域、年龄、性别、需求的不同，将客户分为不同的群体以区别传递价值的方式。

主要回答以下问题：

（1）我们正在为谁创造价值？

（2）谁是我们最重要的客户？

一般来说，可以将客户细分为五种群体类型：

（1）大众市场：价值主张、渠道通路和客户关系全都聚集于一个大范围的客户群组，客户具有大致相同的需求和问题。

（2）利基市场：价值主张、渠道通路和客户关系都针对某一利基市场的特定需求定制，常可在供应商与采购商的关系中找到。

（3）区隔化市场：客户需求略有不同，细分群体之间的市场区隔有所不同，所提供的价值主张也略有不同。

（4）多元化市场：经营业务多样化，以完全不同的价值主张迎合完全不同需求的客户细分群体。

（5）多边平台或多边市场：服务于两个或更多的相互依存的客户细分群体。

（二）价值主张

价值主张是指企业的产品或服务满足了细分的客户群体什么样的需求，为客户创造和传递了什么样的价值，帮助客户解决了他们什么样的问题。简单来说，价值主张就是给消费者一个购买产品和服务的理由。

用户需要的不是产品或服务本身，而是产品或服务背后所带来的价值。

一个好的价值主张是基于对客户的理解上形成的。设计价值主张时，应尽量从客户的角度去分析对他们而言最重要的“工作”，包括其能够帮助用户完成功能性、社会性或情感性工作，会关注客户最重要的一种或几种“痛点”以及最期待获得的“收益”。

主要回答以下问题：

（1）我们该向客户传递什么样的价值？

（2）我们正在帮助客户解决哪一类难题？

（3）我们正在满足哪些客户需求？

（4）我们正在提供给客户细分群体哪些系列的产品和服务？

价值主张的简要要素主要包括：

（1）新颖：产品或服务满足客户从未感受和体验过的全新需求。

（2）性能：改善产品和服务性能是传统意义上创造价值的普遍方法。

（3）定制化：以满足个别客户或客户细分群体的特定需求来创造价值。

（4）把事情做好：可通过帮客户把某些事情做好而简单地创造价值。

（5）设计：产品因优秀的设计脱颖而出。

（6）品牌/身份地位：客户可以通过使用和显示某一特定品牌而发现价值。

（7）价格：以更低的价格提供同质化的价值，满足价格敏感客户细分群体。

（8）成本削减：帮助客户削减成本是创造价值的重要方法。

（9）风险抑制：帮助客户抑制风险也可以创造客户价值。

（10）可达性；把产品和服务提供给以前接触不到的客户。

（11）便利性/可用性：使事情更方便或易于使用可以创造可观的价值。

（三）渠道通路

渠道通路指的是通过什么渠道与客户建立联系并传递其价值主张。简单地说，就是如何把产品给到客户手里。

主要回答以下问题：

（1）通过哪些渠道可以接触客户细分群体？

（2）我们如何接触他们？我们的渠道如何整合？

（3）哪些渠道最有效？

（4）哪些渠道成本效益最好？

（5）如何把我们的渠道与客户的例行程序进行整合？

企业可以选择通过自有渠道、合作伙伴渠道或两者混合来接触客户。其中，自有渠道包括自建销售队伍和在线销售，合作伙伴渠道，包括合作伙伴店铺和批发商。

例如，当希望给客户提供“健康美味的食物”时，可以选择通过自有实体店铺、网络销售、外卖配送等方式，还可以通过给合作方的店铺供货等不同的渠道实现。

（四）客户关系

客户关系是指和客户如何建立并维持关系。建立客户关系的目的，通常包括开发新的客户、维护老客户，增加单个客户的销售量。常见的客户关系的交互方式，包括销售人员的对应服务、专属客户经理、客户自助服务、建立用户社群、和客户共同开发创造等。

主要回答以下问题：

（1）每个客户细分群体希望我们与之建立和保持何种关系？

（2）哪些关系我们已经建立了？

（3）这些关系成本如何？

（4）如何把它们与商业模式的其余部分进行整合？

一般来说，可以将客户关系分为六种类型：

（1）个人助理：基于人与人之间的互动，可以通过呼叫中心、电子邮件或其他销售方式等个人自助手段进行。

（2）自助服务：为客户提供自助服务所需要的所有条件。

（3）专用个人助理：为第一客户安排专门的客户代表，通常是向高净值个人客户提供服务。

（4）自助化服务：整合了更加精准的自动化过程，可以识别不同客户及其特点，并提供与客户订单或交易相关的服务。

（5）社区：利用用户社区与客户或潜在客户建立更为深入的联系，如建立在线社区。

（6）共同创作：与客户共同创造价值，鼓励客户参与到全新和创新产品的设计和创作。

例如，在网购浏览的页面，会被平台的系统识别用户的个性化喜好和购买习惯，在后续会推送匹配用户喜好的其他物品到浏览页面，这就是自动化服务的客户关系。

（五）核心资源

核心资源描述的是保证一个商业模式顺利运行，使得价值主张在能够顺利传递给客户的过程中，企业所具有的最重要的资产。简单地说，就是你有什么。

主要回答以下问题：

（1）我们的价值主张需要什么样的核心资源？

（2）我们的渠道通路需要什么样的核心资源？

（3）我们的客户关系需要什么样的核心资源？

（4）我们的收入来源需要什么样的核心资源？

核心资源主要包括以下四点内容：

（1）实体的资源，如设备、店面、仓储等

（2）智力性的资源，如专利、版权、IP、品牌、软件等。

（3）人力资源，如核心科研人员、金牌销售团队等。

（4）财务资源，如现金、股票、期权、信用额度及可以获得的贷款等。

（六）关键业务

关键业务描述的是一个企业必须采取什么具体的行动，以实现价值主张被客户获得。这是保障一个商业模式正常运作所必需的。简单地说，就是你需要做什么。

主要回答以下问题：

（1）我们的价值主张需要哪些关键业务？

（2）我们的渠道通路需要哪些关键业务？

（3）我们的客户关系需要哪些关键业务？

（4）我们的收入来源需要哪些关键业务？

一般来说，关键业务可以分为三种类型：

（1）制造产品：与设计、制造及交付产品有关，是企业商业模式的核心。

（2）平台/网络：网络服务、交易平台、软件甚至品牌都可看成平台，与平台管理、服务提供和平台推广相关。

（3）问题解决：为客户提供新的解决方案，需要知识管理和持续培训等业务。

例如，对于“美的”“格力”等制造业公司来说，关键业务在于产品的创新研发和生产。

（七）重要伙伴

没有一个企业能脱离合作伙伴而孤立地存在于市场。重要伙伴描述的是一个商业模式运行过程中所需要开展合作的各类合作伙伴。

主要回答以下问题：

（1）谁是我们的重要伙伴？

（2）谁是我们的重要供应商？

（3）我们正在从伙伴那里获取哪些核心资源？

（4）合作伙伴都执行哪些关键业务？

一般来说，重要合作可以分为四种类型：在非竞争者之间的战略联盟关系；在竞争者之间的战略合作关系；为开发新业务而构建的合资关系；为确保可靠供应的购买方—供应商关系。

（八）成本结构

成本结构是指在运作一个商业模式的过程中发生的所有成本的总和。开发客户及维护客户关系的成本、运作核心业务的流程成本、员工的工资、场地的租金、产品的研发等都是一个商业模式中可能会发生的成本。

主要回答以下问题：

（1）什么是我们商业模式中最重要的固有成本？

（2）哪些核心资源花费最多？

（3）哪些关键业务花费最多？

一般来说，成本结构可以分为两种类型：

（1）成本驱动：创造和维持最经济的成本结构，采用低价的价值主张、最大程度自动化和广泛外包。

（2）价值驱动：专注于创造价值。

增值型的价值主张和高度个性化服务通常是以价值驱动型商业模式为特征。

（九）收入来源

收入来源是指从每个客户群体获得的所有经济利润。简单来说，就是可以获得哪些收入。

主要回答以下问题：

（1）什么样的价值能让客户愿意付费？

（2）他们现在付费买什么？

（3）他们是如何支付费用的？

（4）他们更愿意如何支付费用？

（5）每个收入来源占总收入的比例是多少？

一般来说，收入来源可分为七种类型：①资产销售：销售实体产品的所有权；②使用收费：通过特定的服务收费；③订阅收费：销售重复使用的服务；④租赁收费：暂时性排他使用权的授权；⑤授权收费：知识产权授权使用；⑥经济收费：提供中介服务收取佣金；⑦广告收费：提供广告宣传服务收入。

二、商业模式设计方法

（一）客户洞察法

企业想要设计出好的商业模式，需要在市场研究上加大投入力度，重点改进产品和服务的质量，保证商业模式符合客户的需求。还需要站在客户视角来审视商业模式，这样才会有新发现。但是企业常常忽略了客户的观点。企业需要认识到，只有对目标客户有深入透彻的理解，才能设计出好的商业模式，以此来满足客户需求。客户视角是商业模式设计的指导性原则。客户的观点决定了企业选择怎样的价值主张、渠道、客户关系和收入来源。

（二）构思法

通过创造性的流程来产生大量的商业模式创意，并且能成功地识别出最佳的创意，这个流程称为构思。商业模式创新就是要设计出区别于传统的行业主流商业模式，需要挑战正统思维，勇于开发创新思维，设计出有别于传统固有的模型，以此来满足客户未曾被满足或潜在的需求。构思的过程分为生成创意和整合创意两个阶段。可行的创意并不一定是颠覆性的商业模式，若通过拓展当前的商业模式来提升竞争力，也是一种商业模式创新。商业模式九个模块中的任意一个模块都可以作为创新点，同时千变万化的商业模式创新也会影响到多个模块。

（三）视觉化思考法

通过图片、草图、结构图和便利贴等视觉化工具来构建和讨论商业模式中的模块组合通过视觉化描述一个商业模式，可以将其中隐含的假设或模块间复杂的关系变成具体的信息一目了然，更方便讨论和思考。不再局限于抽象的思考，有了具体的东西，在讨论的过程中添加或删除信息也变得更加方便。

（四）模型构建法

模型构建是一个可以开发出新颖且创新性商业模式的重要工具。可以将模型看成用于讨论、探究或验证的工具。一个商业模式模型可以是一张简单的草图，一张充分思考过的商业模式画布等，模型就是帮助我们探索不同商业模式方向的工具。需要构建多种商业模式模型用来展示商业模式不同层面的细节信息。

（五）讲故事法

创新性商业模式可能难以描述或不易理解。通过讲故事法可以有效地帮助沟通商业模式的相关内容。好的故事能抓住观众的心，所以故事是一个理想的热身工具，为深度讨论商业模式及其内在逻辑做好准备。讲故事能让听者暂时放下对陌生事物的怀疑。

（六）场景法

场景法能让抽象事物变得具体。其主要功能就是让具体和细节的内容来充实商业模式设计过程。

三、商业模式设计过程

（一）规划构想阶段

规划构想阶段是商业模式设计的预备阶段。在此阶段，企业需要研究和参考国内外成功企业的商业模式，取其精华，去其糟粕。企业应根据自身的战略目标，明确市场定位、客户定位以及产品和服务定位。企业的产品或服务定位决定了目标客户群体，而目标客户群体是企业利润的主要来源，其数量决定了市场规模，市场规模越大，利润就越高。企业为了盈利而设计的商业模式必须让客户满意。因此，在规划构想阶段，企业需要明确目标客户和让客户满意的价值主张，锁定目标市场，确定能吸引客户的产品和服务。此阶段企业需要规划市场、客户、产品和服务的定位；收集成功商业模式的相关信息；设定企业设计商业模式的目标，规划商业模式设计的进展计划，组建商业模式设计团队等。

（二）分析设计阶段

分析设计阶段是对初步确定的目标市场环境进行深入分析，并设计商业模式模型、产品或服务、合作伙伴、关键业务、核心资源、财务方案和营销方案等。企业需要与行业专家、企业员工共同研究分析成功的商业模式，借鉴和分析不同成功商业模式的特点，尤其是竞争对手的商业模式。然后根据企业的实际情况进行改进和创新，打造出符合企业未来发展战略的创新型商业模式模型。此阶段企业的重点是设计出令目标客户群体满意的产品或服务，并设计出适合企业销售的产品或服务的营销方案，将产品或服务销售出去，获得客户的认可，逐步占领市场。

（三）实施运作阶段

实施运作阶段是指执行商业模式模型，制订商业计划书、法规条例，准备预算清单等。在运作过程中，要积极处理在新商业模式实施前安排的关键因素。迅速调整商业模式的战略，通过多渠道的内部沟通活动宣传商业模式模型，使其达到最佳状态。试运营过程中要平衡好新旧商业模式，这个阶段对产品或服务、渠道、财务和销售情况至关重要。

（四）检验优化阶段

检验优化阶段是在实施运作阶段的基础上，进一步验证商业模式模型的可行性，并检查每一个要素。此阶段要特别关注企业价值的获取，尤其是财务报表中的各项指标数据等。虽然新商业模式在运行初期可能不盈利，但如果预期的正常售价无法抵消产品或服务的直接成本，那么即使企业后期扩大规模也很难盈利。因此，这个阶段一定要认真做好各项检验工作。

根据商业模式模型的评估结果，对商业模式模型进行优化，以提高商业模式的优势和可行性。修改现有商业模式模型中不足的地方，可以在商业模式的任何一个环节添加新的要素，实现商业模式创新。

四、商业模式创新

（一）商业模式创新的认识

商业模式创新指的是对企业价值创造的基础逻辑进行改变，目的是提高客户价值和企业的竞争力。这种创新不仅可能涉及多个商业模式组成要素的改变，还可能包含要素之间关系或动力机制的变化。

（1）提供全新的产品或服务，开创全新的产业领域，或者以全新的方式提供现有的产品或服务。例如，百度度秘是将人工智能带到可以广泛使用的场景中，是聊天机器人+搜索引擎+O2O的整合型产品。大疆是第一个将无人机应用在商业领域并获得成功的企业，其无人机被应用于军事、农业、记者报道等方面。

（2）商业模式至少有四个要素与其他企业有明显差异，而不仅仅是少量的不同。例如，Grameen Bank与传统商业银行的不同之处在于主要以贫穷妇女为目标客户、贷款额度小且无须担保和抵押。亚马逊与传统书店相比，产品选择范围更广，通过网络销售，并在仓库配货运送。西南航空在提供点对点基本航空服务、不设头等舱、只使用一种机型、利用大城市不拥挤机场等方面也与其他航空公司不同。

（3）具备良好的业绩表现，体现在成本、盈利能力、独特竞争优势等方面。例如，Grameen Bank一直保持盈利。亚马逊在一些传统绩效指标方面表现出色，这显示了其商业模式的优势，如在短短几年内成为世界上最大的书店。亚马逊的存货周转速度数倍于竞争对手，这为它带来了独特的优势，消费者用信用卡购物时，通常在24小时内到账，而亚马逊付给供货商的时间通常是收货后的45天，这意味着它可以长期使用客户的资金。西南航空公司的利润率多年来一直高于其全服务模式的同行。如今，在美国、欧洲、加拿大等国家的中短途民用航空市场中，一半已逐渐被采用低成本商业模式的航空公司如西南航空所占据。

拓展阅读

商业模式创新前必须考虑的六个问题：

（1）通过新模式的设计能够满足何种需求？

（2）为满足这种需求，需要何种新的商业活动？（内容创新）

（3）这些新活动是以何种方式与其他活动相关联的？（结构创新）

（4）谁来执行这一商业模式的各种活动，公司、伙伴、消费者？应当如何处理其中关系，将其协调一致（治理创新）？

（5）这一模式创新为每个参与者创造了何种价值？

（6）何种收入模型能够与公司商业模式相吻合，以分配其所创造的部分价值？

（二）商业模式创新的方法

（1）改变收入模式：通过改变企业的用户价值定义和利润方程或收入模型，以满足客户的新需求。

（2）改变企业模式：对企业的业务活动边界进行调整，以实现企业与生态系统价值的最大化。

（3）改变产业模式：针对现有生态系统运行时的痛点或机会点，通过新增一个业务活动角色，使得整个生态系统的效率都得到质的提升。

（4）改变技术模式：利用新技术，探索新的服务模式，以满足客户不断变化的需求。

（三）商业模式创新的特点：

（1）更注重客户角度：从客户的需求出发，思考如何为客户创造价值。

（2）更系统和根本：涉及商业模式多个要素的同时变化，需要企业进行较大的战略调整。

（3）更难以模仿：由于其系统性和根本性，竞争对手难以在短时间内模仿，因此能为企业带来更持久的盈利能力和更大的竞争优势。

案例分析：

（1）共享单车：共享单车通过互联网技术，实现了自行车的共享使用。用户可以通过手机应用程序随时随地找到附近的共享单车，并进行租赁和归还。这种商业模式创新解决了城市居民出行“最后一公里”的问题，同时也减少了城市交通拥堵和环境污染；

（2）短视频平台：其商业模式创新在于通过算法推荐和社交互动，为用户提供个性化的内容推荐。同时，还通过广告投放、电商合作等方式实现了商业变现。

项目实训练习

1. 案例分析：选择一个知名企业，使用商业模式画布分析其商业模式。分析该企业的客户细分、价值主张、渠道通路、客户关系、核心资源、关键业务、重要合作、收入来源、成本结构等模块，并探讨其商业模式的优势和可持续性。

2. 比较分析：选择两个同行业的企业，使用商业模式画布比较它们的商业模式。分析它们在客户细分、价值主张、渠道通路、客户关系、核心资源、关键业务、重要合作、成本结构、收入来源等方面的差异，并探讨这些差异对它们的竞争优势和市场表现的影响。

3. 商业模式创新：针对一个传统行业或现有企业，思考如何通过商业模式创新来提升其竞争力。使用商业模式画布，重新设计该企业的商业模式，引入新的价值主张、渠道通路、客户关系或收入来源等元素，以适应市场变化和客户需求。

4. 行业分析：选择一个特定的行业，如电商、教育或医疗，使用商业模式画布分析该行业的主要商业模式。探讨不同企业在该行业中的竞争策略和差异化优势，并思考未来该行业可能的商业模式发展趋势。

5. 个人职业发展：将商业模式画布应用于个人职业发展规划。分析自己的技能、兴趣和目标客户群体，确定自己的价值主张、渠道通路、客户关系和收入来源等，思考如何构建一个可持续的个人商业模式，实现职业目标和个人价值。

6. 假设你有个创业想法，完成项目的商业模式画布。

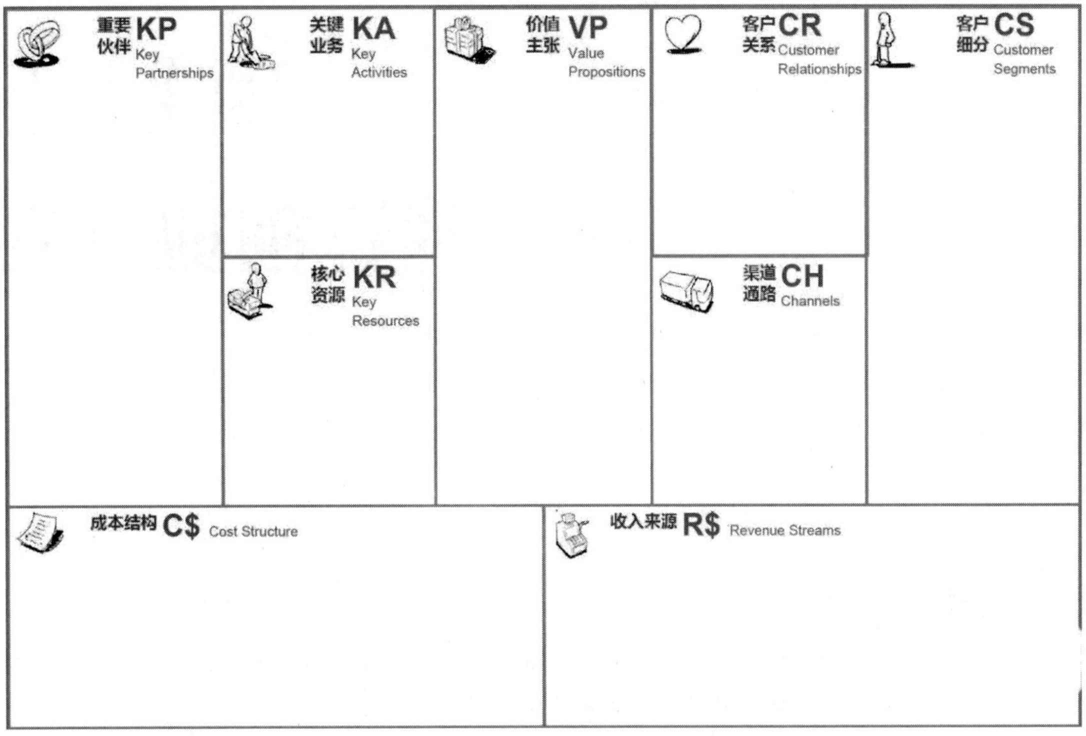

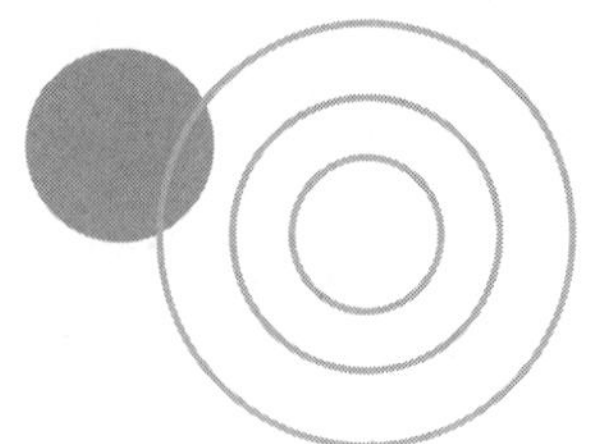

项目十

制订创业计划

名　言

凡事预则立，不预则废。

——《礼记·中庸》

学习目标

通过本项目学习，使学生了解创业计划的类型，理解创业计划的作用，熟悉创业计划的构成内容；认识商业模式并了解其构成要素。熟知创业计划书的基本框架、撰写步骤及要点。掌握商业模式的组合设计。能够运用商业模式画布为自己的企业把握创业思路、设计商业模式、明确经营理念、勾勒行动步骤。

通过撰写创业计划书，培养大学生创业技能和创业精神，进而增强大学生创业自信，有利于推进社会进步。

案例导入

好的商业计划书就是一个好的故事

志鹏是一名大专学生，受家庭环境影响，志鹏自小就随父母做点小生意，养成了自立且独立思考的个性。早在读高中时，志鹏就一直有一个创业的小点子，但一直没机会展示出来。最近他就读的学校团委号召大家踊跃参加一个创业大赛，参赛者必须提交一份创业计划书。他想借此机会历练一下，让专家们评审一下他的创业点子的可行性。但是，如何才能写好一份创业计划书呢？他上网搜索，发现很多商业计划书的写作教程，无非“创业计划书模板免费下载”，“一份2 000万元的计划书是怎样炼成的”之类。志鹏找来同学组成了一个创业小组，把模板的内容分了一下工去编写，然后他负责集成为一份完整的创业计划书。他把第一稿交给了指导老师李老师。李老师翻阅之后，基本赞许了他的创业方向，但提出了一个问题：大赛的评委专家每年收到数不清的创业计划书，每一篇都大同小异，他会有兴趣对你的项目深入了解吗？可以想象一下，每一份创业计划书背后都是一个创业的故事；每一份创业计划书都有其独特性。创业计划书的标准模板就像是一个躯壳，缺少一点有血有肉的表达，完全照搬格式的商业计划书打动不了自己，不能让自己兴奋，谈何让你的投资人兴奋?

志鹏明白了：一个好的商业计划书就是一个好的故事。他决定回去好好修改一下，在保证一份计划书的基本信息完整性的前提下，运用自己独特的叙述思路和呈现方法，让自己的创业计划书成为耀眼的那颗星。

问题探索：能否用语言清晰地描述出项目团队发现的问题是什么？有什么方案解决？目前进展到什么程度？希望实现什么？需要哪些资源，如何才能实现?

任务一 认知创业计划书

一、创业计划书的内涵

创业计划书可以意指为商业计划书（business plan，BP），是创业者在初创企业成立之前就某一项具有市场前景的新产品或服务，向潜在投资者、风险投资公司、合作伙伴等游说以取得合作支持或风险投资的可行性商业报告，用以描述创办一个新的风险企业时所有相关的内部和外部要素。创业计划是一份全方位的项目计划，如市场营销计划、生产和销售计划、财务计划、人力资源计划等的集成，同时也是提出创业的前五年内所有中期和短期计划及实施方案。

创业计划书犹如一部功能强大的计算机，它可以帮助创业者记录许多创业的内容、创业的构想，也能帮助创业者擘画成功的蓝图，而整个营运计划如果翔实清晰，对创业者和参与创业的伙伴，以及投资者而言，更能达成共识、集中力量，帮助创业者向成功迈进。

二、创业计划书的作用

如果你有成功创业的经验，即使是最保守的投资人可能也不会担心你的下一个商业计划的质量。但是，大多数投资者认为，把资本投在一个没有创业计划书或仅有一份糟糕的创业计划书的初创企业身上的行为，不亚于一种“奢侈的爱好”。

在创业之初，如果有了一份详尽的创业计划书，就好像有了一份业务发展的路线图一样，它会时刻提醒创业者应该注意什么问题，规避什么风险，并最大限度地帮助创业者获得来自外界的帮助。一个标准的创业计划至少具备以下三个方面的作用：

（一）自我评价，理清思路

在创业融资之前，创业计划书首先应该是给创业者自己看的。办企业不是“过家家”，创业者应该以认真的态度对自己所有的、已知的市场情况和初步的竞争策略做尽可能详尽的分析，并提出一个初步的行动计划，通过创业计划书做到心中有数。另外，创业计划书还是创业资金准备和风险分析的必要手段。对初创的风险企业来说，创业计划书的作用尤为重要，一个酝酿中的项目，往往很模糊，通过制订创业计划书，把正反理由都书写下来，然后再逐条推敲，创业者就能对这一项目有更加清晰的认识。

（二）凝聚人心，有效管理

一份完美的创业计划书可以增强创业者的自信，使创业者明显感到对企业更容易控制、对经营更有把握。因为创业计划提供了企业全部的现状和未来发展的方向，使管理层和员工明确要从事什么项目和活动，将要充当什么角色，完成什么工作以及自己是否胜任这些工作，从而对企业及个人的未来发展充满信心，也为企业提供了良好的效益评价体系和管理监控指标。创业计划书使得创业者在创业实践中有章可循。

（三）对外宣传，获得融资

创业计划书作为一份全方位的项目计划，它不仅是对即将展开的创业项目进行可行性分析，也是在向风险投资者、银行、客户和供应商宣传拟建的企业及其经营方式，包括企业的产品、营销、市场及人员、制度、管理等各个方面。在一定程度上也是拟建企业对外进行的宣传和包装文件。

一份完美的创业计划不但会增强创业者自己的信心，也会增强风险投资家、合作伙伴、员工、供应商、分销商对创业者的信心。而这些信心，正是企业走向创业成功的基础。

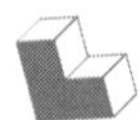 任务二　撰写创业计划书

创业计划是将创业活动的相关内容，借由白纸黑字最后落实的载体。创业计划的质量，往往会直接影响创业者能否找到合作伙伴、获得资金及其他政策的支持。因此，一份好的创业计划往往可以节省创业者大量的时间、资金和人力成本，还会为创业者寻找资金来源提供清楚而准确的书面保证。

知识拓展

商业计划书和创业计划书的区别

一、创业计划的撰写

为了确保创业计划能起作用，创业者在编制创业计划时应严格注意其撰写的范围、原则、要点和内容。

（一）创业计划的撰写范围

创业者必须从不同的角度进行广泛而又深入的思考，以确定创业计划的范围。

1. 创业者的角度

创业者应比任何人都了解包含在新企业中的创造力和技术。创业者首先必须很清楚地表达出新企业在经营什么、有什么特色和卖点。

2. 市场的角度

创业者如果是一位技术专家，他往往只会考虑技术和产品本身，而不会去考虑产品能否卖得出去，这就是创业失败的前奏。因此，创业者必须以消费者的眼光来审视企业的经营运作，采取以消费者为导向的市场营销策略，这就需要创业者进行大量的市场调查工作，必要时还可向市场营销专家请教。

3. 投资者的角度

创业者应用投资者的眼光来考察企业的生产经营，投资者往往特别关注创业计划书中的财务规划，如果创业者不具有财务分析和预测的能力，也可聘请外部的财务顾问提供帮助。

（二）创业计划的撰写原则

创业者在撰写创业计划时应遵循以下五个原则：

1. 针对读者，突出主题

创业计划的读者可能是风险投资者、银行、供应商、消费者、员工以及顾问。创业者在编制创业计划时一定要考虑目标读者，因为每位目标读者感兴趣的内容不同，如风险投资者对创业计划中的市场增长及盈利感兴趣，创业伙伴主要关注产品或服务、市场、盈利及管理团队的运作能力，主要员工、管理团队则主要关注新企业今后的发展前景。因此，为了引起目标读者的阅读兴趣，创业计划的编写要确定主题，围绕创业产品或服务展开阐述，避免与主题无关的内容。

2. 结构完整，内容规范

创业计划要有一套完整的格式，各部分的内容应具有连贯性并严格按顺序编排。首先，创业计划要有索引和目录，以便于读者查阅各个章节，摘要应位于创业计划的最前面。其次，在具体内容上，产品或服务的描述、行业分析、营销策略、创业团队等应使用管理学专业术语，尽量做到规范化、科学化；财务分析最好采用图表描述，形象直观。此外，还应注意创业计划的排版和校对，拼写和排印错误很可能使创业者丧失获得投资或创业伙伴的机会。

3. 周密计划，协调统一

由于创业计划涉及的内容很多，创业者应事先做好计划工作，使写作过程有条不紊地进行。通常，创业者可成立一个写作小组，制订创业计划编写计划，确定创业计划的种类与总体框架，并确定创业计划编写的日程安排与人员分工。小组成员分工协作，各负其责，最后由组长统一协调定稿，以免零散、不连贯、文风相异等。

4. 合理预测，数字准确

创业者在编写创业计划时，一定要对相关数字以合理的方式进行预测。例如，市场占有率、财务预测分析、投资报酬率等都尽可能做到数字准确，不应做大而化之的粗略估计，不要过分强调或夸大收益状况与可能的成就，不要依据生产能力来预估销售量。

同时，创业计划中对目标市场消费特性的描述也要有确实的依据，为此创业者需要做好市场调查研究，并引证官方或学术研究机构的客观统计资料。如果已有具体产品原型，创业者应考虑先进行消费者使用测试并取得专家的检验意见，这样有助于提高创业计划的质量与可信度。另外，还要注意使用资料的时效性，及时更新有关资料数据。

5. 保护知识产权，注意保密

创业计划是创业者辛勤的智力劳动成果，其内容往往具有巨大的商业价值，涉及一些技术和商业机密，因此要求目标读者阅读创业计划后对其内容进行保密是合理的，也是必要的。创业者应尽量不把敏感信息写进创业计划，但要有充分的阐述以令人信服。在创业计划中处理保密问题有多种办法，如在创业计划中添加一段保密条款，其内容的多少和复杂程度视情况而定；或者要求读者签署保密协议等。

（三）创业计划的撰写要点

为了确保创业计划能“击中目标”，创业者应重视以下几点：

1. 关注产品或服务

在创业计划中，创业者应提供所有与企业的产品或服务有关的细节，包括企业所实施的所有调查。例如，产品品牌和商标是什么；产品组合策略是什么；产品正处于什么样的生命周期阶段，它的独特性怎样；产品的生产成本是多少，基于什么定价；企业分销产品的方法是什么；谁会使用企业的产品，为什么；企业新产品开发计划是什么等。创业者应尽量让投资者理解企业的产品或服务，这样投资者才会对创业者的产品或服务产生兴趣。

2. 关注竞争对手

在创业计划中创业者应细致地分析竞争对手的情况，界定竞争者（竞争对手都是谁），识别竞争者的目标和战略（竞争对手的战略目标和选择是什么，竞争对手所采用的营销策略是什么，包括产品特点、价格、销售额、毛利润、收入以及市场份额，分析竞争者的优势和劣势（本企业的产品或服务与竞争对手的产品或服务相比有无差异化，本企业相对于每个竞争对手所具有的竞争优势是什么）。

总之，创业者要向投资者展示消费者偏爱本企业的具体原因，如本企业的产品质量好、渠道顺畅、定价合理等。此外，创业者还应阐明竞争者给本企业带来的风险以及本企业所采取的对策。

3. 关注市场需求

创业者编制的创业计划要为投资者提供新企业对目标市场的深入分析和理解。创业者要通过市场细分变量细致分析地理、人口、心理和行为等因素对消费者购买的影响，并由此选择适合本企业发展的目标市场；目标市场选择完成后，创业者应为目标消费者生产其所需要的产品或服务，进行市场定位，而不是盲目生产、大规模营销，造成企业资源的不足或浪费。

4. 关注财务状况

创业企业的财务计划是投资者最为关注的内容之一，因为它直接关系到新企业能否成长并且成功运作。融资后的资金该如何运用、利润能否保证，创业者只有提供详细的财务信息才能告诉投资者其投资是否值得，投资风险如何。因此，创业计划中必须包括企业的资金明细表、预计的财务报告、资产负债表、现金流量表、盈亏分析、比率分析，具体的生产和设备的成本是多少，企业是买设备还是租设备，解释与产品组装、存储以及发送有关的固定成本和变动成本的情况等。

5. 关注创业团队

创业者要把创意转化为成功的企业，其关键的因素就是要有一支强有力的管理队伍，这支队伍的成员必须有较高的专业技术知识、管理才能和多年工作经验。在创业计划中，创业者应描述整个管理队伍及其职责，再分别介绍每位管理人员的特殊才能、特点和造诣，细致地描述每位管理者将对公司做出的贡献。创业计划中还应明确企业管理目标以及企业组织机构图。

6. 关注计划书的撰写质量

投资者主要是依据创业者提供的创业计划来做出是否对新企业进行投资的决定，故创业计划的撰写质量十分重要。因此，创业计划必须包括企业内部的基本情况、企业的能力及局限性、企业的竞争对手、营销和财务战略、企业的管理队伍等情况。如果公司是一本书，那么创业计划就是这本书的封面，只有将其做好，创业者才能够吸引投资者的关注。

（四）创业计划的撰写内容

由于新企业的类型不同，其创业计划的基本结构与内容可能并不一致，但基本结构大致相同。一般来说，比较全面的新企业的创业计划的基本结构与内容都包含以下几个方面：

1. 封面

创业计划的封面页一定要给人以积极、正面的印象，应该看起来既规矩又专业。一般应包括创办企业的名称、地址及传真，创业者的姓名、电话、电子邮件、日期、计划书编号、保密要求等内容。创业计划的标题页可以放一张企业的项目或产品彩图，但需留出足够的版面排列上述内容。

创业计划的编号是为了记录发放的具体名单，以免创业计划流传到未授权的人员手中。保密要求是有关报告保密性的陈述，这是为了安全起见，对创业者来说很重要。保密要求可放在标题页，也可放在次页，主要是要求投资方项目经理妥善保管创业计划，未经融资企业同意，不得向第三方公开创业计划涉及的商业机密。

创业计划是比较严肃、认真的文件，不可过于花哨，封面的设计要具有艺术性，简洁、美观的封面会使阅读者产生最初的好感，形成良好的第一印象。

2. 目录

目录紧接于封面页之后，列出了计划书的主要章节、附录及其对应页码，以便于查找计划书的内容。在创业计划送出之前，增减计划书上的内容会打乱原来的页码，且一般较容易忘记修改目录中的页码，因此创业者要反复核对目录中的页码是否与正文一致。

3. 摘要

摘要是对整个创业计划的概括，目的在于用最简练的语言将计划书的核心、要点、特色展现出来。摘要列在创业计划的最前面，然而它并非仅仅是创业计划的前言部分，而是整个创业计划的精华和核心，吸引阅读者仔细读完全部文本，因而一定要简练，以求一目了然，以便读者能在最短的时间内评审计划并做出判断。

创业计划的摘要十分重要，它是读者首先要看的内容，因而必须能让其感到有兴趣，进而渴望得到更多的信息，将给读者留下长久、深刻的印象。创业计划的摘要应从正文中摘录出投资者最关心的问题，包括对公司内部的基本情况，公司的能力以及局限性、公司的竞争对手，营销和财务战略，公司的管理队伍等情况的简明而生动的概括等。

摘要如同推销产品的广告，编制人要反复推敲，精益求精，使其形式完美，语句清晰流畅而富有感染力，以引起读者阅读创业计划全文的兴趣。摘要特别要详细说明自身企业的与众不同之处及企业获取成功的市场因素。

此外，对于一些以技术研发为重点的高新技术企业来说，还要对相关技术及其企业研发情况进行分析，包括企业技术来源、技术原理、技术先进性、技术可靠性，公司的技术研发力量和未来的技术发展趋势，公司研究开发新产品的成本预算及时间进度，技术的专利申请，权属及保护情况、技术发展后劲和技术储备等，以使投资者对公司的技术研发队伍的实力、公司未来竞争发展，对技术研发的需要有所了解。

4. 正文

正文是创业计划的主体部分，创业者要分别从企业简介、产品分析、市场分析、组织计划、生产计划、营销计划、财务分析、风险分析、退出机制等方面对投资者关心的问题进行介绍，既要有丰富的数据资料，使人信服，又要突出重点，实事求是。

（1）企业简介。企业简介是创业计划正文的第一个部分，在很多情况下，创业者还没有建立起实际的企业，此时创业者应当尽可能地对自己的创业设想和企业未来的发展规划做一番介绍。在介绍新企业时，创业者首先要说明新企业的发展思路，创意的形成和发展过程，以及企业的目标和发展战略。在这一部分主要介绍企业基本情况（如企业名称、地址、性质等信息）、企业理念和宗旨、企业近期以及未来发展规划和前景等。

（2）产品分析。具有市场前景的产品或服务是新企业利润的源泉，创业伙伴和风险投资者最关心的问题之一就是新企业的产品或服务的创新性和实用性。创业者要对新产品或服务做出详细的说明，且该说明应该准确、通俗易懂，尽量避免用专业性很强的术语，使即使是外行的投资者也能够清楚地理解。需要注意的是，创业者在描述产品或服务时，应力求实事求是，计划中的每一笔承诺都要在未来尽力去兑现。

通常产品分析应包括以下六个方面的内容：

① 产品的名称、特征及性能用途。

② 产品的研究和开发情况。

③ 产品处于生命周期的哪一阶段。

④ 产品的成本分析。

⑤ 产品的市场前景和竞争力如何。

⑥ 产品的技术改进及改进的成本。

（3）市场分析。市场分析有助于创业者确定企业的业务性质和种类，也有助于创业者了解消费者需求和购买行为特点，从而提供相适应的产品或服务。此外，市场分析能够描述出企业预期的销售额和市场份额，有助于企业说服投资者相信创业者对于创业机会的把握是准确的。市场分析主要涵盖需求调查、购买行为调查及销售预测等。

通常来说，市场分析应包括以下五个方面的内容；

① 市场对这种产品或服务的需求：企业要想在市场中取得有利地位，就必须对市场及需求有深入的了解和敏锐的洞察力。

② 细分市场及其特征。市场细分即把潜在的消费者按某种特点进行细分，如地理因素、人口统计学变量（年龄、性别、家庭人数、收入）、行为变量（利益追求、产品使用率、品牌忠诚）和产品种类（因产品而异），并在此基础上确定本企业的目标市场，包括销售对象（目标消费者与主要消费者）、销售区域以及销售范围。

③ 目标市场的竞争状况。创业者要明确新企业面临的主要竞争对手，他们的产品优势、产品定位和销售策略，以及他们在市场中占有的份额，通过与本企业进行对比，评估自己的市场竞争力和竞争地位，进而说明本企业的相对竞争优势及其来源。

④ 未来市场的发展趋势。创业者要结合具体的企业营销战略和竞争情况，建立营销预算，然后根据预算结果及创业者对竞争的分析，综合预测未来市场的前景和发展趋势。

⑤ 预计的市场份额和销售额。创业者应以上面陈述的各种因素为基础，从行业协会中寻找一家具有可比性的企业或出售具有可比性产品的企业，分析其销售数据，预测本企业1～3年内能够获取的市场份额百分比及销售额。

（4）组织计划。作为创业计划的一部分，组织计划主要介绍以下内容；

① 公司的组织情况。具体包括公司的性质（股份制公司、合作经营公司还是个人独资公司）；公司的股本情况和股权结构；公司的组织结构图及各部门的职能。

② 团队介绍。介绍当前或未来有可能参与公司经营和业务发展的主要人员（包括董事、监事、高级管理人员以及主要技术人员），描述他们的背景以及能够为公司业务发展做出贡献的特殊才能。

③ 人力资源发展计划。具体包括公司的人才招聘计划、员工培训计划、公司的报酬和分红体系以及激励机制。

④ 聘请中介机构情况。介绍公司聘请的财务顾问、会计师、律师以及关联银行等中介机构。中介机构的作用不可忽视，它们一般有一定的行业背景，新企业聘请中介机构，借助“外脑”可以高效地拓宽公共关系。

（5）生产计划。如果新企业是零售店或服务型企业，则这一部分计划内容为“经商计划”，其内容应包括对货物购买、存储控制系统以及库存需求等的具体描述。

生产计划应主要介绍以下内容：

① 产品的生产流程。

② 产量或生产规模。

③ 需要的生产设备和购置设备的成本。

④ 产品的质量控制和质量改进计划。

⑤ 对于该产品的进一步的研发计划。

（6）营销计划。潜在的投资者通常认为营销计划是新企业成功的关键。营销计划是系统性的经营计划，包括产品从生产直至达到最终用户手中的全过程。

营销计划的质量可以充分展示创业者的创业能力，其主要介绍以下内容：

① 预期的销售渠道构成及实现的方案。创业者在选择销售渠道时，应从畅通高效、覆盖适度、稳定可控等方面来考虑，并确定销售渠道的构成及如何实现。

② 销售队伍人员的配置及管理方法。创业者应比较完整地介绍销售队伍的组建方式，包括人员安排、具体职责、培训计划及考核和管理办法等，尤其要提到培训计划和激励机制的相关内容。

③ 销售渠道建设中可能遇到的问题及解决方案。创业者应列出销售渠道建设中可能出现的问题，并提出可能的解决方案，提前做好准备。

④ 销售渠道的发展方向及各阶段目标。创业者需要展示新企业营销渠道的动态变化过程，明确销售渠道未来的发展方向和目标，统一、协调、有效地引导各渠道充分合作，确保总体营销目标的实现。

⑤ 产品的价格及制定依据。产品的价格受多种敏感因素的影响，如成本、市场需求等。创业者既要考虑成本的补偿，又要考虑消费者对产品价格的承受能力，因此在创业计划中应该明确表述这些内容，并讲清缘由。

⑥ 产品的促销策略。产品的促销策略主要包括人员推销（推销人员和消费者面对面进行推销）和非人员推销（广告、公共关系、营业推广等）。创业者在创业计划中应结合市场和产品的实际情况，设计贴合实际的促销策略，通过向消费者传递产品信息，引起他们的注意和兴趣，激

发他们的购买欲望和购买行为，从而达到扩大销售的目的。

（7）财务分析。投资者会根据财务分析内容来判断企业未来经营的财务损益状况，进而从中判断能否确保自己的投资获得预期理想的回报，因此需要创业者花费较多的精力来做具体分析，以吸引风险投资者。

财务分析一般要包括以下内容：

① 投资估算。准确全面估算创业计划的投资需求是创业计划可行性研究的重要内容，对投资决策具有重大影响。投资估算包括创业者预计的投资金额、创业者期望从风险投资者那里获得的投资金额、可能的融资方式、投资资金的收支安排、企业的投资收益和未来再投资的安排。

② 制作现金流量预估表。现金流量表是反映企业一定期间内现金及现金等价物流入和流出信息的财务报表。通过现金流量表，创业者可以评价企业的支付能力、偿债能力和周转能力，可以了解企业未来的现金流量，有助于分析企业收益质量及影响现金净流量的因素。这些信息对外部投资者来说非常重要，因为现金流量影响银行的贷款能否顺利地收回，风险投资者的资金能否及时地退出。

③ 制作损益预估表。损益表是反映一定期间内经营成果的财务报表，主要提供有关经营成果方面的信息，包括收入、成本和费用、利润等。利用这些信息，投资者可以了解这一期间内收入实现情况和费用耗费情况，了解生产经营活动的成果，了解企业的盈利能力和变化趋势。

④ 制作资产负债预估表。资产负债表是反映企业在某一特定日期财务状况的报表。通过资产负债表，投资者可以了解企业资产和负债的总额及构成情况，可以了解所有者的权益。企业未来的每一笔经济业务都会影响资产负债表。

资产=负债+所有者权益。资产负债表就是根据这一关系，依照一定的分类标准和顺序，把企业一定日期的资产、负债和所有者权益各项目予以适当排列。创业者至少应给出新企业开始的3～5年的预计财务报表，以便对企业的长期经营有一个全面的估计。资产负债预估表应与损益预估表和现金流量预估表的数据保持一致，汇总创业者的资产、负债、财产净值。

⑤ 盈亏平衡分析。盈亏平衡分析是通过盈亏平衡点分析创业项目成本与收益的平衡关系的一种方法。各种不确定因素（如投资、成本、销售量、产品价格、项目寿命期等）的变化都会影响投资方案的经济效果。当这些因素的变化达到某一临界值时，就会影响投资方案的取舍。盈亏平衡分析的目的是找出临界值，即盈亏平衡点（在这一点上，项目刚好不亏不盈），以此判断投资方案对不确定因素变化的承受能力，为决策提供依据。

⑥ 预计投资回收期。投资回收期是指项目投产后用所获得的年净收益抵偿全部投资（包括固定资产投资和流动资金投资）所需要的时间，又称投资返本期。投资回收期的计算分为静态和动态两种。静态投资回收期是指项目从建设开始之日起，到用项目每年所获得的净收益将全部投资补偿所需的时间，通常以年来表示；动态投资回收期是指项目在某一特定折现率下，各年净现金流量现值累计和为零的年限，是使累计净现金流量现值从负变正的临界点。

（8）风险分析。由于创业环境的动态变化性，任何一家新企业都将面临一些潜在的风险。即使这些因素对新企业构不成威胁，创业计划中也应讨论为什么新企业不受这些风险的威胁。

一般来说，创业计划中的风险分析应包括市场风险、技术风险、经营风险、财务风险、人力资源风险、自然灾害风险及其他不可预见的风险等项目，且创业者要针对所提出的各种风险逐项进行应对分析。

对于企业可能面临的各种风险，创业者最好采取客观、实事求是的态度，不能因为其产生的可能性小就忽略不计，也不能为了增大获得投资的机会就故意缩小、隐瞒风险因素，而应该对企业所面临的各种风险都认真地加以分析，并针对每一种可能发生的风险制定相应的防范措施，这样才能取得投资者的信任，也有利于引入投资后双方的合作。

（9）退出机制。如果新企业准备吸引风险投资，那么在创业计划中就必须说明风险资本退出的方式，因为风险投资家并不愿意长期持有企业的股份。风险投资者退出的方式包括以下几种：

① 偿付协议退出。创业者在一定的时候按照约定的价格和比例回购风险投资者持有的股份。

② 上市退出。如果企业能够实现公开上市，则风险投资者能够通过证券市场把手中持有的股份卖出，这样就能够成功地退出企业。

③ 兼并收购退出。在创业计划中规定风险投资者在一定的条件下可以将手中持有的股份通过协议的方式转让给其他股东或企业。

5. 附录

创业计划的附录主要是对创业计划中涉及的一些问题的细节和相关的证书、图表进行描述或证明，如企业的营业执照、公司章程、验资审计报告、税务登记证、高新技术企业（项目）证书、专利证书、鉴定报告、市场调查数据、主要供货商及经销商名单、主要客户名单、场地租用证明、企业及其产品的介绍、宣传等资料、工艺流程图、各种财务报表及财务预估表、专业术语说明等，其与创业计划主体部分一起装订成册。

项目计划书的模板会有所不同，项目负责人可根据自己项目的特点进行增加和取舍。

二、创业计划的检查

在创业计划撰写完成之后，创业者最好对创业计划进行检查，确认该创业计划是否能准确回答投资者的问题，争取投资者对本企业的信心。通常，可以从以下几个方面对创业计划加以检查：

（1）你的创业计划是否显示出你具有管理公司的经验。如果你自己缺乏能力去管理公司，那么一定要明确地说明你已经聘请一位经营专业人才来管理你的公司。

（2）你的创业计划是否显示了你有能力偿还借款，并保证给预期的投资者提供一份完整的比率分析。

（3）你的创业计划是否显示出你已进行过完整的市场分析，要让投资者坚信你在计划书中阐明的产品需求量是确实存在且准确的。

（4）你的创业计划是否容易被投资者所理解。创业计划应备有索引和目录，以便投资者可以较容易地查阅各个章节。此外，还应保证目录中的信息流是有逻辑和现实的。

（5）你的创业计划中是否有计划摘要并放在了最前面。计划摘要相当于公司创业计划的封面，投资者首先会看它。为了引起投资者的兴趣，摘要应写得简明、生动、语句清晰、富有感染力。

（6）你的创业计划是否在文法上全部正确。如果你不能保证，那么最好请人帮忙检查一下，因为创业计划的拼写错误和排印错误能很快就使投资者对创业项目的评价降低。

（7）你的创业计划能否打消投资者对产品或服务的疑虑。如果需要，你可以准备一件产品模型。

创业计划中的各个方面都会对筹资的成败有影响。因此，如果你对你的创业计划缺乏成功的信心，那么最好去查阅一下计划书编写指南或向专门的顾问请教。

经典案例

“×× 快餐店”计划书（正文和附录）

一、快餐店概况

（1）本店属于餐饮服务行业，名称为“××快餐店”，是个人独资企业，主要提供中式早餐，如油条、小笼包等各式中式点心和小菜，午餐和晚餐多以炒菜、无烟烧烤为主。

（2）本店位于××路商业步行街，开创期是一家中档快餐店，未来将逐步发展成为快餐连锁店。

（3）本店的所有者是×××、餐厅经理×××、厨师×××，三人均有六年以上的餐饮工作经验，以大家的智慧、才能和对事业的一颗执着的心，一定会在本行业内大展拳脚。

（4）本店需创业资金××万元，其中××万元已筹集到位，剩下××万元向银行贷款。

虽然开始时只是梦想，但只要不停地努力，不轻易放弃，梦想就能成真。

二、经营目标

（1）由于处于商业街，客源相对充足，但竞争对手也不少，特别是本店刚开业，想要打开市场，必须要在服务质量和产品质量上下功夫，并且要进一步扩大经营范围以满足消费者的不同需求。短期目标是在××路商业步行街站稳脚跟，一年收回成本。

（2）本店将在三年内增设三家分店，逐步发展成为一家经济实力雄厚并有一定市场占有率的快餐连锁集团，在本市众多快餐品牌中闯出一片天地，并成为餐饮市场的知名品牌。

三、市场分析

1．客源

本店的目标消费者包括：到××路商业步行街购物娱乐的一般消费者，约占50%；附近学校的学生、商店工作人员、小区居民，约占50%。客源数量充足，消费水平处于中低档。

2．竞争对手

本店附近共有四家主要竞争对手，其中规模较大的有一家，其他三家为小型快餐店，这四家饭店的经营期均在两年以上。其中，××快餐店中西兼营，价格较贵，客源相对较少；另外三家小型快餐店卫生情况较差，服务质量较差，就餐环境拥挤脏乱。本店抓住了这四家快餐店现有的弊端，推出“物美价廉”等营销策略，力争在激烈的市场竞争中占有一席之地。

四、经营计划

（1）本店主要是面向大众，因此菜价不太高，属中低价位。

（2）大力开发便民小吃，早餐品种丰富，价格便宜，因地制宜地推出中式早餐套餐。

（3）午餐、晚餐提供经济型、营养丰富的菜肴，并提供优雅的就餐环境。

（4）随时准备开发新产品，以适应变化的市场需求，如本年度目标是设立“送餐到家”的服务。

（5）经营时间：6:00—21:00。

（6）对于以上计划，我们将分工协作，各尽其职。我们将会在卫生、服务、价格、营养等方面下功夫，争取获得更多的客源。

五、人事计划

（1）本店开业前期，初步计划招收××名全日制员工（包括××名厨师），××名临时员工（含厨师），具体内容如下：

① 通过劳务市场招聘本市户口、有一定工作经验、有良好的职业道德。年龄为20～30岁、有意加入餐饮行业的人员。应聘者持“招聘员工登记表”并附个人资料来本店面试。

② 经面试、笔试、体检合格者，与其签订劳动合同（含试用期）。

（2）为了提高服务人员整体素质，被招聘上岗的人员需要接受两个月的培训，具体内容如下：

① 制订培训计划，确定培训目的，制订评估方法。

② 实施培训计划，学习贯彻劳动纪律和各种规章制度。

③ 考核上岗，对于不合格者给予停职学习，扣除20%的工资，直至合格为止。对于三次考试不合格者，扣除当月福利。

六、销售计划

（1）开业前进行一系列企业宣传工作，向消费者介绍本店“物美价廉”的销售策略，发放问卷调查表，根据消费者的需求完善本店的产品和服务内容。

（2）推出会员制的季卡、月卡，从而吸引更多的消费者。

（3）每月累计消费1 000元者可参加每月月末大抽奖，中奖者（1名）可获得价值200元的礼券。

（4）每月累计消费100元者，赠送价值10元的礼券；每月累计消费200元者，赠送价值20元的礼券，依此类推。

七、财务计划

本店内所有账目情况必须及时入账，支出与收入的钱款必须经由会计入账或记录后方能使用，记账使用复式记账法，以科学的方法进行管理，以免账务混乱。每日的收入应及时进行清点，所有点菜的菜单及收款的凭据必须保存并一式两份，以便核对及入账。店内所有的物品属店内的固定资产，不得随意破坏或带走，每月的总收益，除去一切费用，剩下的存入银行；如果每月结算后，收入比计划高，将适度调整奖金，以调动大家的工作热情，如发现有人在工作中无故破坏本店的财产，将从责任人的工资或奖金中扣除以弥补损失。

（1）本店固定资产××万元

桌椅×套

营业面积××平方米

冷冻柜××台

灶件：若干

（2）每日流动资金为××万元（主要用于突发事件以及临时进货）。

（3）对于账目，要做到日有日账，月有月账，季有季账，年有年终总账，这样企业的盈亏在账面上一目了然，避免了经营管理工作的盲目性。

注：因刚开业，所以在各种开销上要精打细算，但要保证饭菜的质量，尽量把价格放低。

八、附录

附录1 法律要求

为保证食品卫生，防止食品污染和有害因素对人体的危害，保障人民身体健康，增强人民体质，严格遵守国家、地方有关法规要求，具体如下：

（1）食品生产经营企业和食品摊贩必须先取得卫生行政部门发放的卫生许可证，方可向工商行政管理部门申请登记；未取得卫生许可证的，不得从事食品生产经营活动。食品生产经营者不得伪造、涂改、出借卫生许可证。

（2）食品生产经营过程必须符合下列卫生要求：

① 保持内外环境整洁，采取消除苍蝇、老鼠、蟑螂和其他有害昆虫及其滋生条件的措施，与有毒、有害场所保持规定的距离。

② 食品生产经营企业应当有与产品品种、数量相适应的食品原料处理、加工、包装、贮存等厂房或者场所。

③ 应当有相应的消毒、更衣、盥洗、采光、照明、通风、防腐、防尘、防蝇、防鼠、洗涤、污水排放、存放垃圾和废弃物的设施。

④ 设备布局和工艺流程应当合理，防止待加工食品与直接入口食品、原料与成品交叉污染，食品不得接触有毒物、不洁物。

⑤ 餐具、饮具和盛放直接入口食品的容器，使用前必须洗净、消毒，炊具、用具用后必须洗净，保持清洁。

⑥ 贮存、运输和装卸食品的容器包装、工具、设备和条件必须安全、无害，保持清洁，防止食品污染。

⑦ 直接入口的食品应当有小包装或者使用无毒、清洁的包装材料。

⑧ 食品生产经营人员应当经常保持个人卫生，生产、销售食品时，必须将手洗净，穿戴清洁的工作衣帽；销售直接入口食品时，必须使用售货工具。

⑨ 用水必须符合国家规定的城乡生活饮用水卫生标准。

⑩ 使用的洗涤剂、消毒剂应当对人体安全、无害。

（3）禁止生产经营的食品：

① 腐败变质、油脂酸败、霉变、生虫、污秽不洁、混有异物或者其他感官性状异常，可能对人体健康有害的。

② 含有毒、有害物质或者被有毒、有害物质污染，可能对人体健康有害的。

③ 含有致病性寄生虫、微生物的，或者微生物毒素含量超过国家限定标准的。

④未经兽医卫生检验或者检验不合格的肉类及其制品。

⑤ 病死、毒死或者死因不明的禽、畜、兽、水产动物等及其制品。

⑥ 容器包装污秽不洁、严重破损或者运输工具不洁造成污染的。

⑦ 掺假、掺杂、伪造，影响营养、卫生的。

⑧ 用非食品原料加工的，加入非食品用化学物质的或者将非食品当作食品的。

⑨ 超过保质期限的。

⑩ 为防病等特殊需要，国务院卫生行政部门或者省、自治区、直辖市人民政府专门规定禁止

出售的。

⑪ 含有未经国务院卫生行政部门批准使用的添加剂的或者农药残留超过国家规定容许量的。

⑫ 其他不符合食品卫生标准和卫生要求的。

附录2　菜单

本店地址：××路商业步行街

联系电话：130××××1234

本店的营业时间：……

本店提供品种：……

创业计划书范文1

一、市场分析

随着养宠物的人不断增多，宠物经济也越来越受到人们的关注。据不完全统计，我国以纯种狗和猫为主的宠物市场，年消费增长的速度在20%以上。目前，与宠物有关的产业，可以分为“宠物赚钱”和“赚宠物钱”两部分。“宠物赚钱”包括宠物买卖、配种以及繁殖等交易，是“一锤子”买卖，只能赚一次钱，但利润较高。“赚宠物钱”包括宠物美容、医疗以及衣食住行等一系列服务和商品销售。如制造业，包括宠物食品、药品、用品、玩具、服装等的生产;服务业，包括宠物医院、护理咨询、驯犬学校、寄养宠物等服务。宠物的衣食住行、生老病死，每个环节都有文章可做，并形成庞大的宠物经济产业链，凸显蓬勃的商机。

二、公司的基本情况

为满足广大消费者的需求，本公司提供宠物统一训练、统一管理培训。主要训练种类：

（1）宠物急救：在火灾、地震等一系列紧急情况下，实行宠物对主人援救，从而达到宠物对主人人身安全的保障。

（2）宠物美容：宠物的美容不仅使宠物有一定的吸引力，更代表着主人的品位。

（3）宠物学习：学习一些简单的语言知识，使宠物成为更亲近的朋友。

（4）宠物的娱乐：让宠物学习一些娱乐本领（杂技、打滚等），使主人得到心灵释放，同时达到我们养宠物的目的。

（5）宠物收养：对社会上的一些流浪宠物收养，经过培养，训练成能给人带来娱乐的宠物。

（6）宠物寄养：因主人出差公务在身，宠物不能得到良好的照顾时，主人可以把自己的宠物放到我们专门寄养的地方，使宠物有一个理想安逸的住所。

三、公司的管理层

（略）

四、产品服务

提供宠物寄养、收留、培训、学习，以及宠物婚礼、服装展示等各项服务，帮助主人让自己的宠物更满足自己的需求，让自己的宠物走时尚路线，从而达到人与动物的和谐。

五、营销策略

（1）定价策略：价格与市场相吻合，符合90%顾客的要求，对于不同的宠物制定不同的价格单位，具体情况还会由专业管理师定价。

（2）广告制定：

① 通过老的顾客来发展新的顾客，从而达到以一传十、以十传百的方式发展客户。

② 通过印刷宠物杂志侧面进行宣传。

（3）定期举行宠物技能比赛，达到宠物宣传的目的，吸引大量客户关注我们的公司。

（4）建立合作伙伴关系：市场上也有一定宠物饲养中心，通过建立合作伙伴关系，我们尽可能地满足客户的需求，共同发现自己的不足，然后提出计划方案，不断提高服务质量。

（5）实施会员政策，建立金卡消费、银卡会员等，持有消费卡的顾客可以根据消费的金额按会员价收费。凡是本公司的忠实会员，在公司纪念日可以享受更低价格的服务。一些新的服务会让顾客第一时间得到体验。

（6）公司定期组织宠物交流会。展示宠物走秀、宠物算术、宠物造型等活动。

（7）开展“非诚勿扰”专线。为我们的爱宠搭桥牵线。

（8）借助媒体扩大宣传，与娱乐媒体电影厂商合作。

六、管理制度

（1）员工管理制度：部门经理有各自的管辖范围，分工明确。各个员工有自己的职务（美容师具体负责美容职务，技能训练师专项负责对宠物的训练，饲养员具体负责饲养工作，财务部负责本公司的财务，等等），下一级员工必须听取上一级的安排，如果下一级对上一级的安排有一定的疑义，可以直接把建议直接反馈给更上一级的部门，从而达到互相监督互相配合的目的。

（2）工资管理制度：各员工有一定的固定工资，为进一步提高员工工作的积极性，建立奖励制度，而且定期对优秀的员工提供旅游等奖励。但是对工作做得不到位的员工进行有一定的惩罚制度，如员工因个人原因对本公司造成财产损失，要承担一部分的责任。

（3）建立健全“爱宠公约”制度，与客户签订完善的公约制度，做到对每一个客户负责，同时将公司的爱心传递给每一个客户与员工。

（4）员工代表公司形象，所以对员工的基本要求也是一个公司运作必不可少的一部分，同时亦可反映对客户服务至上的理念。制定公司员工基本手册。定期培训，衣着统一，并将进一步完善管理。

七、风险因素及其对象

1．主要风险

宠物的随地大小便和叫声给邻居和城市环保会带来不小的影响，由此带来的市容、卫生防疫等方面的问题不能忽视;宠物对饲养者和他人造成的伤害也时有发生，因此而产生的官司和争议也不少见;由于卫生知识普及率低导致的人畜共患病率增加;以上问题都将严重影响宠物的普及，给公司带来很大的营运风险。

2．应对策略

针对以上问题，一方面，我公司会协助政府、社区和其他社团组织建立“爱宠公约”以约束养宠者，并定期到社区宣传宠物相关知识，号召广大爱宠一族文明养宠。我公司对于每个客户都将免费发放“爱宠公约”手册，并对其宣传宠物疾病防治知识，和客户签订宠物租赁协议，定期检查免疫，并加强宠物宿舍卫生管理，一旦发生疾病，立即隔离饲养，切断传染源。同时，我公司所有宠物都将得到专业训练，并向客户的宠物提供训练服务，以加强其文明程度。

八、财务计划

公司财务风险也不容小视。由于我公司提供大量超值服务，前期营销费用又开支巨大，所以很容易导致资金周转不畅，公司运营停滞。针对这一问题，一方面，国家提倡大学生创业，并给予了很优厚的政策和资金支持，可以争取支持以解决资金问题。我们还将经营多种不同业务，将大的风险降为多个小的风险，然后各个击破，提高公司的营运能力和抗风险能力;公司将聘请专业老师担任财务顾问，争取每一笔钱都花在刀刃上，并加强财务预测机制，尽早发现问题解决问题。

九、前景展望

本公司立足于宠物的培训，宠物饮食服装，玩具用品，托运医疗展开多元化营运，前期阶段依托培训学校成长，打开市场后期阶段伸展时尚、娱乐、影视、饮食、服装、医药、旅游一体化服务集团。这里将成为宠物乐园，为搭建国际化宠物交流搭建平台。

创业计划书范文2

一、发展前景

喧闹的大学城内有一个安静优雅的小茶馆，休闲、雅致的风格可以让每个人的心情舒畅，生活显得更加丰富多彩，更有乐趣。

二、店面简介

本店位于大学聚集中心地段，主要针对的客户群是大学生、教师。经营面积约为80 m^2。主要提供早餐、早茶、小吃、点心、瓜子、水果、茶饮。以浙江等南方小吃为主打特色，也提供本地小吃。品种多，口味全，营养丰，使品茶者有更多的选择。本茶馆装饰自然、随意，富有古典气息，墙面采用偏淡的暖色调，茶房布置合理精致，采光性好，整体感觉休闲、雅致，让每个人在这里心情愉快、宁静。

三、发展战略

（1）本茶馆开业之前，要作广告宣传。因为主要客户群是针对学生的，而学生中信息传递的速度与广度是很大的，所以宣传上可不用费太大的力度，只需进行传单或多媒体（如音响）等形式的简单广告即可。

（2）本茶馆茶水优质，口感绝佳，可采用不同的做法，使口感与众不同，以求有别于竞争者，同时给顾客带来更多的实惠，休闲是我们茶馆的最大特色。

（3）市场经济是快速发展的、变化的、动态的，因此要以长远的眼光看待一个企业的发展并进行分析，制订出长期的计划，每过一个阶段就该对经营的总体状况进行总结，并做出下一步计划，如此阶梯状发展。在经营稳定后，可以考虑扩大经营，增加其他服务项目，并寻找新的市场，慢慢打造自己的品牌。总之，要以长远的眼光看待问题，如此才能有企业的未来。

四、茶馆管理结构

店长兼收银员1名，茶艺师1名，服务生2名。

经营理念侧重于以下几点：

（1）主要的文化特色：健康关怀、人文关怀、休闲雅致。

（2）主要的产品特色：保健养生的绿茶。

（3）主要的服务特色：会员制的优质服务。

（4）主要的环境特色：具有传统文化气息的品茶环境。

五、市场分析

大学城的学生学习和生活的压力不小，本茶馆就是提供一个让他们得以缓解压力、放松心情的休闲之都，在这里他们可以无拘无束，尽情地谈心交流。

本店可以在喧闹的环境里营造一个安静优雅的氛围，给学子们提供一个温馨的港湾 ，让大学里的生活更加丰富多彩。

优势与劣势：

优势分析：本茶楼装饰古典雅致，极富古典气息，安静幽雅的环境氛围会让每个人的心情舒畅。布置合理整洁，音乐古典让人们舒缓，享受优雅的气息。大学城距日照茶博园很近，成本会降低许多，本店服务人员会统一培训，保证会让每个顾客宾至如归。

劣势分析：由于刚起步，茶馆的规模较小，品茶的人力资源、服务项目等比较有限。另外，寒暑假期间的客源会骤降，而寒假期间客流量会比暑期更少，这将会是一个比较难以解决的问题。

机会分析：据我们的市场调查与分析，本店产品的市场需求是存在的，并具有一定的竞争力。而本人正是学生——这个最大客户群中的一员，所以更能了解顾客需要什么样的产品和服务，从这些方面来看，是应该是很有机会进入茶艺市场的。

威胁分析：茶馆的服务与产品质量的高低与经营成本有直接和必然的联系，产品价格必然不会比竞争对手低，虽然总体上价格并不会太高，但相比之下，客户的经济承受能力就成为一大考验。并且，成本与利润也是直接挂钩的，盈利是能否在竞争中生存下去的一大决定因素。再者，各地风俗与饮茶习惯的不同，导致又产生了另一个问题，即是否大多数顾客都能对产品认可或满意，这也是需要接受考验的。

六、促销和市场渗透

促销策略：

前期宣传：大规模，高强度，投入较大。后期宣传：重视已有顾客关系管理，借此进行口碑营销。定期具体活动的策划和组织，如赞助学校组织的晚会，借此进行宣传，通过活动激发顾客的消费意识。针对节假日，开展有针对性的促销策略，如发传单等。

七、财务状况分析

（1）据计算可初步得出茶馆开业启动资金约需10 600元（场地租赁费用20 000元，茶馆卫生许可等证件的申领费用1 000元，场地装修费用5 000元，茶馆用具购置费用2 000元，基本设施及其他费用等41 600元）。

（2）运营阶段的成本主要包括员工工资、物料采购费用、场地租赁费用、税、水电燃料费、杂项开支等。

（3）每日经营财务预算及分析。据预算分析及调查，可初步确定市场容量，并大致估算出每日总营业额约400元，收益率30%，由此可计算出投资回收期约为5个月。

八、营销组合策略

有形化营销策略：

由于本茶馆的经济实力尚弱，因此初期将采取避实就虚的营销战略，避开大量的硬广告营销，而采取一整套行之有效的"承诺营销"进行产品宣传。通过菜单、海报、文化手册、广告、促销活动等向消费者进行宣传、倡导"天之素"的经营宗旨与理念。

技巧化营销策略：

本店在避免普通茶馆的顾客忠诚度不高的缺陷方面具有先天的优势，为了使本店能够在顾客心目中树立起信赖感，本店将会建立一套完整的会员信息反馈系统，实现营销承诺：

（1）顾客反馈表。在服务中严格要求工作人员树立顾客第一的观念，认真听取顾客意见。

（2）将顾客满意进行到底。树立"顾客满意自己才满意"的观念，做到时时刻刻为顾客着想。

（3）建立茶馆顾客服务调查表，定期由营销部专人负责对顾客进行跟踪服务。

九、大力打造"绿色茶水"的品牌形象

略。

项目实训练习

1. 一份完整的创业计划应该包括哪些内容？
2. 创业计划书有哪些组成部分？
3. 如何收集创业计划中的信息？
4. 怎样进行市场调查？
5. 如何撰写创业计划书？
6. 展示创业计划书的技巧有哪些？
7. 模拟中国国际"互联网+"大学生创新创业大赛

（1）实训目的：

通过网络查阅中国国际"互联网+"大学生创新创业大赛的内容，了解相关信息，编写创业计划书，锻炼表达能力和展示创业计划的能力。

（2）实训内容：

① 通过网络（大学生比赛信息网、教育部官方网站）及学校有关部门查看中国国际"互联网+"大学生创新创业大赛的比赛类型，了解比赛情况，如时间、地点、内容、注意事项等，然后根据个人专业或兴趣爱好选择比赛类型。

② 编写创业计划书。首先结合教师、学长学姐的指导，综合考虑多种因素，选择好创业项目，选择志趣相投的同学组建好团队；其次根据团队成员的专长进行分工，思考项目发展前景，以及产品、市场、竞争、风险、投资收益和融资等方面的内容；最后编写符合要求的创业计划书。

③ 请教师对自己的创业计划书进行点评，修改后，根据创业计划书制作演示文稿展示自己的创业计划。

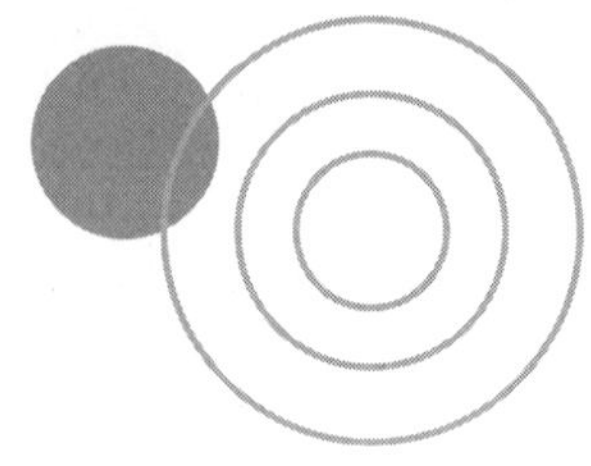

项目十一 路演

名言

长风破浪会有时，直挂云帆济沧海。

——李白《行路难·其一》

学习目标

通过本项目学习，使学生了解路演的目的和主要形式，了解路演的五大要素，掌握路演需要准备的资料，掌握路演的步骤和技巧。

案例导入

“智能环保回收箱”路演

尊敬的各位评委、亲爱的观众朋友：

大家好！非常荣幸能够站在这里，向大家展示我们团队在本次学生创新创业大赛中的获奖项目——“智能环保回收箱”。

在当前全球资源日益紧张和环保意识不断增强的大背景下，我们发现传统的垃圾回收方式存在效率低下、分类不准确以及回收渠道不畅通等问题。为了解决这些问题，我们团队经过深入的研究和创新，提出了“智能环保回收箱”这一创新解决方案。

我们的项目是一款集智能感应、自动分类和大数据管理于一体的环保回收设备。它具有以下显著的优势和创新点：

（1）智能感应技术：回收箱配备了先进的传感器，能够自动感应用户的投放行为，无须手动开启，方便快捷。

（2）精准自动分类：运用图像识别和机器学习算法，对投入的垃圾进行实时准确分类，提高回收效率和质量。

（3）大数据管理：通过联网功能，将回收数据上传至云端，为城市管理者提供决策依据，优化垃圾回收路线和资源分配。

目前，我们的项目已经取得了阶段性的成果。我们成功开发出了第一代产品原型，并在部分社区进行了试点投放。在试点期间，我们收到了众多居民的积极反馈，垃圾的分类准确率提高了50%，回收量也大幅增加。同时，我们已经与多家环保企业达成初步合作意向，为后续的规模化推广奠定了基础。

在未来的发展规划中，我们计划在接下来的半年内，完成产品的优化升级，提高稳定性和耐用性。同时，我们将积极拓展市场，与更多城市的政府部门和物业公司合作，争取在一年内覆盖10个城市。预计在两年内，实现盈利500万元，并带动相关环保产业的发展。

我们团队由来自环境工程、计算机科学和市场营销等专业的同学组成。环境工程专业的同学负责技术研发和环保方案制定；计算机科学专业的同学负责算法优化和系统维护；市场营销专业的同学负责市场推广和合作洽谈。我们分工明确、协作紧密，为项目的顺利推进提供了有力保障。

最后，感谢各位评委和观众朋友的聆听，希望我们的项目能够为环保事业贡献一份力量，让我们的生活更加绿色美好！

谢谢大家！

任务一 认识路演

写好了创业计划书，只是融资的第一步。通常，投资人看到创业计划书之后，可以对项目做出初步判断。如果感兴趣，就愿意和创业团队见面沟通，通常是和CEO直接沟通，这种见面沟通也就是通常所谓的项目路演。项目路演通常分为公开路演与一对一路演，在创业大赛中向评委老师展示创业项目也属于路演的范畴。

一、路演

合理且有效的商业计划书推介，能够让创业者避免走弯路，节约时间与精力。而让商业计划书发挥作用的最佳方式便是进行路演。路演可以将创业者的想法展示给外界，增强投资者的信心，使商业计划书得以施展。

（一）路演的定义

路演指的是在公共场合进行演讲、展示产品、推广理念，以及向他人介绍自己的企业、团队、产品和想法的一种方式。通过路演，投资者可以真正理解企业的项目，从而做出更准确的判断。

（二）路演的目的

路演的优势在于可以让多位投资者同时认真聆听创业者的讲解和说明，同时也能给他们提供一个思考和交流的过程。通常，投资者每天会看到大量的商业计划书和接触众多项目，他们只能通过市场份额、盈利水平等硬性指标来筛选项目，难以深入了解项目的独特之处，因此许多优秀的创业构想都与投资者失之交臂。

路演的目的是促进投资者与创业者之间的沟通和交流，以实现创业企业的融资目标。所以，路演本身不是目的，融资才是最终目的。

（三）路演的主要形式

路演的主要形式是举办推介会。在推介会上，创业者需要向投资者详细介绍企业的产品、发展方向、盈利模式等，充分阐述企业的投资价值，让投资者深入了解具体情况，并准确回答投资者关心的问题。

二、路演的五大要素

无论是线上还是线下路演，其最终目标都是让创业者和投资者高效对接。在路演之前，创业者需要做好充分准备，向投资者充分展示企业的产品或服务。要想路演成功，必须合理处理以下五个关键要素。

（一）拥有一个大愿景

创业者需要展示一个有吸引力的大愿景，告知投资者企业未来的发展方向。这一点至关重要，虽然初期创业的规模通常较小，但要想成功，应尽可能合理扩大规模，并清晰阐述。此外，创业者在表达自己的愿景时可能会感到紧张甚至有些不安，这是正常的，但创业者切忌表现出来，应尽量展现出自信、积极的精神面貌。

（二）详细解释资金使用

当投资者打算出资时，通常会询问创业者如何使用这笔资金，这时需要一个详细的计划。该计划在时间上至少应涵盖未来三年，不仅要包括企业的运营成本，还要涵盖企业的收入增长、利润等。重要的是，创业者需要了解不同部门的资金使用情况，以及每个创业项目的资金使用情况。如果创业者已有可预测投资回报率的营销策略，也需要向投资者详细陈述。

（三）展示竞争力

无论创业项目的产品或服务是否已经产生收入，创业者都需要在路演时向投资者展示其竞争力。如果项目已经有收入且发展迅速，一定要在路演中展示出来。如果还未达到这一点，创业者可以在所有业务指标中找到最具发展潜力的指标进行展示，如用户总量、访问总量等。

（四）团队的优势

创业者在路演时，至少要用一页PPT介绍创业团队，告诉投资者团队的独特之处。最好对团队创始人做一个简单介绍，包括创始人的工作履历和具体工作内容等。

投资者清楚，强大的团队通常会推出更好的产品和品牌，并最终赢得市场。如果创业者拥有强大的团队，应毫不犹豫地展示出来，同时也不必刻意回避团队的缺点。

（五）解决问题的能力

优秀的路演几乎都是围绕行业痛点展开的，先描述痛点，再给出解决方案。因此，创业者在路演时，一定要清楚表述自己的产品或服务如何解决行业痛点。

三、路演需要准备的资料

一些创业者认为，只要对项目非常了解，路演就会很简单。但事实上，许多创业者在路演时会出现表达不流畅、手足无措、时间分配不合理的情况。因此，路演前的准备工作是必不可少的。下面将介绍路演需要准备的相关资料。

（一）路演台本

在路演前，为了保证路演质量，避免忘词、表述混乱，创业者应先对路演内容进行梳理并记录，确保心中所想与口头表述一致。其次，路演是有时间限制的，最短10 min，最长不超过2 h。因此，根据不同时长来准备不同的台本，可以有效地利用路演时间，突出重点，扬长避短。

1. 根据路演结构撰写演讲内容

一般路演可以分为项目介绍和项目展示两大部分。

在项目介绍部分用三句话阐述项目：第1句说明项目是做什么的；第2句阐明市场有多大；第3句说明项目的增长潜力究竟有多大。

在项目展示部分，围绕项目阐明项目解决的行业痛点、竞争优势，并介绍团队成员，提出融资需求。

2. 梳理演讲内容并标注重点

对演讲台本的逻辑关系、核心数据进行梳理，切忌表达前后矛盾、数据错误。同时，还可以在台本上标注重点，概括核心内容，做到详略得当。另外，在优化语言表述时，力求简洁明了，切忌废话连篇、表述不清。

3. 对提问环节进行准备

路演前进行角色互换，创业者可以假设自己是投资者，想一想有哪些问题是投资者提问概率较大的，提前准备这些问题的答案。投资者常问的问题如下：

（1）项目的商业模式是怎样的？请说清楚一点。

（2）你们的产品能解决什么行业痛点？

（3）你们的产品具体能满足用户的什么需求？

（4）你们为什么会创建这样的企业？

（5）你们的产品凭什么吸引顾客？

（6）为什么是由你的团队来做？

（7）你们会面对怎样的市场？

（8）为什么大家没有做这样的事？

（9）为什么你们能做得比其他企业更好？

（10）我为什么要向你们企业投资？

（11）融资后的钱你们打算怎么用？

（12）如果你们有足够充足的钱，你们会做什么？

（二）路演PPT

一份图文并茂、文字精练的PPT，可以为创业者提示思路，让投资者抓住项目重点。因此简洁、清晰、有力，是制作路演PPT时必须遵循的原则。下面将从路演PPT的篇幅、制作和内容上来介绍其制作方法。

1. 篇幅

路演PPT的篇幅控制在15页左右为宜。创业者应根据路演台本上标注的重点，把想要强调的关键词内容，如产品或服务、市场状况、竞争情况、商业模式、团队介绍、融资需求等醒目地展示给投资者。

2. 制作

从制作的角度来说，制作路演 PPT 应注意以下几点：

（1）PPT 的版式设计、色彩风格要统一。色彩使用切忌超过四种，字体运用不超过三种（但不适用于创业者所要展示的项目与艺术相关时）。

（2）能用图就尽量不用文字，切忌使用过多的文字。路演更注重的是演讲，如果PPT上内容太多，会占据投资者大部分的注意力，影响演讲效果。

（3）在话题承接的地方，可以使用过渡页或问句引入下一个话题，以吸引投资者的注意。

3. 内容

下面是制作路演PPT时应包含的要素，仅供参考，创业者可以根据具体的情况进行灵活调整。

（1）项目名称页，主要包含企业Logo和项目名称。创业者可以用一句话把项目介绍清楚，用最大的亮点吸引投资者关注。

（2）痛点（需求）与时机页，展示创业者发现了什么样的需求，目标用户有哪些痛点，为什么现在是进入市场的最好时机等内容。创业者在讲述该页时应尽量营造真实的应用场景，引起投资者的共鸣。例如，创业者可以提问："出门坐公交车没有零钱怎么办？"

（3）解决方案页，向投资者讲述目前针对该痛点的解决方案是什么，有哪些弊病，是不是还有更好的方案等内容。

（4）市场规模页，向投资者讲述他们最关心的市场问题。如果是人尽皆知的市场，创业者可略讲，否则需要详细解释。此外，创业者也可以拿已成功的案例来类比自己的项目。

（5）产品或服务展示页，进行产品或服务展示，突出其核心竞争力，把产品或服务的特色转化为投资人的利益。

（6）竞争优势页，详细说明自己的竞争优势，尽量用表格、图片来直观展示自己的竞争策略，或相对于竞争对手的优势。

（7）商业模式页，参考商业模式画布，梳理业务逻辑与消费者、合作伙伴之间的关系，说清楚具体的盈利模式。

（8）团队页，主要说明这是一个志同道合、互信互补、凝聚力超强的团队。同时，要突出团队核心成员的亮点，如名校高才生、名企高管、连续创业者、拥有独占资源等，介绍团队成员是如何帮助项目更好发展的。

（9）融资计划页，主要说明企业将以什么方式分配股权，出让多少股权，融资数量多少等内容。

如果路演PPT非融资型，此页可以忽略。

（10）结束页，最后强调一次项目的亮点，如项目愿景，或者再次展示企业的联系方式等。

四、路演的步骤与技巧

很多创业者对于路演往往没有什么经验，不知道该如何去完成一场成功的路演。下面就对路演的步骤与相关技巧进行具体介绍。

（一）路演的步骤

路演的过程通常可以分五个步骤：提出问题→扩大问题→解决方案→消费者见证→塑造价值。

1. 提出问题

提出问题指创业者首先应该提出一些具有社会共性的问题，这样不仅可以引起投资者的兴趣，还可以为后面将要推介的项目或产品做铺垫。

例如，将要推介的产品是新型汽车轮胎，作为创业者，首先不要讲述产品有多好，而应采用提问的方式来说明汽车轮胎的重要性，让投资者意识到即将推介的产品是与人们的生活息息相关的。

2. 扩大问题即挖掘消费者的痛点

例如，由汽车轮胎引发的交通事故，受影响的不仅仅是一个人，而是一整个家庭，由此把问题扩大，加深投资者对项目或产品的印象。

3. 解决方案

解决方案就是创业者在此次路演中要推介的项目。假设要推介的产品是汽车轮胎，此时创业者就可以对产品的技术、特点、安全性等方面进行详细解说。

4. 消费者见证

人们都喜欢听自己所认识和了解的事物。如果创业者没有讲解任何的案例，投资者就会感觉这个产品或服务不太真实。

5. 塑造价值

最重要的是让消费者产生物超所值的感觉。创业者应着重讲述产品的品质价值、概念价值、附加价值等。

（二）路演的技巧

如今，项目路演的机会逐渐增多，一些创业者可能已参加过多次路演，但效果却不尽如人意，其中一个原因可能是他们未能掌握路演的技巧。以下详细介绍路演的技巧。

1. 路演内容

路演的核心在于向投资者传递的信息，这也是决定路演成败的关键因素。内容必须紧密围绕路演主题，并具备严密的逻辑性。创业者在介绍时需抓住重点。若时间充裕，创业者可在路演前多加排练，以确保对内容烂熟于心。

2. 语音、语速、语调

（1）语音方面，要确保发音正确；语调方面，要富有感情。强调语音和语调的重要性在于，创业者需要充满激情地将项目信息传递给投资者，使其更容易接受和理解。

（2）语速方面，创业者需要考虑两个因素。首先，要确保投资者能清楚理解传递的信息要点；其次，要保持良好的节奏感，在规定时间内有条不紊地完成整个路演。因此，创业者需要注意以下两点：

语速应快慢适宜，根据内容的重要程度和时间要求进行调整。

精确评估路演时间。例如，如果路演时间为10 min，那么就要根据时间准备内容，并根据要点调整语速，以使整个路演更加完美。

3. 个人状态

在向投资者介绍创业项目时，创业者应展现出激情四溢、积极向上的个人状态，表现出对自己项目的信心和为项目全力以赴的决心。

4. 肢体语言

肢体语言是通过身体部位来传达思想，如手势、面部表情等。使用肢体语言的目的除了沟通，更重要的是与投资者互动，让他们感受到创业者的关注。

5. 路演答辩技巧

严格控制时间是路演的首要注意事项。例如，发言时间为30 min，其中最后5 min钟用于回答问题，那么创业者必须在25 min内结束演讲，不得超时。

此外，创业者应尽可能了解演讲场地的情况，以免因不熟悉环境而导致紧张忘词、材料和演示工具准备不充分以及时间把握不佳等问题。

6. 展现个人素质

投资者期望创业者具备倾听的能力。如果创业者在推介项目时只关注自我表现而忽略了投资者的感受，那么很难获得投资者的青睐。同时，创业者应诚实回答投资者的问题，不过分夸大，让投资者觉得值得信赖。

7. 数据支持

创业者应通过数据明确告知投资者目标人群、项目实施计划和产品的竞争优势，同时提供详细准确的财务预测。尽管数据可能较为枯燥，但创业者要牢记，只有数据才是最直观、最具说服力的。

任务二　打造完美的现场路演

一、在路演中，需要掌握以下要点

（一）热情饱满

作为一个创始人，必须发自内心地热爱自己所做的项目、所做的事情，向别人介绍项目的时候，让所有的人为创业者的热情所感动。

（二）逻辑清晰

有时候，创意还没开始做，或者说还是一个想法，但一定要把整个逻辑梳理清楚，可以没有一个很漂亮的PPT，但一定要把整个创业的结构理清楚，为什么（这个创意）能够存在，为什么能够把它做成，未来它是个什么东西。创业者在打磨这个脉络的同时，也在梳理整个创业的想法。

（三）侧重企业介绍

路演重点，不要放在介绍行业上面，成熟的投资者不愿意花太多时间去听行业方面的介绍，创业者应该把重心放在介绍自己的企业上。

（四）表达生动严谨

每个部分讲什么要事先明确。路演过程中，所配合的PPT要简短、清晰、准确，并且要经过律师审阅，千万不可以出现招股书上没有的内容。可以配合一些生动的故事来调节现场氛围，但是不要为了调节气氛而用一些无用的玩笑分散观众的注意力。

（五）关照受众疑惑

路演之前，需要对受众的感受有直观的预测，思考受众对创业企业有哪些疑问，把它整理出来并准备好答案。如果这些问题都能很好地解答，那么创业者在创业里面真遇到这些问题的时候，便能够胸有成竹地应对。

（六）善待投资者

投资者跟创业者的关系类似创业者和股东的关系，要把每一个投资者都看成宝贵的资源。创业者应该善待每一个投资者，投资者愿意倾听商业计划书的介绍，说明愿意在创业者身上花时间，有了初步的投资的可能性，即使投资人不会立即做出对创业者进行投资的决定，但在未来的创业过程中也有可能对创业者提供帮助。要把握每一个机会。对创业者来说，现在创业除了选择方向以外，就是怎么样让业界相信创业者的故事，怎么样让业界的人愿意加入，一起来实现理想。

二、充分利用媒介展示内容

一场成功的展示仅有激情澎湃的演讲是不够的，通常还要结合多种展示手段，多渠道、多方位地展示创业计划。通常，创业者在创业计划的展示过程中能用到的展示手段有视频、实物（产品、模型）、幻灯片等。

首先，展示过程的第一步就是决定由谁来负责展示，一般的创业计划大赛都会要求所有创业团队成员参加展示，但是并不要求所有成员都要进行陈述，因此选择合适的人员进行陈述是成功的关键因素之一；其次，展示过程中的核心元素是展示的人，而不是展示的幻灯片，展示的幻灯片一定要简明扼要，只提供展示的总体框架以及强调发言内容的重点，展示者一定要将听众的目光吸引在自己身上；最后，想方设法使展示变动生动有趣、充满激情。麻省理工学院的一项权威调查表明，沟通涉及三个层面，视觉（身体语言）占55%，声音（语音语调）占35%，口头表达（用于用词）占7%。因此，在展示进程中，通过观众提问而有意停顿，或提高音量，或使用丰富的表情感染鼓舞观众，吸引观众注意力，多和观众沟通等都是不错的展示技巧。

（一）视频

视频可以大幅度地增强视觉信息的传递效果，提高信息的传递效率，这是仅凭口头话语无法达到的。创业计划展示的开场视频一般都可以很好地打开场面，渲染出展示的气氛，吸引投资者的目光。

（二）实物

实物一般指实际产品、模型，具有极强的说服力和吸引力。实物展示主要有两类：一是产品功能效果的展示；二是技术原理的说明。实物展示可以增加真实性，提高创业计划的可信度。

（三）幻灯片

幻灯片展示是创业计划展示必不可少的部分，也是最关键的部分。展示的重点一定放在观众而不是演讲者感兴趣的地方；而且展示的演示文稿应尽可能简单，一些专家给出了6-6-6法则，即每行不超过6个词语，每页不超过6行，连续6张纯文字的幻灯片之后需要一个视觉停顿（采用带有图、表的幻灯片）等；一场二三十分钟的演讲最多不超过12张幻灯片。

创业者需要注意的是：首先，幻灯片的风格要符合整个展示的主基调，要与创业计划保持统一；幻灯片的背景不要选用太多色彩，背景图案要尽量简单大方；幻灯片的版式要统一，有统一的展示模式和模板，要给人规范、专业的感觉。其次，幻灯片的内容安排要合理，其内容安排主要是指每一张幻灯片展示内容的安排和布局，幻灯片首页设计要美观，在一致性的基础上，增添团队和创业计划个性设计；幻灯片展示要确定一个整体展示思路，按一般的展示顺序进行，通常有概述、问题引出、企业简介、产品或服务介绍、市场分析.团队介绍、生产与销售、财务分析、风险控制和最后的总结。

（四）演示文稿模板展示

共计12张幻灯片。展示的演示文稿往往以标题幻灯片开始。该张幻灯片包括企业的名称/标志、创始人姓名和联系方式。

第1张幻灯片：概述。对产品或服务进行简要介绍，对演讲要点做一简介，对该项商业活动带来的潜在收益（经济效益、社会效益）等进行简单说明。

第2张幻灯片：问题。说明亟待解决的问题（问题在哪儿？为什么会出现该问题？如何解决该问题？）；通过调查证实的问题（潜在顾客的需求是什么？专家有哪些建议？）；问题的严重性如何。

第3张幻灯片：解决办法。说明企业的解决办法与其他解决方案相比的独特之处；展示本企业的解决方案在多大程度上可以改变顾客的生活，以及企业的解决方案有什么进入壁垒。

第4张幻灯片：机会和目标市场。要清楚定位企业具体的目标市场，对目标市场的广阔前景进行展望；通过图表的方式展示目标市场的规模、预期销售额和预期市场份额等信息，说明拟采取什么方法实现销售计划。

第5张幻灯片：技术。介绍技术或者产品或服务的独特之处，尽可能使对技术的描述通俗易懂，切忌使用专业术语进行陈述；展示产品的图片、相关描述或者样品，如果产品已经试生产结束，则最好展示样品；说明可能涉及的知识产权问题，以及企业采用的保护措施。

第6张幻灯片：竞争。详细阐述直接、间接和未来的竞争者，展示创业计划书中的竞争者方格，说明和竞争对手相比的竞争优势。

第7张幻灯片：市场和销售。描述总体的市场计划、定价策略、销售过程以及销售渠道。说明消费者的购买动机、企业激起消费者欲望的方法，以及产品或服务如何到达最终的消费者手中。

第8张幻灯片：管理团队。介绍现有管理团队（团队成员的背景和专长，以及在企业中将要发挥的作用，如何进行团队合作等），说明管理团队存在的缺陷或不足，如果有顾问委员会最好予以介绍。

第9张幻灯片：财务规划。介绍未来3～5年企业总体的盈利状况、财务状况及现金流状况，尽量将规划的内容显示在一张张幻灯上，而且只显示总体数据，同时做好回答和数据相关问题的心理准备。

第10张幻灯片：现状。用数据突出已经取得的重大进展，介绍启动资金的来源、构成和使用情况；介绍现有的所有权结构，介绍企业采用的法律形式及其原因。

第11张幻灯片：财务要求。如果有融资计划，介绍想要的融资渠道及筹集资金的使用方式，同时介绍资金筹集后可能取得的重大进展。

第12张幻灯片：总结。总结介绍企业最大的优势，团队最大的优势，同时介绍企业的退出策略，并征求反馈意见。

（五）路演注意事项

（1）着装方面，可选择正装、简约大方的通勤装或与项目特点相符的职业装。

（2）男士应保持头发整齐利落，前不覆额，侧不掩耳，后不及领。

（3）女士需化淡妆，自然得体，头发整齐，不可遮挡面部，长发不要随意散落，首饰尽量简约。

入场时要表现得坦率大方。平时可进行“电梯演讲”训练，争取在1 min内给评委留下深刻印象。

事实上，入场环节至关重要，它是你给观众的第一印象。能否调动观众情绪，掌控路演现场，对路演的成功与否影响重大。若这一环节表现不佳，后续想要改善形象将会十分困难。

（4）上台先镇场：许多人上台后会迫不及待地拿起麦克风发表观点，然而这样效果往往不佳。上台时，应放松身心，步伐稳健，面带微笑，扫视全场观众，稍作停顿，待观众注意力集中后再开始路演。

（5）提升能量场：路演前，需提升自己的能量。例如，有些人喜欢在开场前进行热身运动，如慢跑，以提升精力状态。实际上，当情绪低落时，能量场也会变低，这会影响你的发声和表达，进而影响路演效果。因此，在控场前，要提升自己的气场，自信的气场会对听众产生积极影响，你的声音、肢体动作和情绪会在很大程度上影响演讲效果。

（6）设置悬念：懂得设置悬念、笑点和情绪引爆点。

培养幽默感，寻找与路演主题相关的搞笑故事或案例，可借助搜索引擎查找相关的搞笑段子、视频，获取灵感。

不过，不必过于刻意，因为有时准备的素材未必能引起所有听众的共鸣。因此，需要多设置几个引爆点。

分析并挖掘听众的兴趣点，设置好悬念，在听众兴趣正浓时戛然而止，让他们欲罢不能，从而激发他们继续听下去的欲望。

① 讲述与听众利益相关的内容：如果你的演讲主题是产品营销，可以先提出一个普遍存在的问题，然后告诉听众你能如何解决这个问题，以及解决后能带来哪些利益。

② 描述矛盾：人们喜欢听故事，以故事中的矛盾为引导，告诉他们你可以解决这个矛盾。

③ 带来感官体验：在路演中，主要是听觉体验，如果中间能穿插视觉或触觉体验会更好，此

时 PPT、视频或辅助材料就能发挥作用。

④ 打破常规：如果路演的语速、节奏一成不变，听众很容易分心。适当改变语速、语调，或讲个笑话，效果会更佳。

三、现场演示

（一）时间分配安排

常见时间分配（单位：分钟）：“5+3”“6+3”“8+3”。

一般来说是“5+3”，即5 min路演和3 min答辩。

（二）演讲的生动性（语音、语调、音量与节奏）

答辩中最忌讳的是不知道如何展示项目，不能很好地与现场（人、器材、舞台）进行互动，准备不充分，演讲能力差。

舞台中，你是唯一的主角，要时刻注意站位，让舞台（评委、器材、观众）跟随你的节奏，主动调动现场情绪，这样才会使你的演讲达到事半功倍的效果。

站位规则：

评委在哪——面对评委。

PPT在哪——躲开PPT。

C位在哪——可选范围最中央。

设备调试：

操作PPT的计算机——准备多版本。

激光笔——学以致用。

话筒——距离提前调试。

1. 好的演讲应具备的要素

（1）讲故事。讲一个好故事，就成功了一半，好的故事更容易引起共鸣，进而代入产品。如客户故事、团队故事、创业初心、创业磨难、未来梦想等（故事要有逻辑性，不可虚构和强行插入环节，要和产品相互呼应）。

（2）生活化。技术类项目，如果在演讲和回答时全篇都是技术性语言表述，很难给评委留下印象。可以巧用“生活化场景”把项目和生活例子结合起来，不仅能让评委快速了解项目，而且更容易留下深刻的印象。

（3）讲数字。没有什么能比数据更有说服力。

（4）谈梦想。未来梦想、社会价值、项目格局。

2. 好的演讲应具备的节奏把控

（1）开场：清晰明确，自报家门（放出去）。

例如：各位评委老师、同学们大家好，我是来自某某大学的某某。

（2）过渡：无须过渡，自然进行（顺下来）。

例如：第二个模块是……

（3）结束：结束演讲，过渡到答辩（收回来）。

例如：这就是我们的项目，感谢评委老师的聆听，请您点评、指正。

（此处不一概而论，可以设计一些带给听众信心的精彩话语，例如“投资300万元还你3 000万元”等。）

（4）重点：亮点突出，一招制胜（把控全场）。

例如：加重语气、提醒关注。

（三）内容的熟悉度

充分的排练好过你临场发挥，很多时候你逻辑不清楚、表达不明确，只是你没有准备充分而已。“台上十分钟，台下十年功。”建议提前准备好稿子，尝试在不同的场合地点，不同的人面前练习，当你能够看到每一页PPT时脑海里就能够瞬间反映出讲稿时，那就非常成功了。

注意：排练时要计时，以路演10 min为例，彩排时就尽量8 min完成，这样当你现场路演时可以应对突发情况。如果彩排时间过长，试着询问自己这段话想表达什么，为什么要写这段话，有必要吗？如果不是，立刻删除。

（四）应对意外的发生

遇到突发状况时，一定要冷静。可以通过幽默风趣的话语来调节，切忌先乱了自己阵脚。一场保持亢奋而不紧张的演讲，能让你的感染力提高数倍。

四、问答环节

以“互联网+”大赛现场路演环节为例，一般由两部分构成：第一部分是项目路演呈现，由团队进行项目完整介绍，时间为5 min或8 min；第二部分是问答环节，就是现场的互动答辩，即评委提问，创业团队回答，时间一般5 min左右。这个环节考验选手的综合能力。

（一）常见互动答辩问题

投资人评委经常会问到的问题中，一般常规问题占20%，随机问题占80%。以下是几个投资人评委经常提到的常规问题，供大家学习参考。

问题1：如果用一句话（或30 s）来描述你们的项目，你会如何描述？

答辩提示：这个问题很关键，需要每一个团队成员都有一致的答案，且不论评委是否会问，都要准备好这个问题的答案。

问题2：这个项目明显是老师的科研项目，跟你们有什么关系呢？

答辩提示：要加深理解国家鼓励师生同创，鼓励通过大学生创新创业实现高校老师科研成果转化的政策要求。

通知摘要如下：

“高校要通过大学生创新创业训练计划项目、创新创业专项经费、师生共创、校地协同等多种形式，努力实现项目长期对接，并推出一批帮扶品牌项目和帮扶示范区，发挥辐射带动作用。要积极争取相关部门、地方政府、社会企业、投资机构等各方支持，通过政策倾斜、项目立项、设立公益基金等方式为活动提供保障。”

“高校教师科技成果转化的师生共创项目不能参加创意组，允许将拥有科研成果的教师的股权合并计算，合并计算的股权不得少于50%（其中参赛成员合计不得少于15%）。”

问题3：你们为什么想做这个项目？

答辩提示：这是一个关乎初衷的问题，是投资人评委经常关注的问题。回答好了，就是加分；答不好，会让评委对于你们做此项目的初衷产生怀疑，创业者应精心准备。

问题4：你们的数据是如何预测出来的？

答辩提示：当评委提出这个问题，就是对项目数据合理性与可行性提出了质疑。

大赛不是表演，对于路演中呈现的数据，一定要经得起推敲，不能人为编造。这些投资人评委，日常工作就是看商业计划书和参加项目路演答辩，他们中的一些人，有可能就是你所做项目领域的专家，对数据高度敏感。

问题5：这个项目是公益项目还是商业项目？

答辩提示：这是一个杀伤力很强的问题。投资人评委不反对公益项目通过商业的模式实现自我造血，促进公益项目长期健康发展。但是一定要避免给投资人评委留下这样的印象：公益商业混为一谈，以公益为幌子，做商业的行动。

问题6：你们的项目如何实现盈利？如何持续盈利？

答辩提示：好的商业模式清晰简洁，易于实现盈利，甚至掌握资源或定价权。通常投资人倾向于较短的商业盈利路径——商业模式环节越长，可控范围越小，风险越大。创业者若在路演时对商业模式心里没底，支支吾吾，甚至对盈利节点和节奏毫无想法，就很难获取融资。

这是一个商业路演中投资人评委一定会关注的内容，对此，创业者一定要结合项目的市场定位，做出合理可信的回答，既不过于保守，也不编造，不虚夸。

问题7：现在市场上已经有××做了类似的项目，你们与他们比有什么特色？

答辩提示：这是一个一定要提前认真准备的问题，如果评委提出的××，你之前没有听说过，这可能会麻烦。这说明评委在你所做项目的领域比你了解得还多，也说明了项目团队所做的准备不够。在路演中，竞品分析是一个重要的环节，好的竞品分析，可以突出项目的独特性与差异化。

问题8：为什么你们有机会将这个项目做成？

答辩提示：重点强调项目团队的竞争力优势，以及独到的优秀资源。

问题9：你在团队中是什么角色？

答辩提示：听到这个问题，就说明路演者在路演开始时没有把自己的角色交代清楚。另外，这个问题的潜在意思是：你对这个项目不太熟悉。

问题10：你的团队成员很优秀，你是怎么说服他们加入你的公司的？

答辩提示：一般情况下，处于早期的项目很难说服优秀人才加入。很多创业者在路演时喜欢夸大团队的背景，甚至会把只与公司有过一点交集的人或者是顾问成员写到团队介绍里面。投资人看到公司团队成员能力水平和公司成长阶段差别太大，心中就会有疑虑。

建议创业者在介绍团队成员时据实描述，正视团队的短板，如此反而会赢得一个靠谱的好印象。

问题11：目前这个项目还在创意阶段，你们毕业后，会将这个创意落地实现吗？

答辩提示：回答这个问题要谨慎。如果项目团队的目的只是参赛而不是真正要将项目落地，将会很难得到投资人评委的认可。

问题12：为什么这轮融资的金额这么高？

答辩提示：对于投资人来说，融资资金是和估值紧密相关的，太高的估值会直接影响到企业的后续融资过程。并且，在早期尚未有业绩支持的情况下，动辄千万元的融资很容易让投资人觉得创业者在跟风融资。

如果创业者自己也没想清楚融资的目的，就是一个危险的信号。很多创业者不明白这一点，总觉得融资金额越高越好，殊不知当投资人看到过高的融资金额时，多数已经对项目持质疑态度了。

问题13：这个项目到底是做什么的？

答辩提示：听到这个问题，基本可以判定这场路演终将无果。没有什么比路演者洋洋洒洒说了半天，投资人还搞不懂说的是什么更令人沮丧了。出现这种情况主要有两个原因：一是投资人并不懂行，也就是找错了路演对象；二是路演者说了太多无关的东西，以至于在特定的时间里没有说到重点。

遇到这个问题时，创业者需要反思三个问题：是否自己的商业计划书或者路演内容过于空泛，而忽略了自己最核心的业务；是否找错了投资人，下一次融资路演时如何找到对的投资人；是如何提高自己的路演演讲能力。

问题14：如果让你们从现在项目的所有功能中，只选择做一个功能，你们会选择做哪一个？

答辩提示：一般问到这个问题，可能是由于目标客户不清晰，或者想实现的功能太多，导致创业目标不聚焦。对于早期创业者来说，资源是有限的，什么都想做的结果就是什么都做不好。这不仅是投资人担心的问题，也是创业者需要时刻关注的问题（即是否精力过于分散）。

这是每个项目团队要经常问自己的问题。创业项目切记不要“大而全”，而要“小而美”。先从一个小的机遇把握，一个小的改变做起。路演机会弥足珍贵，创业者最好能够在一次路演中把事情讲清楚，给投资者（评委）留下好印象。

（二）保持良好心态

（1）不卑不亢。遇到观点不同时不要和投资人发生争执，做到回答真心、提问走心。交谈保持平常心。

很多问题没有标准答案，不必纠结对错；在非常不确定的情况下可以适当把投资人的问题引入自己熟悉的领域。

（2）求真务实。客观评价竞争对手才是成熟的表现，对行业的理解，对未来竞争的态势的理解也要客观；最有价值的是可触达市场，所以要认真分析和表达对此市场的考量和信心。

（3）沉着冷静。很多时候，路演会遇到突发状况，这个时候一定要沉着冷静，尽快地调整好自己的心态，随机应变。很多时候评委选择的不仅是你的项目，也是你这个人。

（三）结构化问题回答

（1）有准备的问题。简单精练、干净利落地回答。

（2）无准备但会回答的问题。快速整理思路，有逻辑地回答。

（3）无准备且不会的问题。放平心态，虚心请教。

（四）有的放矢

1. 合理分工

一般情况下，现场答辩的时间在5 min左右，会有3 ~ 5个问题。团队负责人应是答辩主要负责人，对于能够准确回答的问题，可以直接由团队负责人回答，没有必要做成：“这个问题请我们的财务总监回答”等形式化的回答。

同时，考虑到团队负责人在某些方面确实不专业，可以请具体负责的同学回答。比如关于技术上的问题，可以请技术负责人回答，但要确保他能够将这个问题接得住，避免出现“球传丢了”的情况发生。

2. 听清问题

因为现场紧张等因素，或是以为自己听清评委的问题，而事实上没有听清问题重点。在这种情况下，一定要向评委确认问题的真正含义是什么。没有听清问题，能够有好的回答是小概率事件。

同时，可能会有某些评委对于项目的背景与内容确实不是很了解，所提出的问题本身可能有不清晰、不准确的地方。在这种情况下，项目团队要确认“您所说（指）的是××问题吗？”

3. 回答精准

有的选手在参加过很多场校赛、省赛甚至国赛的答辩环节后，对于评委的问题不直接回答，而是绕很大的圈子，说了很多与问题相关不紧密的内容。“问东说西”，这是答辩的大忌。在答辩时要简洁、准确，能够用一句话说清的就不用两句话。

例如，一次比赛后，评委问一位选手，为什么在答辩时说那么多与问题不太相关的内容？选手回答：“我想多说点，这样，评委问的时间就少了！”但请注意，你说得多，但如果回答得不太到位，评委的时间是少了，但团队的得分也会少了！

4. 自信、自然

对于评委所提出的问题，要有自信，即使有些问题是团队确实没有答案的，也要表达出“谢谢您的建议，这个问题确实是我们一直在思考的，但是还没有理想的答案。您的提议，让我们有了新的思路”。

关于自然，是指要避免过于形式化的回答，如表演式的手势、背诵式的回答等。

5. 感恩好学

“大众创业、万众创新”，让大学生有了更多的成长机会，更多的学习机会。每一个团队都要感恩我们成长在这个伟大的时代，使我们有机会亲历中华民族的伟大复兴，亲身参与中国社会“大众创业、万众创新”的伟大进程。我们站得越高，就能够看得更远，就能够胸怀家国，以更好的心态参与竞赛！

我们一定要将包括答辩在内参与大赛的过程，当成最好的学习过程。向市场学习、向老师学习、向投资人学习、向其他优秀团队学习、向团队内的每一位成员学习，带着问题学习，面向成果学习！想象一下，能够在这么短时间得到这么多专家的指导，能够得到这么多资源与关注，获得这么多进步，是多么好的学习机会！

同时，比赛的过程，是促进学校的创新创意、科研成果、实体公司进步的最佳机会，团队要借助大赛强大的势能，加快商业计划书的优化与迭代，加快项目与公司的成长进步！

（五）答辩六大原则

（1）不要与评委纠缠不清。

（2）不隐瞒。

（3）不质疑。

（4）回答状态与回答内容同等重要。

（5）不诋毁评委。

（6）答辩=探讨≠考试。

项目实训练习

1. 路演的五大要素是什么？
2. 正式路演之前，创业者需要准备的资料有哪些？
3. 路演的技巧有哪些？
4. 结合本章内容，谈谈你对路演的理解，并试着制作一份路演PPT。
5. 拓展训练

电梯小演练

凝练梳理项目，可做开场或过渡：我的项目是什么；为哪类客户提供什么服满足什么需求；现在成果如何。

范文：我是×××，我们的项目是____________________（不超过10个字），旨在为____________________（用户或客户）提供____________________（差异化的产品或服务），解决____________________（市场需求以及痛点），实现____________________价值。经过前期调研，已进入____________________（测试、试运行、运营等当下项目状态，是否工商注册），已经拥有可以支持解决方案的核心技术和资源，有____________________和____________________（用事实、数据说话），现阶段的成果有____________________（现金收入、积累的用户、产品成熟度、服务以及市场占有）等。

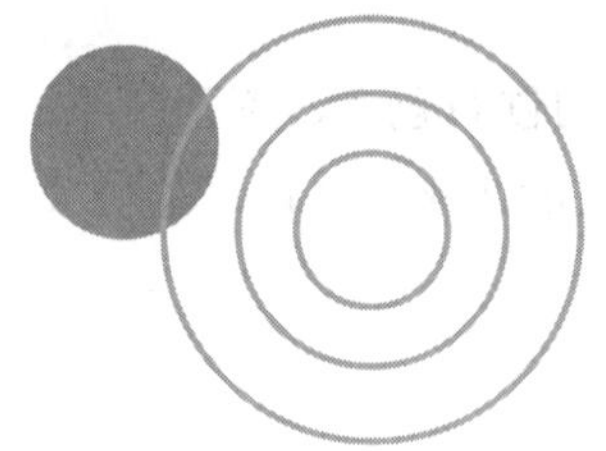

项目十二

大学生创新创业大赛

名　言

少年智则国智，少年富则国富；少年强则国强，少年独立则国独立；少年自由则国自由；少年进步则国进步。

——梁启超

学习目标

通过本项目学习，了解中国国际“互联网+”大学生创新创业大赛的基本情况；掌握中国国际“互联网+”大学生创新创业大赛的操作流程。了解典型案例。了解“创青春”全国大学生创业大赛的相关内容。激发学生创新创业的热情。

案例导入

中云智车

北京理工大学“中云智车——未来商用无人车行业定义者”项目从全国64万个项目中脱颖而出，获得第四届中国“互联网+”大学生创新创业大赛冠军。

中云智车作为大赛初创组“互联网+制造业”的新星，项目是从北理工特种无人车辆创新基地、方程式赛车队孵化而来，是国内首个车规级特定场景无人车整车研发者，拥有车规级无人车全栈研发能力，项目负责人倪俊曾经担任学校方程式赛车队队长。

为了参加比赛，倪俊和他的团队不断对参赛的产品进行研发和创新，敢于实践，带领团队研制出世界领先的无人驾驶赛车、全线控重型无人车、纯电动无人赛车等。

因为大赛，倪俊更加肯定和坚信了以后自己会继续从事无人驾驶技术的研究和创新、创业工作，他要为我国的汽车工业发展与国防安全建设贡献一份力量。

随后倪俊成立了中云智车有限公司，目前已经形成“模块化车规级无人车通用底盘+订制化功能上装及算法”的无人车整车研发与生产新模式。不断打造出无人物流车、无人摆渡车、无人运货车、无人军用车等特定场景商用无人车，为推动其快速落地与汽车产业升级而不懈努力。比赛后，多家物流电商、高等院校与其达成战略合作，生产基地完成建设，实现了经济增长飞跃。

 任务一　认识中国国际大学生创新大赛

创新大赛是国家相关部门为鼓励在校学生、有志青年进行创业而提供的平台，具有一定的政策倾向性，能充分发掘创新创业人才。中国国际大学生创新大赛由教育部和相关部委主办，由地方院校承办，大赛每年一届。

为贯彻落实党的二十大精神，深入贯彻落实习近平总书记关于教育的重要论述和给“青年红色筑梦之旅”大学生重要回信精神，“三位一体”统筹推进教育、科技、人才工作，把创新教育贯穿教育活动全过程，加强拔尖创新人才自主培养，培育新质生产力发展新动能，为教育强国建设支撑引领中国式现代化做出更大贡献，教育部定于2024年4月至10月举办中国国际大学生创新大赛（2024）。

一、大赛主题

我敢闯，我会创。

二、总体目标

更中国、更国际、更教育、更全面、更创新、更协同，落实立德树人根本任务，传承和弘扬红色基因，聚焦“五育”融合创新创业教育实践，开启创新创业教育改革新征程，激发青年学生创新创造热情，打造共建共享、融通中外的国际创新盛会，让青春在全面建设社会主义现代化国家的火热实践中绽放绚丽之花，

——更中国。更深层次、更广范围体现红色基因传承，充分展现新发展阶段高水平创新教育的丰硕成果，集中展示新发展理念引领下创新人才培养的中国方案，提升新时代中国高等教育的感召力。

——更国际。深化创新教育国际交流合作，汇聚全球知名高校、企业和创业者，服务以国内大循环为主体、国内国际双循环相互促进的新发展格局，搭建全球性创新创业竞赛平台，提升新时代中国高等教育的影响力。

——更教育。推动思想政治教育、专业教育与创新教育深度融合，弘扬劳动精神，加强学生创新实践能力培养，造就敢想敢为又善作善成的新时代好青年，提升新时代中国高等教育的塑造力。

——更全面。推进职普融通、产教融合、科教融汇，鼓励各学段学生积极参赛，形成创新创业教育在高等教育、职业教育、基础教育、留学生教育等各类各学段的全覆盖，打通人才培养各环节，提升新时代中国高等教育的引领力。

——更创新。积极开辟发展新领域新赛道，不断塑造发展新动能新优势，丰富竞赛内容和形式，激发全社会创新创造动能，促进高校创新成果转化应用，进一步服务国家重大战略需求和经济社会高质量发展，提升新时代中国高等教育的创造力。

——更协同。充分发挥大赛平台纽带作用，促进优质资源互联互通，推动形成开放大学、开放产业、开放问题的良好氛围，助推大赛项目落地转化，营造支持青年大学生创新创业、共同合作、互相包容、互相支持的良好生态。

三、主要任务

以赛促教，探索人才培养新途径。全面提高人才自主培养质量，强化高校课程思政建设，深入推进新工科、新医科、新农科、新文科建设，深化创新创业教育改革，引领各类学校人才培养范式深刻变革，形成新的人才培养质量观和质量标准，切实提高学生的创新精神、创新意识和创新能力。

以赛促学，培养创新创业生力军。着力造就拔尖创新人才，激励广大青年扎根中国大地了解国情民情，在创新创业中增长智慧才干，怀抱梦想又脚踏实地，敢想敢为又善作善成，做有理想、敢担当、能吃苦、肯奋斗的新时代好青年。

以赛促创，搭建产教融合新平台。把教育融入经济社会发展，推动成果转化和产学研用融合，促进教育链、人才链与产业链、创新链有机衔接，以创新引领创业、以创业带动就业，推动形成高校毕业生更高质量创业就业的新局面。

四、大赛内容

（1）主体赛事。包括高教主赛道、“青年红色筑梦之旅”赛道、职教赛道、产业命题赛道和萌芽赛道。

（2）“青年红色筑梦之旅”活动。

（3）同期活动。即大赛优秀项目资源对接会、大学生创新成果展、世界大学生创新论坛、世界大学生创新指数框架体系发布会等系列活动。

五、组织机构

（1）大赛由教育部、中央统战部、中央网信办、国家发展改革委、工业和信息化部、人力资源社会保障部、农业农村部、中国科学院、中国工程院、国家知识产权局、国家乡村振兴局、共青团中央和上海市人民政府联合主办，上海交通大学和闵行区人民政府共同承办。

（2）大赛设立组织委员会（以下简称大赛组委会），由教育部和上海市人民政府主要负责同志担任主任、教育部和上海市分管负责同志担任副主任、教育部高等教育司主要负责同志担任秘书长、有关部门（单位）负责同志作为成员，负责大赛的组织实施。

（3）大赛设立专家委员会，负责项目评审等工作。

（4）大赛设立纪律与监督委员会，负责对赛事组织、参赛项目评审、协办单位相关工作等进行监督，对违反大赛纪律的行为予以处理。

（5）各省级教育行政部门可成立相应的赛事机构，负责本地比赛的组织实施、项目评审和推荐等工作。

六、参赛要求

（1）参赛项目能够紧密结合经济社会各领域现实需求，充分体现高校在新工科、新医科、新农科、新文科建设等方面取得的成果，培育新产品、新服务、新业态、新模式，促进制造业、农业、卫生、能源、环保、战略性新兴产业等产业转型升级，促进人工智能、数字技术与教育、医疗、交通、金融、消费生活、文化传播等深度融合。

（2）参赛项目应弘扬正能量，践行社会主义核心价值观，真实、健康、合法。不得含有任何违反《中华人民共和国宪法》及其他法律法规的内容。所涉及的发明创造、专利技术、资源等必须拥有清晰合法的知识产权或物权。参赛项目如有涉密内容参赛前须进行脱敏处理。如有抄袭盗用他人成果、提供虚假材料等违反相关法律法规或违背大赛精神的行为，一经发现即刻丧失参赛资格、所获奖项等相关权利，并自负一切法律责任。

（3）参赛项目只能选择一个符合要求的赛道报名参赛，根据参赛团队负责人的学籍或学历确定参赛团队所代表的参赛学校，且代表的参赛学校具有唯一性。参赛团队须在报名系统中将项目所涉及的材料按时如实填写提交。已获本大赛往年总决赛各赛道金奖和银奖的项目，不可报名参加今年大赛。

（4）参赛人员（不含产业命题赛道参赛项目成员中的教师）年龄不超过35岁（1989年3月1日及以后出生）。

（5）各省级教育行政部门及各有关学校要严格开展参赛项目审查工作，确保参赛项目的合规性和真实性。审查主要包括参赛资格以及项目所涉及的科技成果、知识产权、财务状况、运营、荣誉奖项等方面。其中，入围省赛的项目由各学校汇总后加盖公章报省级教育行政部门;入围总决赛的项目由各省级教育行政部门汇总后加盖公章报教育部高等教育司。

七、比赛赛制

（1）大赛主要采用校级初赛、省级复赛、总决赛三级赛制（不含萌芽赛道以及国际参赛项目）。校级初赛由各院校负责组织，省级复赛由各地负责组织，总决赛由各地按照大赛组委会确定的配额择优遴选推荐项目。大赛组委会将综合考虑各地报名团队数（含邀请国际参赛项目数）、参赛院校数、往年获奖项目情况和创新教育工作情况等因素分配总决赛名额。

（2）大赛共产生4 250个项目入围总决赛（港澳台地区参赛名额单列），其中高教主赛道2 300个（国内项目1 800个、国际项目500个）、“青年红色筑梦之旅”赛道650个、职教赛道650个、产业命题赛道450个、萌芽赛道200个。

（3）高教主赛道每所高校入选总决赛项目不超过5个，“青年红色筑梦之旅”赛道每所院校入选总决赛项目不超过3个，职教赛道每所院校入选总决赛项目不超过3个，产业命题赛道每道命题每所院校入选项目不超过3个，萌芽赛道每所学校入选总决赛项目不超过2个。

八、赛程安排

（1）参赛报名（2024年5—8月）。参赛团队通过登录全国大学生创业服务网进行报名，在“资料下载”板块可下载学生操作手册指导报名参赛。通过微信公众号（名称为“全国大学生创业服务网”或“中国国际大学生创新大赛”　）进行赛事咨询。评审规则将于近期公布，请登录全国大学生创业服务网查看具体内容。

报名系统开放时间为2024年5月15日，报名截止时间由各地根据复赛安排自行决定，但不得晚于8月1日。国际参赛项目通过全球青年创新领袖共同体促进会官网进行报名，具体安排另行通知。

（2）初赛复赛（2024年6—8月）。各地各学校登录大赛官网进行大赛管理和信息查看。省级管理用户使用大赛组委会统一分配的账号进行登录，校级账号由各省级管理用户进行管理。初赛复赛的比赛环节、评审方式等由各校、各地自行决定。各地应在8月31日前完成省级复赛，并完成入围总决赛的项目遴选工作（推荐项目应有名次排序，供总决赛参考）。国际参赛项目的遴选推荐工作另行安排。

（3）总决赛（2024年10月）。大赛设金奖、银奖、铜奖;另设省市组织奖、高校集体奖及若干单项奖。入围总决赛的项目将通过评审，择优进入总决赛现场比赛，决出各类奖项。大赛组委会通过全国大学生创业服务网、国家大学生就业服务平台为参赛团队提供项目展示、创业指导、人才招聘、资源对接等服务，各项目团队可登录上述网站查看相关信息，各地各校可充分利用网站资源，为参赛团队做好服务。

九、主要赛事介绍

（一）“青年红色筑梦之旅”

1. 主要目标

不断拓展“青年红色筑梦之旅”活动的时代内涵，推动习近平新时代中国特色社会主义思想入眼入耳入脑入心，使广大青年学生深刻领悟“两个确立”的决定性意义，自觉增强“四个意识”，坚决做到“两个维护”，坚定不移听党话、跟党走，厚植家国情怀、扎根中国大地，用创新实践服务国家、服务人民，将个人奋斗融入强国建设、民族复兴伟业，成为社会主义合格建设者和可靠接班人，为全面建设社会主义现代化国家贡献青春力量。

2. 赛道安排

参加“青年红色筑梦之旅”活动的项目，符合大赛参赛要求的，可自主选择参加“青年红色筑梦之旅”赛道。

（1）参赛项目要求：

① 参加“青年红色筑梦之旅”赛道的项目应符合大赛参赛项目要求，同时在推进农业农村、城乡社区经济社会发展等方面有创新性、实效性和可持续性。

② 以团队为单位报名参赛。允许跨校组建团队，每个团队的参赛成员不少于3人，不多于15人（含团队负责人），须为项目的实际核心成员。参赛团队所报参赛创业项目，须为本团队策划或经营的项目，不得借用他人项目参赛。

③ 参赛申报人须为项目负责人，须为普通高等学校全日制在校生（包括本专科生、研究生，不含在职教育），或毕业5年以内的全日制学生（即2019年之后的毕业生，不含在职教育）；国家开放大学学生（仅限学历教育）。企业法定代表人在大赛通知发布之日后进行变更的不予认可。

（2）参赛组别和对象：

参加“青年红色筑梦之旅”赛道的项目，须为参加“青年红色筑梦之旅”活动的项目。否则一经发现，取消参赛资格。根据项目性质和特点，分为公益组、创意组、创业组。

① 公益组：

a. 参赛项目不以营利为目标，积极弘扬公益精神，在公益服务领域具有较好的创意、产品或服务模式的创业计划和实践。

b. 参赛申报主体为独立的公益项目或社会组织，注册或未注册成立公益机构（或社会组织）的项目均可参赛。

② 创意组：

a. 参赛项目基于专业和学科背景或相关资源，解决农业农村和城乡社区发展面临的主要问题，助力乡村振兴和社区治理，推动经济价值和社会价值的共同发展。

b. 参赛项目在大赛通知下发之日前尚未完成工商等各类登记注册。

③ 创业组：

a. 参赛项目以商业手段解决农业农村和城乡社区发展面临的主要问题、助力乡村振兴和社区治理，实现经济价值和社会价值的共同发展，推动共同富裕。

b. 参赛项目在大赛通知下发之日前已完成工商等各类登记注册，项目负责人须为法定代表人。项目的股权结构中，企业法定代表人的股权不得少于10%，参赛成员股权合计不得少于1/3。

3. 奖项设置

（1）本赛道设置金奖70个、银奖140个、铜奖440个。

（2）获得金奖项目的指导教师为“优秀创新创业导师”（限前5名）。

（二）职教赛道

1. 参赛项目类型

（1）创新类：以技术、工艺或商业模式创新为核心优势。

（2）商业类：以商业运营潜力或实效为核心优势。

（3）工匠类：以体现敬业、精益、专注、创新为内涵的工匠精神为核心优势。

2. 参赛方式和要求

（1）职业学校（包括职业教育各层次学历教育，不含在职教育）、国家开放大学学生（仅限学历教育）可以报名参赛。

（2）大赛以团队为单位报名参赛。允许跨校组建团队，每个团队的参赛成员不少于3人，不多于15人（含团队负责人），须为项目的实际核心成员。参赛团队所报参赛创业项目，须为本团队策划或经营的项目，不得借用他人项目参赛。

3. 参赛组别和对象

本赛道分为创意组与创业组。

（1）创意组：

① 参赛项目具有较好的创意和较为成型的产品原型、服务模式或针对生产加工工艺进行创新的改良技术，在大赛通知下发之日前尚未完成工商等各类登记注册。

② 参赛申报人须为团队负责人，须为职业学校的全日制在校学生或国家开放大学学历教育在读学生。

③ 学校科技成果转化项目不能参加本组比赛（科技成果的完成人、所有人中参赛申报人排名第一的除外）。

（2）创业组：

① 参赛项目在大赛通知下发之日前已完成工商等各类登记注册。

② 参赛申报人须为企业法定代表人，须为职业学校全日制在校学生或毕业5年内的学生（即2019年之后的毕业生）、国家开放大学学历教育在读学生或毕业5年内的学生（即2019年6月之后的毕业生）。企业法人在大赛通知发布之日后进行变更的不予认可。

③ 项目的股权结构中，企业法定代表人的股权不得少于10%，参赛团队成员股权合计不得少于1/3。

4. 奖项设置

（1）本赛道设置金奖70个、银奖140个、铜奖440个。

（2）获得金奖项目的指导教师为“优秀创新创业导师”（限前5名）。

（三）产业命题赛道

1. 目标任务

（1）发挥开放创新效用，打通高校智力资源和企业发展需求，协同解决企业发展中所面临的技术、管理等现实问题。

（2）引导高校将创新创业教育实践与产业发展有机结合，促进学生了解产业发展状况，培养学生解决产业发展问题的能力。

（3）聚焦发展新质生产力，立足产业急需，深化新工科、新医科、新农科、新文科建设，校企协同培育产业新领域、新市场，推动大学生更高质量创业就业。

2. 参赛项目类型

（1）产教协同创新组：聚焦国家重大战略需求，深度推进产教融合、科教融汇，基于“四新”建设的内涵和要求，推动解决制约产业高质量发展的各类难题，加速产业转型升级与迭代创新。

（2）区域特色产业组：服务区域经济社会发展，聚焦举办地上海的三大先导产业——集成电路、生物医药、人工智能及相关各类产业，提出具有创新性的技术解决方案，助力构建具有竞争力的区域产业生态。

3. 命题征集

（1）本赛道针对企业开放创新需求，面向产业代表性企业、行业龙头企业、专精特新企业等征集命题。

（2）企业命题应聚焦国家“十四五”规划战略性新兴产业方向，倡导新技术、新产品、新业态、新模式。围绕新工科、新医科、新农科、新文科对应的产业和行业领域，基于企业发展真实需求进行申报。

（3）命题须健康合法，弘扬正能量，知识产权清晰，无任何不良信息，无侵权违法等行为。

4. 参赛要求

（1）本赛道以团队为单位报名参赛，每支参赛团队只能选择一题参加比赛，允许跨校组建、师生共同组建参赛团队，每个团队的成员不少于3人，不多于15人（含团队负责人），须为揭榜答题的实际核心成员。

（2）项目负责人须为普通高等学校全日制在校生（包括本专科生、研究生，不含在职教育），或毕业5年以内的全日制学生（即2019年之后毕业的本专科生、研究生，不含在职教育）。参赛项目中的教师须为高校教师（2024年8月15日前正式入职）。

（3）参赛团队所提交的命题对策须符合所答企业命题要求，命题企业将对命题对策进行契合度审核评价。参赛团队须对提交的应答材料拥有自主知识产权，不得侵犯他人知识产权或物权。

（4）所有参赛材料和现场答辩原则上使用中文或英文，如有其他语言需求，请联系大赛组委会。

5. 赛程安排

（1）征集命题。请命题企业于2024年5月30日24:00前进入全国大学生创业服务网进行中国国际大学生创新大赛（2024）产业命题赛道命题申报。

（2）命题发布。大赛组委会组织专家，对企业申报的产业命题进行评审遴选。入选命题于6月中旬在全国大学生创业服务网公开发布和全球青年创新领袖共同体促进会（PILC）官网公开发布。

（3）参赛报名。各省级教育行政部门及各有关学校负责审核参赛对象资格。中国参赛团队通过登录全国大学生创业服务网进行报名。国际参赛团队通过登录全球青年创新领袖共同体促进会（PILC）官网进行报名。参赛报名及对策提交的截止时间为北京时间2024年8月1日24:00。请命题企业、学校及参赛团队登录全国大学生创业服务网，查看校企对接的具体流程，积极开展对接，确保供需互通。

（4）初赛复赛。初赛复赛的比赛环节、评审方式等，由各地结合参赛报名等情况自行决定，项目评审可邀请出题企业的专家共同参与。各地应在8月31日前完成入围总决赛的项目遴选与推荐工作。各地推荐项目应有名次排序，供总决赛参考。

（5）总决赛。入围总决赛项目通过对策讲解、实物展示和专家问辩等环节，决出各类奖项。具体安排与大赛整体安排保持一致。

6. 奖项设置

本赛道设置金奖50个、银奖100个和铜奖300个。

7. 其他说明

（1）大赛组委会不保障所有命题均可揭榜及提交对策满足命题企业要求。2024年大赛未获揭榜的产业命题，可在下一年度继续申报。

（2）命题企业需遵守大赛的规章制度，按照大赛的流程和要求参与大赛的相关活动。鼓励企业和高校在赛后积极启动项目对接会，进一步推动项目落地。

（3）命题企业需充分开放与所有高校的项目对接沟通，杜绝出现长期与个别高校合作、拒绝与其他高校沟通对接的情况。

（四）萌芽赛道

1. 目标任务

引导中学生开展科技创新、发明创造、社会实践等创新性实践活动，培养其探索性、创新性思维品质，树立科学的人才观、成才观、教育观。

2. 参赛对象

普通高级中学在校学生。参赛学生须为项目的实际成员，鼓励学生以团队为单位参加（团队成员不超过15人），允许跨校组建团队。

3. 参赛项目要求

（1）项目应紧密融合学习、生活、社会实践，能创造性地解决问题或提供解决思路，具有可预见的应用性与成长性，可以是教育部公布的面向中小学生的全国性竞赛活动名单中学生赛事获奖项目或作品。

（2）项目须真实、健康、合法，无任何不良信息，不得借用他人项目参赛。项目立意应弘扬正能量，践行社会主义核心价值观。参赛项目不得侵犯他人知识产权；所涉及的发明创造、专利技术、资源等必须拥有清晰合法的知识产权或物权，涉及他人知识产权的，报名时须提交完整的具有法律效力的所有人书面授权许可书、专利证书等；抄袭盗用他人成果、提供虚假材料等违反相关法律法规的行为，一经发现即刻丧失参赛相关权利并自负一切法律责任。

4. 赛程安排

各地成立有基础教育部门参与的大赛萌芽赛道工作小组，研究、制定工作方案，推进各阶段的赛事组织工作。

（1）项目遴选（2024年4—8月）。各地要做好本地优秀创新项目的遴选工作，遴选环节和方式等可自行决定。

（2）项目推荐（2024年8月）。请各地于8月31日前，向大赛组委会推荐不超过10个参加全国总决赛萌芽赛道的项目。

（3）网络评审（2024年9月）。根据萌芽赛道评审规则评选出200个入围全国总决赛的项目，其中前60个项目参加总决赛现场比赛。

（4）总决赛（2024年10月）。进入总决赛现场比赛的60个项目参加现场展评，通过项目讲解、实物展示和专家问辩，决出奖项。

5. 奖项设置

本赛道设置创新潜力奖20个。入围总决赛但未获创新潜力奖的项目，发放“入围总决赛”证书。

十、获奖案例

（一）中科光芯——硅基无荧光粉发光芯片产业化应用

所属高校：南昌大学

所获奖项：第七届“互联网+”大赛全国冠军

项目概述：

公司（院士团队产业化公司）南昌大学国家硅基LED工程技术研究中心进行产、学、研、用全面合作，致力于“硅基无荧光粉发光芯片”产业化推广工作，目前技术产业应用已涵盖户外照明、家居照明，教育照明、特种照明，农业照明等领域。

2015年12月，由南昌大学江风益院士科研团队自主研发的“硅衬底高光效GaN基蓝色发光二极管”获得国家技术发明一等奖，由此打破了美日LED照明技术垄断，开拓了“中国芯”世界LED照明第三条技术路线。传统LED照明技术是通过蓝色发光二极管激发荧光粉混合出不同颜色的光线，存在较高的蓝光危害。

首先引起视觉疲劳，造成近视。其次蓝光影响睡眠质量，导致失眠。基于以上两大痛点，我们提出的解决方案是以“硅衬底”为基础，研发硅基纯LED照明技术，开发健康照明系列产品。具有低色温高显指，“无蓝光伤害”LED的两大核心优势体现如下：全球先进的多基色混合LED芯片。

与传统的LED发光原理不同，此芯片不使用稀缺资源荧光粉，采用的是多基色混合LED芯片发光，实现了高显指，具有更高的色彩还原度，做到与自然光相当的白光。在国家蓝光危害等级中处于“无蓝光”优于0级的标准。全球首创“无蓝”金黄光LED芯片。临床实验表明，该光源能促进人体褪黑素的分泌，提高深度睡眠比，具有低色温、高显指、无频闪等功能。在金黄光LED芯片中黄光的发光效率属于世界领先地位，高于世界水平一倍以上。

预计在2025年突破10亿元销售规模，力争科创板上市。

项目进展：已注册公司运营融资阶段：未获融资

（二）中发天信——万米高空无人守护者

所属高校：北京航空航天大学

所获奖项：第七届“互联网+”大赛全国亚军

项目概述：

战略目标：万米高空无人守护者——建成国内首家拥有全系列机种的大型无人机航空公司，在国家战略引领及地方政府大力支持下，充分发挥市场经济的优势，大力推动国家/央企投资平台、地方政府投资平台与当地知名企业的资本合作。引进金融平台，以更低的成本建立完整的、规模化的大型无人机机队，基于此组建高水平运维队伍，建设先进无人机机场及运维保障基地和信息化中心，为新型航空产业发展做出贡献。

中发天信（北京）航空发动机科技股份有限公司成立于2016年，在航空工业集团、中国航发集团、北京航空航天大学、清华大学、哈尔滨工业大学、中国民航大学、中国航发、中国科学院、中国电科等单位的产业资本及科研条件大力支持下，开展大型无人机运行保障、涡轮式航空发动机研发及生产、高性能任务载荷设计及研制、大型无人机维修维护和地面保障设备生产等相关业务，并致力于成为现代化、综合性大型无人机商业运营航空企业，向中国政府及相关部门机构提供大型无人飞行器的运营及衍生服务，覆盖气象、地质、海事、物流、消防、边防等多应用场景。

公司专注于大型无人机产业，在该产业链的上、下游进行产业布局，下设五大业务板块：北京总部、江西科研生产基地、江西制造基地、成都制造基地、成都人工智能研究院。

航空发动机业务板块，主要从事航空发动机研制、生产、配套、服务工作，目前是航空工业成飞航空发动机配套单位中唯一一家民营性质合格供应商。

大型无人机成品制造与下游应用领域业务板块，与中航（成都）无人机系统股份有限公司、航空工业成飞、中电科三所等单位形成紧密的合作关系，开展大型无人机应用模式开发、大型无人机运营与维护、飞机托管以及无人机任务载荷系统科研配套与销售等业务。

大型无人机民用解决方案项目，旨在为具有民用大型无人机应用需求的客户单位（气象局、中华人民共和国应急管理部、海洋海事局等各部委、机关单位及其他相关企业）提供定制化大型无人机民用解决方案。

以客户需求为牵引，提供大型无人机运行保障、涡轮式航空发动机研发及生产、高性能任务载荷设计及研制、大型无人机维修维护和地面保障设备生产及Terminal-X（基于常驻机场的、支持大型无人机运营的基础设施建设和大型无人机运行及服务的能力建设工作，在无人机运营团队、机场、空管三方专业团队之间协调，保证服务高效顺利实现）。

项目进展：已注册公司；运营融资阶段：天使轮，A轮。

（三）Goprint——多功能智能打印机先行者

所属高校：浙江大学

所获奖项：第七届“互联网+”大赛全国季军

项目概述：

这是一款继移动笔记本计算机、移动智能手机之后的又一项革命性的发明——移动智能打印机。

作为办公和学习的必备工具，在这个时代，打印机却始终没能移动化。我们期望改变这一现状。经过团队工程师的不断努力，我们终于将打印机缩小到了钱包的大小，它包含传统打印机的功能却不止于此，大至A4甚至更大的打印幅面。打印，从此随时随地。

市场背景：

移动办公的人越来越多，纸质材料却难以被取代，如何在外出时获得打印材料成了很多人的痛点。市场调研显示，人们对便携式打印机的需求正在持续增长。相关市场正处于发展阶段，创业机会增多。

而现阶段市面上的便携式打印机难以实现传统打印机的功能。我们希望能用革新的产品GoPrint，实现传统打印机的功能并提供更多可能，触及普通打印机不易触及的时空，掀起一场打印机的革命。

技术优势：

产品具有独创技术。GoPrint的打印喷头摆脱了框架导轨的束缚在平面上自行走，而减小了体积。团队工程师应用了现今先进的微电子学工业成果和计算机图形学应用设计了一套特别的定位方式，在打印机体积缩小成钱包大小时仍有较高打印质量。同时提供多套方案面向不同市场。相关技术申请了中国发明专利。

市场优势：

GoPrint解决了相关人群的痛点。不管是学生党需要随时打印错题、复习材料或论文，还是商务人士在外办公打印文件合同，甚至是普通消费者日常使用，GoPrint都将成为他们生活中的好伙伴。GoPrint的核心技术还可用于超大幅面印刷，现行业内相关设备动辄数十万元，GoPrint降低了行业门槛。

GoPrint还具有很强的可扩展性：搭载在GoPrint上的打印喷头可快速拆卸，换成CCD传感器变身扫描仪，扫描仪和打印机组合变身复印机。还可基于GoPrint打印用的App建立一整套生态，用独占内容和社群建设提高用户黏性、助力产品营销。

营销策略：

将结合6P和6C营销理论。产品面向国际市场，充分利用互联网优势，可先采用众筹方式获得生产资金和第一批用户，接着线上线下铺货，除传统营销方式外，还可采用和相关产品，如纸张组合搭售的方法。

通过合适的营销策略，周全考虑的定价策略和审慎的财务分析，项目有很强的盈利能力，市场前景良好。我们也进行了风险评估，做好了应对准备，为项目长足发展奠定坚实基础。

项目进展：已注册公司；运营融资阶段：未获融资。

（四）热管理用柔性陶瓷纳米纤维/超轻、超弹陶瓷纤维气凝胶耐高温隔热材料

所属高校：东华大学

项目奖项：第七届“互联网+”大赛全国金奖

项目概述：

1. 研发背景及市场分析

耐高温、阻燃、隔热材料作为航天器、导弹、消防、热输运等领域的关键材料，具有广泛的应用需求。陶瓷纤维材料兼具陶瓷材料和纤维材料耐高温性好、阻燃性优、隔热性好、热机械性能稳定等特点，是当前使用最为广泛的耐高温、阻燃、隔热材料之一。

现有陶瓷纤维隔热材料无法满足轻质、低厚度、高效隔热的需求。无机二氧化硅气凝胶粉体填充的高硅氧纤维毡，使用过程中气凝胶粉体易脱落且耐温性（650 ℃）不足。

此外，国际顶尖气凝胶企业美国Aspen拥有“粉体填充的气凝胶材料”全球母专利，任何企业生产都无法绕开。因此，开发具备自主知识产权的小直径、低密度、低导热系数的耐高温陶瓷纤维隔热材料是解决上述问题的关键。

2. 项目产品

本项目团队首次制备出十余种柔性陶瓷纳米纤维材料，其中开发的柔性氧化锆陶瓷纳米纤维材料具有低密度、隔热性好、耐温性高（2 300 ℃）、纤维连续性好及柔性好等特点，解决了目前高温隔热产品存在的质量大、低厚度下隔热性差、抗震性不足的瓶颈问题，其导热系数低至0.023 W/（m·K），可完全满足高温轻质、低厚度、高效隔热的应用需求，该产品生产技术处于世界领先水平。此外，利用陶瓷纳米纤维“三维网络重构”的原创性方法，首次开发出超轻、超弹的氧化锆陶瓷纳米纤维气凝胶，实现了将“石头”制备成可回弹、超轻质形态的目标，该材料导热系数低至0.019 W/（m·K），目前，全世界范围仅本项目团队掌握陶瓷纤维隔热材料生产技术。

3. 目标客户

本项目产品已全面超越了世界顶尖产品Aspen气凝胶纤维毡，可广泛应用于飞机、坦克、导弹、高铁、建筑、消防等耐高温、隔热、阻燃领域。

4. 盈利模式

一是为石油管道、核动力工程、热能传输管道工程、消防用品提供耐高温隔热产品；二是为特定应用场景提供技术服务，实现定向开发不同材质、不同形态、特定结构的耐高温隔热材。未来瞄准军工、航天、炼钢、能源输运、消防领域的龙头大公司，以材料为基础，以技术开发为优势，形成核心竞争力。目前，已实现在军工领域的应用，也在诸如汽车、消防、高铁阻燃、热输运领域开展性能测试，还与强生集团、辽宁省轻工科学研究院签订战略合作协议。

项目进展：已注册公司；运营融资阶段：天使轮。

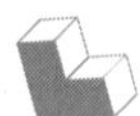

任务二 认识“创青春”全国大学生创业大赛

“创青春”全国大学生创业大赛（本章以下简称“创青春”大赛）是由中国共产主义青年团中央委员会、中华人民共和国教育部、中华人民共和国人力资源和社会保障部、中国科学技术协会、中华全国学生联合会和地方省级人民政府主办，中华人民共和国工业和信息化部、国务院国有资产监督管理委员会、中华全国工商业联合会支持的，一项具有导向性、示范性和群众性的创业竞赛活动，每两年举办一届，首届举办时间为2014年。

“创青春”大赛每届的主要比赛形式和内容基本相同，但大赛组别、大赛主题、奖项设置有所差异。下面将以2018年“创青春”大赛为例，来介绍该赛事的相关内容。

一、大赛简介

“创青春”大赛以“青春建功新时代，创业追梦新征程”为主题。其宗旨是培养创新意识、启迪创意思维、提升创造能力、造就创业人才。下面对“创青春”大赛的主体赛事和大赛特色进行介绍。

（一）“创青春”大赛主体赛事

“创青春”大赛设立了大学生创业计划竞赛（即“挑战杯”中国大学生创业计划竞赛）、创业实践挑战赛、公益创业赛三项主体赛事。

1. 大学生创业计划竞赛

面向高等学校在校学生，以商业计划书、现场答辩等作为参赛项目的主要评价内容。

2. 创业实践挑战赛

面向高等学校在校学生或毕业未满3年且已投入实际创业3个月以上的高校毕业生，以经营状况、发展前景等作为参赛项目的主要评价内容。

3. 公益创业赛

面向高等学校在校学生，以创办非营利性质社会组织的计划和实践等作为参赛项目的主要评价内容。

以上三项主体赛事需通过组织省级预赛或评审后进行选拔报送。全国组织委员会聘请专家评定出具备一定操作性、应用性，以及具有良好市场潜力、社会价值和发展前景的优秀项目，给予奖励。

（二）大赛特色

全国组织委员会将在大赛举办期间组织多种形式的交流活动、展示活动和其他活动，丰富大赛内容。

全国组织委员会将设立大学生创业基金，加强与有关方面特别是金融机构、风险投资机构和创业投资机构等方面的合作，并通过成立大学生创业联盟等为高校学生通过参与大赛实现创业提供支持。

除此之外，在每次大赛举办期间，全国组织委员会将联合地方政府、园区和风险投资机构举办项目对接和孵化活动，对大赛中涌现出的优秀项目进行优先转化。

二、参赛要求

凡在举办大赛终审决赛的当年7月1日以前正式注册的全日制非成人教育的各类高等院校在校专科生、本科生、硕士研究生和博士研究生（均不含在职研究生）可参加全部三项主体赛事；毕业3年以内（时间截至举办大赛终审决赛的当年7月1日）的专科生、本科生、硕士研究生和博士研究生可代表原所在高校参加创业实践挑战赛（需提供毕业证证明，仅可代表最终学历颁发高校参赛）。

由于大赛包含三个主体赛事，所以参赛项目的申报条件根据赛事不同也有所差别，现将三个主体赛事的申报条件总结如下：

1. 大学生创业计划竞赛申报条件

参加竞赛项目分为已创业与未创业两类。分为农林、畜牧、食品及相关产业，生物医药，化工技术和环境科学，信息技术和电子商务，材料，机械能源，文化创意和服务咨询等七个组别。实行分类、分组申报。

（1）已创业类申报条件。拥有或授权拥有产品或服务，并已在工商、民政等政府部门注册登记为企业、个体工商户、民办非企业单位等组织形式，且法定代表人或经营者为符合参赛资格的在校学生、运营时间在3个月以上（以预赛网络报备时间为截止日期）的项目。

（2）未创业类申报条件。拥有或授权拥有产品或服务，具有核心团队，具备实施创业的基本条件，但尚未在工商、民政等政府部门注册登记或注册登记时间在3个月以下的项目。

2. 创业实践挑战赛申报条件

拥有或授权拥有产品或服务，并已在工商、民政等政府部门注册登记为企业、个体工商户、民办非企业单位等组织形式，且法定代表人或经营者符合参赛资格的规定、运营时间在3个月以上（以预赛网络报备时间为截止日期）的项目，可申报该赛事。申报不区分具体类别、组别。

3. 公益创业赛申报条件

拥有较强的公益特征（有效解决社会问题，项目收益主要用于进一步扩大项目的范围、规模或水平）、创业特征（通过商业运作的方式，运用前期的少量资源撬动外界更广大的资源来解决社会问题，并形成可自身维持的商业模式）、实践特征（团队须实践其公益创业计划，形成可衡量的项目成果，部分或完全实现其计划的目标成果）的项目，且参赛学生符合参赛资格的规定，可申报该赛事。申报不区分具体类别、组别。

每所高校选送参加全国大赛的项目总数不超过六个。其中，参加大学生创业计划竞赛的项目总数不超过三个，参加创业实践挑战路的项目总数不超过两个，参加公益创业装的项目总数不超过一个。每人（每个团队）限报一个项目；每个参赛项目只可选择参加一项主体赛事，不得兼报。

三、大赛安排

下面将主要从赛程安排和计分要求两方面介绍“创青春”大赛安排。

1. 赛程安排

大赛总体上分为校赛、省察、国赛三个层面，以及预赛、复赛、决赛三个阶段来开展。其中，校赛、省赛的时间和具体形式由各高校各地区结合自身实际组织开展。4月至5月，将由各省（自治区、直辖市）针对大赛下设的三项主体赛事组织本地预赛或评审；7月至8月举办全国复赛；9月至10月举办全国决赛。

如欲参赛，应首先通过高校团委组织的校级选拔，才能进入省赛乃至全国复赛和决赛。在大赛的举办过程中，全国组织委员会不接受高校或个人的申报。

2. 计分要求

全国评审委员会对各省（自治区、直辖市）报送的三项主体赛事的参赛项目进行复审，分别评出90%左右的参赛项目进入决赛。三项主体赛事的奖项统一设置为金奖、银奖、铜奖，分别约占进入决赛项目总数的10%、20%和70%。

大赛以高校为单位计算参赛得分并排序。各等次奖计分方法如下：

（1）大学生创业计划竞赛，金奖项目每个计100分，银奖项目每个计70分，铜奖项目每个计30分，上报至全国组织委员会，但未通过复赛的项目每个计10分。

（2）创业实践挑战赛，金奖项目每个计120分，银奖项目每个计90分，铜奖项目每个计50分，上报至全国组织委员会，但未通过复赛的项目每个计10分。

（3）公益创业赛，金奖项目每个计100分，银奖项目每个计70分，铜奖项目每个计30分，上报至全国组织委员会，但未通过复赛的项目每个计10分。

如遇总得分相等，则以获金奖的个数决定同一名次内的排序，依此类推至铜奖。

四、参赛指南

下面将对“创青春”大赛的评审要点和参赛赛道的选择进行介绍，帮助广大参赛者更好地筹备大赛。

1. 评审要点

根据参赛项目的不同，其评审的侧重点也有所区别，下面分别介绍实践类项目、创意类项目和公益类项目各自的评审要点。

（1）实践类项目的评审要点主要包括项目陈述、市场分析、公司运营、财务管理、团队建设和回答问题六个方面。

（2）创意类项目的评审要点主要包括创业思路、项目陈述、项目实操、财务管理、团队建设和回答问题六个方面。

（3）公益类项目的评审要点主要包括公益性、创业性和实践性三个方面。

2. 赛道选择

参赛者要想在大赛中取得好成绩，选对赛道十分重要。下面给出了不同赛道的选择方案供大家参考。

（1）如果参赛者或者参赛者身边有一些已注册或运营中的企业资源，且该类企业具有一定的发展前景、科技含量，则可以选择创业实践挑战赛赛道。

（2）如果参赛者有创业的想法，且该想法现实可行、具有一定的发展前景，如大学生科技创新训练计划（science and technology innovation training program, STITP）项目等科研类项目，适合落地转化或者投入生产，能够解决相应的市场痛点，则可以选择大学生创业计划竞赛赛道。

（3）如果参赛者或者参赛者身边有公益项目，且该公益项目运行良好，能够有一些盈利措施并持续盈利，则可以选择公益创业赛赛道。

项目实训练习

1. 选择一个你感兴趣的领域，如智能家居，设计一个具有创新性的智能家居产品或系统，并撰写详细的项目计划书，包括产品功能、市场分析、竞争优势、营销策略等。

2. 针对当前社会热点问题，如老龄化、环保等，构思一个与之相关的创新服务项目，进行项目的可行性分析和商业模式设计。

3. 对现有的某个传统行业进行创新改造，如传统餐饮行业，提出一个独特的创新方案，包含技术应用、运营模式等方面。

4. 想象一种新型的教育模式或教育产品，围绕它展开项目规划，包括目标用户、产品特色、推广途径等。

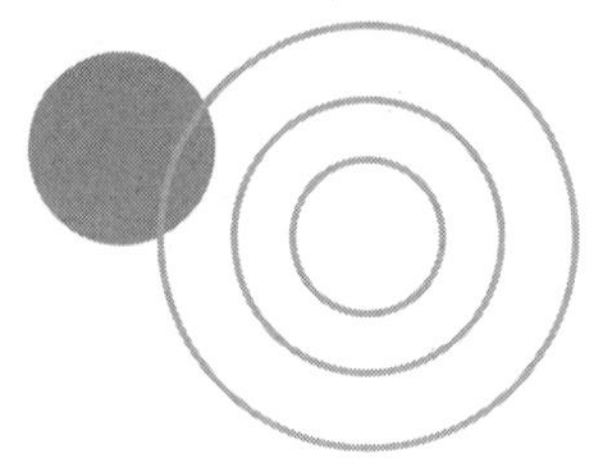

项目十三 新企业的开办

名 言

大鹏一日同风起，扶摇直上九万里。

——李白《上李邕》

学习目标

通过学习，使学生了解创办企业必须遵循的制度和规则，清晰企业成立初期的目标。对于新的企业，应该认识到团队合作的重要性、企业文化的重要性，以及持续学习和专业发展的必要性。

案例导入

小陈的科技产品维修店诞生记

小陈是一名电子科技爱好者，对各类电子产品的维修有着浓厚的兴趣。在积累了丰富的维修经验后，他决定开办一家科技产品维修店。

小陈首先对市场进行了全面分析。他调查了所在城市电子产品的使用普及程度、常见故障类型及现有维修店的服务质量和价格水平。通过与消费者交流和在线论坛的讨论，他发现市场对于高效、专业且价格合理的维修服务有着较大的需求。

小陈选择了一个位于数码城附近的小店面。这里不仅有较高的人流量，而且周边聚集了众多电子产品销售商，潜在客户众多。

店面确定后，小陈着手进行简单但实用的装修。他打造了一个整洁的维修工作区，并设置了展示架展示维修后的产品和一些常用配件。

在设备和工具采购方面，小陈投资购买了先进的检测仪器和专业的维修工具，以确保能够应对各种复杂的维修任务。

在产品和服务方面，小陈除了提供常见电子产品如手机、计算机的维修服务外，还决定推出一些增值服务，如数据恢复、设备保养建议等。

在人员方面，初期小陈自己承担主要的维修工作，同时招聘了一名前台接待员负责接待顾客、记录维修信息和安排维修进度。

为了吸引顾客，小陈在开业前通过社交媒体、地方论坛及在数码城附近发放传单等方式进行宣传。他强调自己的专业技能、快速维修服务和合理的价格。

小陈认真准备所需材料，积极配合相关部门的要求，顺利取得了营业执照和相关经营许可证。

经过精心筹备，小陈的科技产品维修店开业了。凭借着优质的服务和良好的口碑，很快就吸引了众多顾客，生意逐渐红火起来。

任务一　开办新企业

一、企业开办前期准备

（一）确定企业类型与名称

（1）根据经营业务、投资者类型、企业规模等因素，选择合适的企业类型，如有限责任公司、股份有限公司、个人独资企业、合伙企业等。充分考虑不同企业类型在法律责任、税收政策、管理要求等方面的差异。

（2）选定企业名称（五个以上备选名称）。确保名称符合相关法律法规要求，不与已有企业名称重复，并体现企业特色。企业名称应简洁、易记、具有辨识度，能够准确传达企业的核心业务或价值观。

（3）通过当地市场监督管理部门的在线平台或相关政务服务网站进行名称自主申报，获取企业名称。了解名称申报的具体规则，如禁止使用的词汇、名称的格式要求等，以提高申报成功率。

（二）编制公司章程及规章制度

（1）根据企业类型和业务需求，编制公司章程，明确公司的经营范围、股东权利和义务、组织机构设置及职权、股权转让、利润分配、公司的解散与清算等内容。确保章程内容完整、合法合规，且符合企业的发展战略。

（2）制定公司规章制度，包括人事管理（招聘、培训、绩效考核、薪酬福利、员工离职等）、财务管理（预算管理、资金管理、成本控制、财务报表编制与审计等）、业务管理（市场营销、采购管理、生产管理、质量控制、客户服务等）等方面，确保公司运营有章可循。

（3）如有特殊需求，可聘请专业律师或咨询机构协助编制公司章程和规章制度。他们能够提供专业的法律意见，确保文件的合法性和有效性，降低潜在的法律风险。

（三）选定注册地址及办理租赁手续

（1）根据业务需求和企业规模，选择合适的注册地址，可以是自有房产或租赁场所。考虑地址的地理位置、交通便利性、周边配套设施、租金成本等因素。

（2）如需租赁场所，与房东签订租赁合同，并办理相关租赁手续。租赁合同应明确租赁期限、租金及支付方式、房屋维修责任、违约责任等重要条款。按照当地规定，可能需要进行房屋租赁备案，准备好相关材料（如房产证复印件、租赁合同、双方身份证复印件等）并提交给相关部门或通过线上平台办理。

（3）确保注册地址符合相关法律法规要求，如消防安全（配备消防设施、设置疏散通道等）、环保（符合排放标准、控制噪声污染等）等方面的规定。

（四）筹备注册资金及验资报告

（1）根据企业类型和业务需求，确定注册资金数额，并筹备相应资金。考虑企业的初始运营成本、业务拓展计划、行业惯例等因素来合理设定注册资金。

（2）目前，大部分地区已取消验资报告的强制要求，但某些特殊行业（如金融、保险、证券等）或情况（如股东以实物、知识产权等非货币财产出资）可能仍需要。如需要验资，选择具有资质的会计师事务所进行验资，并按照其要求提供相关资料（如银行进账单、出资证明、财务报表等）。

二、企业开办申请流程

（一）申请材料

1. 股份有限公司分公司设立登记应提交的文件、证件

（1）“企业设立登记申请书”（内含“企业设立登记申请表”“负责人登记表”“企业经营场所证明”等表格），需如实填写企业的基本信息、负责人信息、经营场所信息等。

（2）公司章程以及加盖公司公章的“企业法人营业执照”复印件，公司章程应符合法律法规和总公司的要求。

（3）“指定（委托）书”，明确指定或委托办理企业设立登记事宜的代理人及其权限。

（4）“企业名称自主申报通知书”，证明企业名称已经通过合法程序申报并获得批准。

（5）国家市场监督管理总局规定要求提交的其他文件，如涉及特殊行业或经营范围的许可证件、批准文件等。

（6）经营范围涉及前置许可项目的，应提交有关审批部门的批准文件，如食品生产许可证、医疗器械经营许可证等。

（二）步骤

1. 办理企业名称自主申报

（1）通过当地市场监督管理部门的在线平台或相关政务服务网站，了解名称自主申报的要求和流程，准备相关材料，如投资人身份证信息、企业名称备选方案等。

（2）在线填写并提交“企业名称自主申报表”，系统会自动进行名称查重和审核，等待名称审核结果。

（3）获取审核通过的企业名称，通常会以短信或在线通知的方式告知申请人。

2. 确定公司住所

租房后要签订租房合同，并按照当地规定提供相关证明材料。如今，部分地区已通过线上平

台进行地址信息的申报和审核。

（1）房屋提供者如有房产证应另附房产证复印件并在复印件上加盖产权单位公章或由产权人签字。

（2）无产权证的由产权单位的上级或房产证发放单位在“需要证明情况”栏内说明情况并盖章确认；地处农村地区的也可由当地政府在“需要证明情况”栏内签署同意在该地点从事经营的意见，并加盖公章。

（3）产权为军队房产，应提交加盖中国人民解放军房地产管理局专用章的“军队房地产租赁许可证”复印件。

（4）房屋为新购置的商品房又未办理产权登记的，应提交由购房人签字或购房单位盖章的购房合同复印件及加盖房地产开发商公章的预售房许可证、房屋竣工验收证明的复印件。

（5）房屋提供者为经工商行政管理机关核准具有出租经营权的企业，可直接在“房屋提供者证明”栏内加盖公章，同时应出具加盖本企业公章的营业执照复印件，不再要求提供产权证。

（6）将住宅改变为经营性用房的，属城镇房屋的，还应提交“登记附表——住所（经营场所）登记表”及所在地居民委员会（或业主委员会）出具的有利害关系的业主同意将住宅改变为经营性用房的证明文件；属非城镇房屋的，提交当地政府规定的相关证明。

3. 形成公司章程

可以在市场监督管理部门网站下载“公司章程”的样本，修改后由全体股东签名，并署名日期。

（1）公司章程应明确公司的基本架构，包括股东会、董事会（如有）、监事会（如有）的组成和职权。

（2）规定公司的决策程序，如股东会的表决方式、董事会的议事规则等。

（3）明确公司的财务制度，如利润分配方式、公积金的提取和使用等。

4. 申请公司营业执照

时限：受理后通常在3～5个工作日可领取执照，具体时间因地区和审批效率而异。

有限责任公司设立登记应提交的文件、证件：

（1）“企业设立登记申请书”（内含“企业设立登记申请表”“单位投资者（单位股东、发起人）名录”“自然人股东（发起人）、个人独资企业投资人、合伙企业合伙人名录”“投资者注册资本（注册资金、出资额）缴付情况”“法定代表人登记表”“董事会成员、经理、监事任职证明”“企业住所证明”等表格）。

（2）公司章程（提交打印件一份，请全体股东亲笔签字；有法人股东的，要加盖该法人单位公章）。

（3）法定验资机构出具的验资报告（部分地区已取消，具体以当地规定为准）。

（4）“企业名称自主申报通知书”。

（5）股东资格证明；

（6）“指定（委托）书”。

（7）经营范围涉及前置许可项目的，应提交有关审批部门的批准文件。

5. 刻公章

凭营业执照，到公安局指定的刻章社，去刻公章、合同章、财务章。后面步骤中，均需要用到公章或财务章。

6. 办理代码证

企业法人代码登记办事机构：质量技术监督局窗口办理。

时限：受理后1～3个工作日。

提供材料：

（1）营业执照副本原件及复印件。

（2）单位公章。

（3）法人代表身份证原件及复印件（非法人单位提交负责人身份证原件及复印件）。

（4）集体、全民所有制单位和非法人单位提交上级主管部门代码证书复印件。

（5）单位邮编、电话、正式职工人数。

（6）经办人身份证原件及复印件。

7. 办理税务登记证书

办理事项：税务登记（自领取营业执照之日起30日内办理）。

办理地点：税务登记机关窗口。

提供材料："个体经济"可不报送以下的（2）、（4）、（5）项材料。

（1）营业执照副本原件及复印件。

（2）企业法人组织机构代码证书原件及复印件。

（3）法人代表身份证原件及复印件。

（4）财务人员身份证复印件。

（5）公司或企业章程原件及复印件。

（6）房产证明或租赁协议复印件。

（7）印章。

（8）从外区转入的企业，必须提供原登记机关完税证明（纳税清算表）。

（9）税务机关要求提供的其他有关材料。

8. 开设企业基本账户

凭营业执照正本、税务登记证正本、组织机构代码证正本及法人身份证、公章、财务专用章、法人章，去银行开立基本账户。开好基本账户去原验资银行办理验资户销户。

（三）时间

1. 基本流程时间

（1）公司查名所需时间。注册公司查名时间为3～5个工作日。

（2）开设公司临时验资账户及验资所需时间。开设临时账户后，股东需将注册资本打入账户，并由会计师事务所来验资，这个流程所需时间为3～5个工作日。

（3）办理营业执照所需时间。提交工商注册材料到营业执照颁发下来，工商局规定的时间为

3～5个工作日。外资企业办理营业执照所需时间可能较长，具体因地区和审批流程而异。

（4）刻章。营业执照审批下来后，需刻公司公章、财务章、法定代表人印章，这个通常在1个工作日即可。

（5）办理组织机构代码证所需时间。提交注册所需材料到组织机构代码证颁发，需要的时间为1～3个工作日。

（6）办理税务登记证所需时间。税务登记证办理时间为5～10个工作日。

（7）银行开设基本账户。银行开设基本账户（客户自行控制），一般为3～5个工作日。

2．特殊情况注意

（1）若公司经营范围涉及特殊行业，还需办理行业许可证，各行业的许可证办理所需时间没有统一标准。

（2）注册外贸公司，还需办理进出口备案手续，办理进出口备案所需时间为30个工作日左右。

（3）注册外资公司因涉及外经委审批及办理统计、外汇、财政等登记，其注册公司所需时间比内资公司要长，具体时长因地区和审批流程的不同而有所差异。

3．开业手续

（1）办理税种核定和申请领购发票。

法人代表和财务到税务专管员处报到，根据企业实际经营范围办理税种核定，即确定企业是小规模纳税人或是一般纳税人。

从事服务行业的申请服务业统一发票。

从事商业批发零售的申请商业统一发票。

从事特种行业的需要申请专用发票，如广告行业申请广告业专用发票，从事运输行业的申请货物运输统一发票等。

公司自领取税务登记证的次月1～15日须进行纳税申报，领取报表正常申报并缴纳税款。

（2）认定。

一般纳税人公司注册资金要求：注册资金和实缴资本的要求因地区和行业而异。

需具备条件为：实际经营地址（不限房屋用途，住宅可以）房产证复印件，租赁协议（公司名义签订），租房发票（具体时长和开具要求按当地税务所规定），法人和股东的相关身份证明材料。

征收方式可根据企业实际情况选核定征收或查账征收，企业所得税税率统一为25%；符合相关优惠政策的企业可享受优惠税率。

一般纳税人辅导期时长和具体要求因地区和行业有所不同。

（3）好处。

运作公司的时候，许多合作企业要求对方开具适用税率的增值税发票，申办一般纳税人能够满足此类需求，有助于拓展业务和扩大销售。在市场竞争中，具备一般纳税人资格往往更具优势，能增加合作机会和业务规模。

有助于完善财务管理制度，提升公司财务运作的规范化和专业化水平。一般纳税人身份在市场中通常被视为更具信誉和稳定性的标志，能够增强企业在利润获取和竞争力方面的表现，从而吸引更多优质的合作伙伴和客户资源。

一般纳税人在税收方面享有更多的政策优惠和抵扣机制，例如可以合法进行进项税额抵扣，有效降低企业税负。同时，严格的税收管理和规范的发票制度有助于降低税收风险，保障企业财务合规和稳定发展。

国家鼓励和支持企业申办一般纳税人，这是适应现代市场经济发展和税收征管改革的趋势。企业率先成为一般纳税人，能够更好地适应政策导向和市场环境变化，展现出前瞻性和创新精神，为企业未来的持续发展奠定坚实基础。

需要注意的是，税收政策和相关规定可能会根据国家宏观经济形势和政策调整而发生变化，建议关注最新的税收法规和政策解读，以获取最准确和最及时的信息。

三、企业开办须知

（一）注册条件

注册公司的条件包含众多方面，主要涵盖公司股东、监事、董事、公司名称、经营范围、注册资本、注册地址、公司章程、法定代表人等。

1. 公司股东

法律法规规定，公司注册时必须有股东（投资者）。一位股东投资成立的公司属于一人有限公司，也可以是二位或以上的股东共同投资注册公司。公司注册时，需提交并核验股东的身份证明原件。

2. 监事

按照公司章程的规定，公司成立时，可以设立监事会（需多名监事），也可以不设监事会，但需设一名监事。一人有限公司中，股东不能担任监事；二人及以上的股东，其中一名股东可以担任监事。公司注册时，需提交监事的身份证明原件。

3. 公司注册资本

注册公司时，必须设定注册资本。目前的规定有所调整，具体额度因公司类型而异。

4. 公司名称

注册公司时，首先要进行公司名称核准，需提交多个公司名称进行查重。注册地的相关规则是，同行业中，公司名称不能同名也不能同音，多个字号的，需分别查重。

5. 公司经营范围

注册公司时，经营范围必须明确，日后的业务范围不能超出公司经营范围。可以将要做的或以后可能要做的业务写进经营范围。经营范围表述应清晰准确，字数和标点符号应符合相关要求。

6. 公司注册地址

公司注册地址必须是符合规定的商用办公地址，需提供租赁协议、房产证复印件等相关证明材料。

7．公司章程

公司成立时，需向工商管理部门提交公司章程，章程中应明确公司的名称、经营范围、股东及出资比例、注册资本，股东、董事、监事的权利与义务等关键内容。

8．董事

公司成立时，可以设立董事会（设董事会至少要有三名以上董事会成员），也可以不设董事会，若不设董事会，需设一名执行董事。股东可以担任执行董事。董事需出具身份证明原件。

9．财务人员

公司进行税务登记时，需提交一名财务人员的相关信息，包括身份证明复印件、会计从业资格证复印件与照片。

10．公司法人代表

公司需设一名法人代表，法人代表可以是股东之一，也可以外聘。公司法定代表人需提供身份证明原件及照片。

（二）注册资本

依据现行法律法规和相关政策：

1．一人有限公司注册资本要求

根据公司法的规定，一人有限公司最低注册资本的要求可能因地区和行业而有所不同。

2．普通有限公司注册资本要求

普通的有限公司最低注册资本的标准也会根据具体情况有所调整，注册资本的出资方式和期限也有相应的规定。

3．股份公司注册资本要求

股份公司最低注册资本的要求可能会随着政策和市场环境的变化而变化。

4．集团公司注册资本要求

集团公司依据法律规定，其母公司注册资本的最低要求以及母、子公司注册资金之和的要求会根据具体的政策和监管要求进行调整。

5．特殊行业注册资本要求

特殊行业的注册资本要求会根据行业特点和监管政策明确规定，例如国际货运代理、建筑工程等行业。

6．外资公司注册资本规定

外资公司注册需遵循相关审批程序，其注册资本的要求会依据最新的外资政策和行业规定。

不同类型的公司，包括内资公司与外资公司，以及特殊行业的公司，其注册资本的最低要求会根据法律法规和政策的变化而有所不同。

（三）公司形式

1．有限责任公司

（1）最低注册资本3万元。

① 股东符合法定人数即由2个以上50个以下股东共同出资设立。

② 股东出资达到法定资本最低限额。

③ 股东共同制定公司章程。

④ 有公司名称，建立符合有限责任公司要求的组织机构。

⑤ 有固定的生产经营场所和必要的生产经营条件。

（2）一人有限责任公司：最低注册资本10万元。

① 股东为一个自然人或一个法人；

② 一个自然人只能注册一个一人有限公司；

③ 一人有限公司注册资金须一次缴足。

2. 股份有限公司

最低注册资本500万元。

公司全体发起人的首次出资额不得低于注册资本的20%，其余部分由发起人自公司成立之日起2年内缴足；其中，投资公司可以在5年内缴足。在缴足前，不得向他人募集股份。

股份有限责任公司采取募集方式设立的，注册资本为在公司登记机关登记的实收股本总额。

股份有限责任公司成立后，发起人未按照公司章程的规定缴足出资的，应当补缴；其他发起人承担连带责任。

（1）设立股份有限责任公司，应当有2人以上200人以下为发起人，其中须有过半数的发起人在中国境内有住所。国有企业改建为股份有限责任公司的，应当采取募集设立方式。

（2）股份有限责任公司发起人，必须按照法律规定认购其应认购的股份，并承担公司筹办事务。

（3）以募集方式设立股份有限责任公司，必须经过国务院授权的部门或者省级人民政府批准。

（4）股份有限责任公司的注册资本为在公司登记机关登记的实收股本总额。

（5）股份有限责任公司注册资本的最低限额为人民币500万元。股份有限责任公司注册资本最低限额需高于上述所定限额的，由法律、行政法规另行规定。

3. 个体工商户

对注册资金实行申报制，没有最低限额基本要求。

（1）有经营能力的城镇待业人员、农村村民以及国家政策允许的其他人员，可以申请从事个体工商业经营。

（2）申请人必须具备与经营项目相应的资金、经营场地、经营能力及业务技术。

4. 个人独资企业

对注册资金实行申报制，没有最低限额基本要求。

（1）投资人为一个自然人。

（2）有合法的企业名称。

（3）有投资人申报的出资。

（4）有固定的生产经营场所和必要的生产经营条件。

（5）有必要的从业人员。

5. 私营合伙企业

对注册资金实行申报制，没有最低限额基本要求。

合伙企业是指自然人、法人和其他组织依照本法在中国境内设立的普通合伙企业和有限合伙企业。

普通合伙企业由普通合伙人组成，合伙人对合伙企业债务承担无限连带责任。本法对普通合伙人承担责任的形式有特别规定的，从其规定。

有限合伙企业由普通合伙人和有限合伙人组成，普通合伙人对合伙企业债务承担无限连带责任，有限合伙人以其认缴的出资额为限对合伙企业债务承担责任。

6. 普通合伙企业

（1）有两个以上合伙人，并且都是依法承担无限责任者。

（2）有书面合伙协议。

（3）有各合伙人实际缴付的出资。

（4）有合伙企业的名称。

（5）有经营场所和从事合伙经营的必要条件。

（6）合伙人应当为具有完全民事行为能力的人。

（7）法律、行政法规禁止从事营利性活动的人，不得成为合伙企业的合伙人。

备注：合伙人可以用货币、实物、土地使用权、知识产权或者其他财产权利出资；上述出资应当是合伙人的合法财产及财产权利。对货币以外的出资需要评估作价的，可以由全体合伙人协商确定，也可以由全体合伙人委托法定评估机构进行评估。经全体合伙人协商一致，合伙人也可以用劳务出资，其评估办法由全体合伙人协商确定。

（四）公司种类

（1）根据股东对公司所负责任的不同，可以把公司划分为五类：

① 无限公司，即所有股东无论出资数额多少，均需对公司债务承担无限连带责任的公司。

② 有限责任公司，所有股东均以其出资额为限对公司债务承担责任的公司。

③ 两合公司，由无限责任股东和有限责任股东共同组成的公司。

④ 股份有限公司，全部资本分为金额相等的股份，所有股东均以其所持股份为限对公司的债务承担责任。

⑤ 股份两合公司，由无限责任股份和有限公司股东共同组成的公司。这种划分方法是对公司进行最基本的划分方法。

（2）根据公司国籍的不同，可以划分为本国公司、外国公司和跨国公司。

（3）根据公司在控制与被控制关系中所处地位的不同，可以分为母公司和子公司。

母公司是指拥有其他公司一定数额的股份或根据协议，能够控制、支配其他公司的人事、财务、业务等事项的公司。母公司最基本的特征，不在于是否持有子公司的股份，而在于是否参与子公司业务经营。子公司是指一定数额的股份被另一公司控制或依照协议被另一公司实际控制、支配的公司。子公司具有独立法人资格，拥有自己所有的财产，自己的公司名称、章程和董事会，对外独立开展业务和承担责任。但涉及公司利益的重大决策或重大人事安排，仍要由母公司决定。《公司法》第13条第2款规定：公司可以设立子公司，子公司具有企业法人资格，依法独立承担民事责任。

（4）根据公司在管辖与被管辖关系中所处地位的不同，可以分为总公司和分公司。

总公司又称本公司，是指依法设立并管辖公司全部组织的具有企业法人资格的总机构。总公司通常先于分公司而设立，在公司内部管辖系统中，处于领导、支配地位。分公司是指在业务、资金、人事等方面受本公司管辖而不具有法人资格的分支机构。分公司不具有法律上和经济上的独立地位，但其设立程序简单。《公司法》第13条第1款规定，公司可以设立分公司，分公司不具有企业法人资格，其民事责任由本公司承担。

（5）根据公司的信用基础的不同，公司的经营活动以股东个人的信用而非公司资本的多寡为基础的公司称为人合公司，如无限公司；公司的经营活动以公司的资本规模为基础的称为资合公司，如股份有限公司就是典型的资合公司；公司的设立和经营同时依赖于股东个人信用和公司资本规模的公司，如两合公司。

（五）行业类别

所涉及行业包括电子技术、软件科技、网络技术、文化用品、家用电器、五金交电、通信设备、电讯器材、电线、电缆、仪器仪表、建筑材料、金属材料、皮革制品、汽车配件、建筑装饰、室内装潢、信息咨询、管理咨询、加工贸易、投资服务、音响设备、机电产品、服装服饰等。

（六）公司注册资本的增减

根据《公司法》的有关规定，我国按照资本确定、资本维持、资本不变三原则，要求公司必须保持注册资本的相对稳定，同时对公司增加或减少注册资本规定了具体的条件和程序。

1. 公司增加注册资本

公司增加注册资本是指在公司成立后，经权力机构决议，依法定程序在原有注册资本的基础上予以扩大，增加公司实有资本总额的法律行为。

有限责任公司增加注册资本的主要途径是股东增加出资，情况比较简单;股份有限公司可以通过发行新股来增加注册资本，也可以将公积金转为注册资本，情况比较复杂。下面主要介绍股份有限公司增加注册资本的程序和要求。

（1）由股东大会作出决议。股份有限公司增加注册资本，应由董事会拟订增资方案并提交股东大会，由股东大会决议通过。决议内容应包括新股种类及数额、新股发行价格、新股发行的起止日期、向原有股东发行新股的种类及数额。

（2）增量发行新股应符合法定条件。公司公开发行新股应当符合下列条件：

① 具备健全且运行良好的组织机构。

② 具有持续盈利能力，财务状况良好。

③ 3年财务会计文件无虚假记载，无其他重大违法行为。

④ 经国务院批准的国务院证券监督管理机构规定的其他条件。上市公司非公开发行新股，应当符合经国务院批准的国务院证券监督管理机构规定的条件，并报国务院证券监督管理机构核准。

（3）发行新股须进行审批。股东大会作出发行新股的决议后，董事会必须报国务院证券监督管理机构核准。

（4）进行公告。公司经批准向社会公开发行新股时，必须公告新股招股说明书和财务会计报表及附表。

（5）公积金转增资本。股份有限公司经股东大会决议将公积金转为资本时，按股东原有股份比例派送新股或增加每股面值。但法定公积金转为资本时，所留存的该项公积金不得少于注册资本的15%。

（6）变更登记。公司增加注册资本后，应依法向公司登记机关办理变更登记。

2. 公司减少注册资本

公司减少注册资本是指公司成立后，经权力机构决议，依法定程序使其注册资本在原有基础上进行削减的法律行为。其法定程序如下：

（1）公司权力机构作出决议或决定。公司减少注册资本，在有限责任公司，须经代表2/3以上表决权的股东决议通过;在国有独资公司，必须由国有资产监督管理机构决定，其中，重要的国有独资公司的减资，由国有资产监督管理机构审核后，报本级人民政府批准。在股份有限公司，须经代表2/3以上表决权的股东决议通过。

（2）编制表册。公司决议减少注册资本时，董事会必须编制资产负债表和财产清单。

（3）通知和公告。应当注意的是，就增加注册资本这一事项，公司不必通知和公告债权人，但当公司减少其注册资本时，应当自作出减少注册资本决议之日起10日内通知已知债权人，并于30日内在报纸上公告。债权人自接到通知书之日起30日内，未接到通知书的自第一次公告之日起45日内，有权要求公司清偿债务或者提供相应的担保。

（4）进行变更登记。公司减少注册资本时，公司章程原定的注册资本发生变化，须向原公司登记机关办理变更登记。办理登记时虚报注册资本的，责令改正，处以虚报注册资本金额5%以上15%以下的罚款。股份有限公司通过收购本公司股票的方式减少注册资本的，必须在10日内注销该部分股份，并依照法律、行政法规办理变更登记并公告。

公司减少资本后的注册资本不得低于法定的最低限额。

（七）公司名称的法律规定

公司名称由四部分组成：行政区划+字号+行业特点+组织形式。

公司名称组成：

北京（北京市）+太平洋+科技+有限公司

太平洋+北京（北京市）+科技+有限公司

太平洋+科技+北京（北京市）+有限公司

北京（北京市）为行政区划；太平洋为字号，为减少重名，建议使用三个以上的汉字作为字号；科技是行业特点，应与申请经营范围中的主营行业相对应；有限公司是组织形式。

分支机构的名称应冠以主办单位的全称。如北京太平洋商贸有限公司方庄分店。

四、开办后续事项办理

（一）开设银行账户及办理融资手续

1. 选择合适的银行

根据企业需求和银行服务，选择一家或多家银行开设企业账户。

2. 准备相关材料

提供企业营业执照、法定代表人身份证、公司章程等材料。

3. 办理开户手续

前往银行网点或通过线上渠道提交申请，完成开户手续。

4. 办理融资手续

如有需要，可向银行申请贷款或其他融资服务，提供相应资料并履行相关手续。

（二）办理社保、公积金等员工福利手续

1. 社保登记

前往所在地社保局办理社保登记，提供企业营业执照、员工名单等材料。

2. 公积金开户

在所在地住房公积金管理中心办理公积金开户手续，提供相关资料。

3. 缴纳社保和公积金

按月为员工缴纳社保和公积金，确保员工福利得到保障。

（三）申请相关资质或许可证件

1. 了解行业要求

根据企业所属行业，了解需要申请哪些资质或许可证件。

2. 准备申请材料

按照要求准备相关申请材料，如申请表、企业营业执照、场地。

3. 提交申请

将申请材料提交至相关部门或机构进行审核。

4. 获得资质或许可证件

经审核通过后，获得相应的资质或许可证件，确保企业合法。

（四）完善企业内部管理体系

1. 制定内部管理制度

根据企业实际情况，制定适合的内部管理制度，如人事、财务、行政等制度。

2. 建立组织架构

明确企业内部各部门职责和人员配置，建立高效的组织架构。

3. 加强员工培训

定期开展员工培训，提高员工专业技能和综合素质。

4. 实施绩效考核

建立科学的绩效考核体系，激励员工积极工作，提高企业整体绩效。

五、企业开办费用与成本分析

（一）注册费用及验资费用

1. 工商注册费用

包括企业名称预先核准费、营业执照工本费等政府收取的费用。

2. 验资费用

企业在注册时需要提供注册资本的验资报告，验资费用根据注册资本的多少而定。

3. 代理服务费

如果选择代理公司协助注册，还需要支付相应的代理服务费用。

（二）办公场地租金及装修费用

1. 租金

根据企业所在城市、地段、面积等因素，租金费用会有较大差异。

2. 装修费用

包括办公室装修、办公家具、办公设备等购置费用。

3. 物业管理费

一些写字楼或商业园区会收取物业管理费，用于维护公共设施和提供安保、清洁等服务。

（三）员工薪酬及福利待遇支

1. 员工工资

根据员工的职位、经验和技能水平确定工资标准。

2. 社会保险费

包括养老保险、医疗保险、失业保险、工伤保险和生育保险等。

3. 住房公积金

按照国家规定，企业需要为员工缴纳住房公积金。

4. 其他福利

如年终奖、节日福利、员工培训等。

（四）其他运营成本分析

1. 市场推广费用

包括广告费、宣传费、促销费等，用于提高品牌知名度和吸引客户。

2. 业务拓展费用

如参加展会、研讨会等活动的费用，以及开展新业务的投资等。

3. 日常运营成本

包括水电费、通信费、交通费、差旅费等日常运营所需的费用。

4. 税费支出

企业需要按照国家规定缴纳各种税费，如增值税、企业所得税等。

六、企业开办风险与应对策略

（一）市场风险及竞争压力分析

1. 市场调研不足

未充分了解目标市场、行业趋势和竞争对手情况，可能导致经营决策失误。

2. 竞争压力过大

市场中存在众多竞争对手，价格战、营销战等可能导致企业利润下降。

3. 应对策略

加强市场调研，制定针对性营销策略，提高产品或服务差异化程度，以降低市场风险。

（二）法律法规遵守与合规性风险

1. 法律法规不熟悉

对相关法律法规了解不足，可能导致企业违法违规经营。

2. 合规性审查不足

未建立完善合规性审查机制，可能导致企业面临法律诉讼或行政处罚。

3. 应对策略

加强法律法规学习，建立完善合规性审查制度，确保企业经营合法合规。

（三）财务风险及资金链断裂风险

1. 资金筹措不当

资金筹措方式不合理或资金来源不稳定，可能导致企业资金链断裂。

2. 财务管理不规范

财务管理制度不健全或执行不到位，可能导致企业财务风险增加。

3. 应对策略

合理规划资金筹措方式，确保资金来源稳定；加强财务管理，建立完善财务制度，降低财务风险。

（四）人力资源风险及员工流失问题

（1）人才招聘不当：招聘流程不规范或选拔标准不明确，可能导致企业招聘到不合适的人才。

（2）员工培训不足：员工培训投入不足或培训内容与实际需求不符，可能导致员工能力不足以支持企业发展。

（3）员工流失严重：员工福利待遇不佳、工作环境差或晋升机会有限等原因，可能导致员工流失严重。

（4）应对策略：规范招聘流程，明确选拔标准；加大员工培训投入，提高培训内容与实际需求的契合度；改善员工福利待遇、工作环境和晋升机会等，降低员工流失率。

任务二 制定公司管理制度

一、文件管理制度

为减少发文数量，提高办文速度和发文质量，充分发挥文件在各项工作中的指导作用，特制订本制度。

（一）文件管理内容

主要包括上级函、电、来文，同级函、电、来文，本公司上报下发的各种文件、资料。按照分工的原则，全公司各类文件由办公室归口管理。

（二）公文的签收

（1）凡来公司公启文件（除公司领导订启的外）均由办公室登记签收。

（2）对上级机要部门发来的文件，要进行信封、文件、文号、机要编号的“四对口”核定，如果其中一项不对口，应立即报告上级机要部门，并登记差错文件的文号。

（3）公文的编号保管。

① 办公室秘书对上级来文拆封后应及时附上“文件处理传阅单”，并分类登记编号、保管。须由公司承办或归档的公司领导亲启文件，公司领导启封后，也应交办公室办理正常手续。

② 本公司外出人员开会带回的文件及资料应及时分别送交办公室秘书进行登记编号保管，不得个人保存。

（4）公文的阅批与分转。

① 凡正式文件均需分别由办公室主任（或副主任）根据文件内容和性质阅签后，由办公室秘书分送承办部门阅办，重要文件应呈送公司领导（或分管领导）亲自阅批后分送承办部门阅办。为避免文件积压误事，一般应在当天阅签完，紧急文件要立即办。

② 一般函、电、单据等，分别由办公室秘书直接分转处理。如涉及几个单位会办的文件，应同主办单位联系后再分转处理。

③ 为加速文件运转，办公室秘书应在当天或第二天将文件送到公司领导和承办部门，如关系到两个以上业务部门，应按批示次序依次传阅，最迟不得超过2天（特殊情况例外）。

（5）文件的传阅与催办。

① 传阅文件应严格遵守传阅范围规定，不得将有密级的文件带回家、宿舍或公共场所，也不得将文件转借其他人阅看。对尚未传达的文件不得向外泄露内容。

② 阅读文件应抓紧时间，当天阅完后应在下班前将文件办公室，批阅文件一般不得超过2天，阅后应签名以示负责。如有领导“批示”“拟办意见”，办公室应责成有关部门和人员按文件所提要求和领导批示办理有关事宜。

③ 文件阅完后，应送交办公室秘书，切忌横传。

④ 办公室秘书对文件负有催办检查督促的责任，承办部门接到文件、函电应立即指定专人办理。不得将文件压放分散，如需备查，应按照公司有关规定，并征得办公室同意后，予以复印或摘抄，原件应及时归档周转。

二、档案管理制度

（1）严格执行党和国家的保密、安全制度，确保档案和案卷机密安全。

（2）各部室应在每季度底向公司办公室移交上季度文书档案并履行清交手续。

（3）各部室应明确规定档案责任人，档案责任人（档案员）对本部门档案的收集、建档、保管、借阅和利用负全责。

（4）各类规章制度、办法、人事、工资资料、会议记录、会议纪要、简报、重要电话记录、接待来访记录、上级来文、公司发文、工作计划和工作总结以及添置设备、财产的产权资料由办公室负责归档。

（5）各工程项目立项、国土、规划、设计、监理、质监及技术等图纸文字技术资料、质量资料由投资发展部负责归档。

（6）各类承包合同、商务合同、协议的正本原件由财务部归档，副本原件、复印件由办公室归档，其他部门备份存档并由信息中心实行电脑化管理。

（7）各招商引资贷款项目申报资料、征地、拆迁批复、国土规划等技术、图纸分别由投资发展部、市场营销部等业务部门按业务分工负责归档。

（8）归档资料必须符合下列要求：

① 文件材料齐全完整。

② 根据档案内容合并整理、立卷。

③ 根据档案内容的历史关系，区别保存价值、分类、整理、立卷，案卷标题简明确切，便于保管和利用。

（9）档案资料借阅需履行登记、签字手续，重要资料借阅需先请示分管领导。

（10）由分管领导定期组织档案责任人、业务部门组成档案鉴定小组对超期档案进行鉴定，提交档案报告，并根据有关规定的酌情处置。

（11）加强档案保管工作，做好防盗、防火、防虫、防鼠、防潮、防高温工作，定期检查档案保管工作。

三、保密制度

为保守公司秘密，维护公司利益，制订本制度。

（1）全体员工都有保守公司秘密的义务。在对外交往和合作中，须特别注意不泄露公司秘密，更不准出卖公司秘密。

（2）公司秘密是关系公司发展和利益，在一定时间内只限一定范围的员工知悉的事项。公司秘密包括下列秘密事项：

① 公司经营发展决策中的秘密事项。

② 人事决策中的秘密事项。

③ 专有技术。

④ 招标项目的标底、合作条件、贸易条件。

⑤ 重要的合同、客户和合作渠道。

⑥ 公司非向公众公开的财务情况、银行账户。

⑦ 股东会或总经理确定应当保守的公司其他秘密事项。

（3）属于公司秘密的文件、资料，应标明“秘密”字样，由专人负责印制、收发、传递、保管，非经批准，不准复印、摘抄秘密文件、资料。

（4）公司秘密应根据需要，限于一定范围的员工接触。接触公司秘密的员工，未经批准不准向他人泄露。非接触公司秘密的员工，不准打听公司秘密。

（5）记载有公司秘密事项的工作笔记，持有人必须妥善保管。如有遗失，必须立即报告并采取补救措施。

（6）对保守公司秘密或防止泄密有功的，予以表扬、奖励。

违反本规定故意或过失泄露公司秘密的，视情节及危害后果予以行政处分或经济处罚，直至予以除名。

（7）档案室及相关机要重地，非工作人员不得随便进入；工作人员更不能随便带人进入。

（8）办公室应定期检查各部门的保密情况。

四、印章使用管理制度

印章是公司经营管理活动中行使职权，明确公司各种权利义务关系的重要凭证和工具，印章的管理应做到分散管理、相互制约，为明确使用人与管理人员的责权，特做如下公司印章使用与管理条例。

（一）印章的刻制

刻制按公司业务需要由部门提出申请，公司领导批准后，由总经办统一办理。印章刻好后由总经办办理印章登记手续，填写“印章管理登记表”备案并留好印章样图。

（1）新公司成立，基本印章（公章、合同章、法人私章、财务章）的刻制，应由指定的印章管理人员负责刻制，后交由人事行政部备案，并从刻制之日起执行相关使用条例。

（2）因业务发展需要申请各职能部门专用章时，由需求部门填写“印章制发申请表”经总经理核准后送交人事行政部门刻制。

（二）印章的保管和使用

1. 印章的保管

通过总经理授权赋予一些部门对其部门（专业）印章的保管权和使用权。由被授权人在总经办签字领取印章，指定专人保管。

2. 印章的使用

任何部门在启用印章前，均需与公司（人事行政部）办理领取手续，接受相应的责权告知，签订“印章签收手续”并备案（已经开始使用的需自通知当日补办理领取手续）。

（1）公章。公章由公司行政经理或各分公司行政经理保管。各部门有需盖公章的文件、通知等，须先到综合办公室处领取并填写“印章使用申请表”，经由分公司经理核准后并在“印章使用申请表”中签批，盖章后经手人需将签批申请表交由综合办公室，并在“印章使用登记簿”签字。综合办公室需将“印章使用申请表”与“印章使用登记簿”同期留档。

（2）合同章。合同章由财务部保管。主要用于公司签订各类合同使用专用章，盖章前须先到综合办公室领取并填写“印章使用申请表”，经由公司或分公司行政经理或各分公司行政经理审批，财务经理审核并在“印章使用申请表”中签批，经手人需将签批后申请表交由综合办公室并在“印章使用登记簿”签字。综合办公室需将“印章使用申请表”与“印章使用登记簿”同期留档。

（3）法人私章。法人私章由公司或分公司出纳保管，主要用于银行汇票、现金支票等业务，使用时凭审批的支付申请或取汇款凭证方可盖章。

（4）财务章。由财务部经理（或负责人）保管，主要用于银行汇票、现金支票等需要加盖银行预留印鉴等业务或发票上使用，发票专用章主要用于发票盖章。

（5）其他职能部门章。其他职能部门章主要适用于各部门内部使用，已经刻制的职能部门章，需由部门负责人进行保管并严格该章的使用办法。

3. 印章的废止、更换

（1）废止或缴销的印章应由保管人员填写“废止申请单”，并呈分公司经理核准后交由公司综合办公室负责人统一废止或缴销。

（2）遗失印章时应由印章保管人员填写“废止申请单”，并呈公司经理核准后，签批遗失处理及处罚办法后，交由人事行政部按批示处理，如是遗失公司基本印章时必须登报申明。

（3）更换印章时应由印章保管人员依公司文件填写“废止申请单”，并呈分公司经理核准后，交由人事行政部按批示处理。如有需要须填写“印章制发申请表”申请新的印章。

4. 印章保管人的责权范畴

对于公司主要印章管理，采用的是分散管理相互监督的办法。人事行政部主要职责是对印章的使用进行合理性管理，而印章保管人具有使用、监督、保管等多重责任与权力，具体划分如下：

（1）职能部门印章保管人对印章具有独立使用权力，同时负全部使用责任。

（2）公章的保管人无独立使用权力，但具有监督及允许使用权力，因此公章的保管人对公章的使用结果负主要责任，经手人则负部分责任，而对未经由负责人或保管人（公司经理）签批的公章使用经手人负主要责任，保管人负部分责任。

（3）财务章的保管人无独立使用权力，但具有监督及允许使用权力，因此财务章的保管人对财务章的使用结果负主要责任，经手人则负部分责任，而对未经由保管人（财务负责人）签批的公章使用经手负主要责任，保管人负部分责任。

（4）法人私章的保管者是出纳，既是保管者又是使用者，但其无独立使用权力，需依据财务部负责人审批的支付申请或取汇款凭证方可使用，否则负全部责任。

（5）公司严禁公章、合同章、法人私章独立带离公司使用，因此保管人如遇需带公章、合同章外出办事使用时，需与办事人一同前往或指派代表一同前往。如遇要办理工商等年检等事务，需将表格带回公司盖章。

（6）公司高、中层领导，因异地执行重大项目或完成重要业务，需要携带公司印章出差的，须经公司董事长或总经理审批并及时归还。

（7）如遇个人需开具个人相关证明，需由部门负责人以上担保签批后方能使用，但如涉及个人经济担保与证明时，原则上一律不予证明，其不良结果由签批人与保管人共同负责。

（8）所有印章的使用，必须严格执行公司的公章使用章程，做好申请和使用登记。公司印章只适用于与公司相关业务，不得从事有损公司利益之行为。

（9）印章使用申请人及管理负责人要严格按照上述规定申请使用印章，如出现问题，后果自负。给公司造成重大损失的，公司将依法追究其法律责任。

五、会议管理制度

（一）总经理办公会议制度

（1）参加人员：公司领导、行政办公室经理或总经理指定相关部门负责人参加，行政办公室秘书做好会议记录。

（2）开会时间：原则上每月召开一次，遇特殊情况，总经理可提议随时召开。

（3）会议主持：总经理办公会由总经理主持或由总经理委派人员主持。

（4）会议要求：

① 凡提交总经理办公会议研究解决的问题和事项，各部门须以书面形式上报行政办公室，经行政办公室呈分管领导审阅认可，由总经理审定是否为会议议题。

② 凡提交会议研究有关经营决策、销售策略、设备更新、项目投资等重大问题必须在调查研究的基础上反复酝酿，并提出方案供领导决策时参考。

（5）会议主要内容：会议着重讨论研究公司各阶段行政工作，如安全生产、经营管理、项目投资、成本控制、资金运作、更新改造、后勤保障等方面的重要问题。

（6）会后工作：

① 行政办公室应根据办公会议形成的决定，三天内下达“总经理办公会议决定事项通知单”或“总经理办公会议纪要”。

② 总经理办公会议决定的事项，其主办部门和协办部门必须以“决定事项通知单”或“会议纪要”为依据，在限期内认真执行落实。如有特殊情况，难以执行时，应提前将具体原因和情况反馈到相关部门或公司分管领导。

③ 无特殊情况，对总经理办公会议决定拒不执行，拖延不办或不按原则执行的，公司将追究有关部门负责人的责任（根据实际工作情况，第一次给予200～2 000元的经济处罚，第二次给予年终奖20%～50%处罚，第三次降职使用或劝其自动离职）。

④ 总经理办公会议下达的决定内容由综合管理部负责解释。

⑤ 有关部门必须将决定的执行情况于下达决议之日起限期内反馈到综合管理部。行政办公室应对总经理办公会决议的贯彻执行情况及时跟踪调查、并督促办理，以确保公司政令的畅通。

（二）公司月度例会制度

（1）参加人员：公司领导、各部门、分公司负责人参加，行政办公室秘书负责做好会议记录。

（2）开会时间：原则上每月召开一次，遇特殊情况，总经理可提议随时召开。

（3）会议主持：公司月度例会由总经理主持或由总经理委派人员主持。

（4）会议要求：

① 汇报交流公司各部门、分公司本月安全生产、经营管理、成本控制、后勤保障、员工的工作和思想状况以及下月工作计划等方面的重要问题。

② 分析、研究生产经营中出现的困难和问题，并针对问题提出解决的方案和办法。

③ 总经理针对月度工作会议上提出的问题，有针对性地对月度工作提出意见并就下月重点工作进行布置。

（5）会后工作：

① 行政办公室文秘应根据会议记录，整理并归档，以备各阶段性工作稳步推进。

② 无特殊情况，对总经理在会议上提出的重点工作拒不落实的或执行不力的，公司将追究相关部门负责人的责任（根据实际工作情况，第一次给予200～2 000元的经济处罚，第二次给予年终奖20%～50%处罚，第三次降职使用或劝其自动离职）。

③ 会议提出的决定事项，其主办部门必须在规定时间内完成，并由行政办公室负责跟踪、检查、督促以确保政令畅通。

（三）党政联席会议制度

（1）参加人员：公司党、政领导和党支部支委成员，必要时有关部门负责人或有关人员可列席会议。

（2）开会时间：每季度一般不少于一次，也可根据工作需要，由总经理和党支部书记商定后，随时召开。

（3）党政联席会根据会议议题由总经理或党支部书记主持。

（4）会议内容：

① 讨论公司安全生产、经营活动中的重大问题。

② 制定公司年度方针目标及加强公司基础管理的各项规章制度。

③ 制定落实经济责任制方案的措施和内部配套改革方案。

④ 讨论公司管理机构的设置和人员编制调整中的重大问题。

⑤ 讨论公司内部干部的任免、奖励、调动。

⑥ 讨论制定干部和员工的教育培训计划及相关问题。

⑦ 讨论上级规定需公司党、政集体研究决定的其他重大问题。

（5）会后工作：

① 党、政联席会由公司综合管理部组织、记录并归档。

② 党政联席会作出的决定，由行政办公室通知有关部门贯彻落实，必要时发放文件或会议纪要。

六、办公用品管理规定

为规范日常办公用品的采购、使用和保管，节约不必要的费用开支，降低成本消耗。现本着勤俭节约的原则，就办公用品有关事宜规定如下：

（一）采购、印刷品印制

（1）公司日常所用办公用品，应由行政办公室负责统一采购，经批准购买专属办公用品或工索具应由行政办公室派员陪同。

（2）各部门所需办公用品，应按“购物申请清单”中各项内容要求认真填写，经部门负责人审核签字后，送行政办公室待办。

（3）行政办公室应将“购物申请单”汇总分类，依据财务审批权限规定报批。除生产急需用品外，应集中办理采购，不得一事一办。

（4）行政办公室采购物品应在有关人员陪同下办理，但陪同采购人（证明人）和验收人不得为同一人。

（5）采购人员应认真负责，精挑细琢，力争做到价廉物美，经久耐用。

（6）各部门所用的专用表格及印刷品，由各部门自行制定格式，按规定报总经理审批后，由行政办公室统一印制。

（二）领用

（1）各部门领用办公用品必须填写“领用单”，由部门负责人核签后，到行政办公室管理经行政经理签字后，方可领取。

（2）除笔墨纸张外，凡属不易消耗物品和工索具等重复领用时，一律交旧换新。

（三）保管

（1）办公用品应由行政办公室专人进行登记造册，分类放置统一保管。

（2）保管员应认真维护和保管好所存物品，以防发生潮、锈、蛀、霉等。

（3）保管员应在每季度末向行政经理汇报物品消耗情况和台账记录。

七、员工招聘、调动、离职等规定

（一）招聘

（1）用人部门根据实际工作需要填报“用工”申请表，向人力资源部申请并提出招聘岗位的基本要求（如年龄、性别、学历等）。

（2）由人力资源部门根据公司用工需求拟定招聘计划，经分管领导审核，报总经理批准。

（3）人力资源部经市“人才市场”“人力资源市场”收集应聘人员相关资料后再进行初步筛选，根据情况组织笔试和面试，经初选合格后，经分管领导审核，报总经理批准。办理试用手续。

（4）部门经理助理以上人选由分管领导和总经理亲自笔试和面试。

（5）员工的试用期为1～3个月。试用期满，可聘为公司合同制员工并与公司签订劳动合同，公司将根据国家劳动和社会保障部的相关规定办理“养老保险”等手续。

（二）任免

需公司任免的干部必须由总经理批准，以公司文件为准。

（三）员工调动

（1）公司干部和员工在公司范围内调动，由用人部门提出拟调人员申请，行政办公室求双方负责人意见后，报总经理批准。

（2）公司各部门需增加人员，须向人力资源部提出用工申请，由行政办公室负责调配或招聘。

（3）公司干部和员工持行政办公室开具的“职工调动通知书”，在原任职部门办理完交接手续后，再到新任部门报到。调离人员到新单位后，以实际聘任岗位和任职时间为准，其相关待遇以月度分段实施。

（四）离职

（1）试用人员离职应提前三日写出书面辞职报告，由用人部门填报“辞退员工审批表”，经批准后到人力资源部办理辞退手续。

（2）员工与公司签订劳动合同后，双方都必须严格履行合同，用人部门不准无故辞退员工，确须辞退时应向人力资源部说明辞退原因。

（3）合同期内员工辞职的，必须提前一个月向公司提出书面辞职报告，由部门负责人签署意见，经公司分管领导签字，报总经理批准。由行政办公室予以办理辞职手续。

（4）员工本人辞职、被公司辞退、开除或提前终止劳动合同等，在离开公司以前，必须交还公司财物（如文件及相关业务资料等）。员工未经批准而自行离职的，公司不予办理任何手续；给公司造成损失的，应负赔偿责任。

八、合同管理制度

1. 总则

为加强合同管理，提高合同质量，防范合同风险，维护公司合法权益，根据相关法律法规的规定，结合公司的实际情况，制定本制度。

（1）公司对外签订的各类合同均适用本制度。

（2）合同管理是企业管理的重要组成部分，做好合同管理工作，对于保障公司经济活动的顺利开展和实现经济利益具有重要意义。各级领导干部、法人委托人以及其他相关人员，都必须严格遵守、切实执行本制度。各有关部门必须相互协作，共同做好公司以“重合同、守信誉”为核心的合同管理工作。

2. 合同的签订

（1）合同谈判应由总经理或副总经理牵头，与相关部门负责人共同参与，不得单独一人直接与对方谈判合同。

（2）签订合同必须遵守国家现行的法律、政策及有关规定。对外签订合同，除法定代表人外，必须是持有法人委托书的法人委托人，法人委托人必须对本企业负责。

（3）签约人在签订合同之前，必须全面了解对方当事人的相关情况。

（4）签订合同必须遵循“平等互利、协商一致、等价有偿”以及“价廉物美、择优签约”的原则。

（5）除即时结清的合同外，一律采用书面形式，并优先使用公司统一的合同文本。

（6）合同对各方当事人权利、义务的规定必须明确、具体，文字表达要清晰、准确。

合同内容应注意的主要问题：

① 首部部分，要注明双方的全称、签约时间和签约地点。

② 正文部分：合同的内容包括工程范围、建设工期，中间交工工程的开工和竣工时间，工程质量、工程造价、技术资料交付期限、材料和设备供应责任，拨款和结算方式、竣工验收标准、质量保修范围和质量保证期、双方相互协作等条款；产品合同应明确产品名称、技术标准和质量要求、数量、包装、运输方式及运费负担、交货期限、地点及验收方法、价格、违约责任等。

③ 结尾部分：双方均必须使用合同专用章，原则上不使用公章，严禁使用财务章或业务章，同时注明合同有效期限。

（7）签订合同：除合同履行地在我方所在地外，签约时应尽量争取约定由我方所在市人民法院管辖。

（8）任何人对外签订合同，都必须以维护本公司合法权益和提高经济效益为出发点，严禁在签订合同时谋取私利，违者依法追究责任。

3. 合同的审查批准

（1）合同在正式签订前，必须按规定上报领导审查批准，并经法务审核确认后，方能正式签订。

（2）合同审批权限如下：

① 一般情况下合同由法务审核确认无误后由部门负责人审批。

② 下列合同由法务审核确认后经总经理审批：

——标的超过××万元的。

——投资××万元以上的联营、合资、合作、涉外合同。

③ 标的超过公司资产××%以上的合同由董事会审批。

（3）合同原则上由部门负责人具体经办，拟订初稿后必须经分管副总经理审阅后按合同审批权限审批。重要合同必须经法律顾问审查。合同审查的要点是：

① 合同的合法性。包括：当事人有无签订、履行该合同的权利能力和行为能力；合同内容是否符合国家法律、政策和本制度规定。

② 合同的严密性。包括：合同应具备的条款是否齐全；当事人双方的权利、义务是否具体、明确；文字表述是否准确无误。

③ 合同的可行性。包括：当事人双方特别是对方是否具备履行合同的能力、条件；预计取得的经济效益和可能承担的风险；合同非正常履行时可能受到的经济损失。

（4）根据法律规定或实际需要，合同还应当或可以呈报上级主管机关鉴证、批准，或报市场监督管理部门鉴证，或请公证处公证。

4. 合同的履行

（1）合同依法成立后，即具有法律约束力。一切与合同有关的部门、人员都必须秉持“重合同、守信誉”的原则，严格执行合同所规定的义务。

合同履行完毕的标准，应以合同条款或法律规定为准。没有合同条款或法律规定的，一般应以物资交付完毕，工程竣工并验收合格、价款结清、无遗留交涉手续为准。

（2）总经理、副总经理、财务部及有关部门负责人应随时了解、掌握合同的履行情况，发现问题及时处理或汇报。否则，造成合同不能履行、不能完全履行的，要追究有关人员的责任。

5. 合同的变更、解除

（1）在合同履行过程中，遇到困难的，应首先尽力克服困难，全力保障合同的履行。如实际履行或适当履行确有不可克服的困难而需变更、解除合同时，应在法律规定或合理期限内与对方当事人进行协商。

（2）对方当事人提出变更、解除合同的，应从维护本公司合法权益出发，严格把控。

（3）变更、解除合同，必须符合法律法规的规定，并应在公司内办理相关手续。

（4）变更、解除合同的手续，应按本制度规定的审批权限和程序执行。

（5）变更、解除合同，一律必须采用书面形式（包括当事人双方的信件、函电、电传等），口头形式无效。

（6）变更、解除合同的协议在未达成或未批准之前，原合同仍有效，仍应履行。但特殊情况经双方一致同意的除外。

（7）因变更、解除合同而使当事人的利益遭受损失的，除法律允许免责的以外，均应承担相应的责任，并在变更、解除合同的协议书中明确规定。

（8）严禁以变更、解除合同为名，行以权谋私、假公济私之实，损公肥私，一经发现，从严惩处。

6. 合同纠纷的处理

（1）合同在履行过程中如与对方当事人发生纠纷，应依据《中华人民共和国民法典》等有关法规和本制度妥善处理。

（2）合同纠纷由有关业务部门与法律顾问负责处理，经办人对纠纷的处理必须全程负责。

（3）处理合同纠纷的原则是：

① 坚持以事实为依据、以法律为准绳，法律未规定的，以国家政策或合同条款为准。

② 以双方协商解决为基本途径。纠纷发生后，应及时与对方当事人友好协商，在维护本公司合法权益的同时，不侵犯对方合法权益，互谅互让，达成协议，解决纠纷。

③ 因对方责任引起的纠纷，应坚决维护我方合法权益不受侵犯；因我方责任引起的纠纷，应尊重对方的合法权益，主动承担责任，并尽量采取补救措施，减少我方损失；因双方责任引起的纠纷，应实事求是，分清主次，合理解决。

（4）在处理纠纷时，应加强沟通，及时交换意见，积极主动地做好应做的工作，不互相推诿、指责、埋怨，统一意见，统一行动，一致对外。

（5）合同纠纷的处理，包括我方与当事人协商处理纠纷的时间，应在法律规定的时效内进行，并充分考虑申请仲裁或起诉所需的时间。

（6）凡由法律顾问处理的合同纠纷，有关部门必须主动提供下列证据材料：

① 合同的文本（包括变更、解除合同的协议），以及与合同有关的附件、文书、传真、图表等。

② 送货、提货、托运、验收、发票等有关凭证。

③ 货款的承付、托收凭证，有关财务账目。

④ 产品的质量标准、封样、样品或鉴定报告。

⑤ 有关方违约的证据材料。

⑥ 其他与处理纠纷有关的材料。

（7）对于合同纠纷经双方协商达成一致意见的，应签订书面协议，由双方代表签字并加盖双方单位公章或合同专用章。

（8）对双方已经签署的解决合同纠纷的协议书，上级主管机关或仲裁机关的调解书、仲裁书，在正式生效后，应复印若干份，分别送与对该纠纷处理及履行有关的部门收执，各部门应由专人负责该文书执行的跟踪或履行。

（9）对于当事人在规定的期限届满时没有执行上述文书中有关规定的，承办人应及时向主管领导汇报。

（10）对方当事人逾期不履行已经发生法律效力的调解书、仲裁决定书或判决书的，可向人民法院申请执行。

（11）在向人民法院提交申请执行书之前，有关部门应认真核实对方的执行情况，防止差错。执行中若达成和解协议的，应制作协议书并按协议书规定办理。

（12）合同纠纷处理或执行完毕的，应及时通知有关单位，并将有关资料汇总、归档，以备查阅。

7. 合同的管理

（1）本公司对合同实行二级管理、专业归口制度，法人委托书制度，基础管理制度。

（2）本公司合同管理具体分工为：公司由总经理负责，归管理部门为财务部、办公室；副总经理协助管理；各部门具体负责各自授权范围内的合同谈判、拟稿及履行工作。

（3）公司所有合同均由办公室统一登记编号、经办人签名后，按审批权限分别由总经理或其他书面授权人签署。

（4）办公室会同有关部门认真做好合同管理的基础工作。具体如下：

① 建立合同档案。

② 建立合同管理台账。

③ 填写“合同情况月报表”。

九、财务管理制度

为进一步完善财务管理，根据国家有关法律、法规及财务制度，做到分工明确，责任到人，结合公司具体情况，制定本制度。

（1）财务管理工作必须严格执行财经纪律，以提高经济效益、壮大企业经济实力为宗旨，财务管理工作要贯彻“勤俭办企业”的方针，勤俭节约、精打细算、在企业经营中制止浪费和一切不必要的开支，降低生产成本，提高利润。

（2）公司设财务部，财务总监协助总经理对公司财务进行管理。

（3）出纳员不得兼任会计档案保管和债权债务账目的登记工作。

（4）财会人员都要认真执行岗位责任制，各司其职，互相配合，如实反映和严格监督各项经济活动。记账、算账、报账必须做到手续完备、内容真实、数字准确、账目清楚、日清月结、近期报账。

（5）财务人员在办理会计事务中，必须坚持原则，照章办事。对于违反财经纪律和财务制度的事项，应拒绝办理，并及时向相关领导报告。

（6）财务人员力求稳定，不随便调动。财务人员调动工作或因故离职，必须与接替人员办理交接手续，没有办清交接手续的，不得离职，亦不得中断会计工作。移交交接包括移交人经管的会计凭证、报表、账目、款项、印章、实物及未了事项。

（7）公司“财务专用章”由财务总监保管，因出差、开会、请假等原因应委托他人临时保管，同时有文字记录备案。但被委托人不得同时保管印章和票据。在使用“财务专用章”过程中必须登记详细的使用用途，同时“财务专用章”必须按以下规定用途使用：

① 作为银行印鉴分别在指定的各开户银行备案使用，不得混用。

② 收款、付款、资金调拨等业务结算票据盖章；收据、发票盖章。

③ 办理公司相关金融业务。

（8）发票专用章由财务部经理保管并监督使用，建立登记制度。

（9）各类票据管理：

① 承兑汇票指定专人负责管理，管理人员要详细登记台账。

② 公司从税务部门购买的发票由指定专人保管，必须在规定的范围内使用，发票开具要完整、字迹清楚、印章齐全。作废时要加盖“作废”字样，并全份保存，不得自行销毁。

③ 公司所有的现金支票由出纳保管，出纳根据公司的经营需要合理提取现金，尽量避免大额支取。其余支票应由指定人保管，开出转账支票或电汇必须有完备的付款手续方可转账或电汇。

④ 收款收据是公司收取现金时开出的凭据，公司印制统一的收款收据，连号不重复，收款收据由财务部统一保管。各部门领用时由经办人到财务登记并应登记起讫号码。收据用完后交财务部验旧领新。在开具收据时作废的要全份保存，不得丢失，公司将不定期对票据（承兑汇票、发票、现金支票、转账单、收据）进行检查，发现问题，及时纠正，如发现重大失误或失职，处以重罚，直至追究法律责任。

十、财务报销管理制度

（一）总则

（1）为了加强公司内部管理，规范公司财务报销行为，倡导一切以业务为重的指导思想，合理控制费用支出，特制定本制度。

（2）本制度根据相关的财经制度及公司的实际情况，将财务报销分为日常办公费用、工薪福利及相关费用、税费支出、工程相关支出及专项支出等，以下分别说明报销相关的借款流程及各项支出具体的财务报销制度和报销流程。

（3）本制度适用公司全体员工。

（二）日常费用报销流程

日常费用主要包括差旅费、电话费、交通费、办公费、低值易耗品及备品备件、业务招待费、培训费、资料费等。在一个预算期间内，各项费用的累计支出原则上不得超出预算。

（三）费用报销的一般规定

（1）报销人必须取得相应的合法票据（相关规定见发票管理制度），且发票背面有经办人签名。

（2）填写报销单应注意：根据费用性质填写对应单据；严格按单据要求项目认真写，注明附件张数；金额大小写须完全一致（不得涂改）；简述费用内容或事由。

（3）按规定的审批程序报批。

（4）报销5 000元以上需提前一天通知财务部以便备款。

（5）费用报销的一般流程：报销人整理报销单据并填写对应费用报销单→须办理申请或出入库手续的应附批准后的申请单或出入库单→部门经理审核签字→财务经理→总经理审批→到出纳处报销。

（四）工薪福利支付流程

1. 工资支付流程

（1）每月20日由人力资源部将本月经公司总经理审批后的工资支付标准（含人员变动、额度变动、扣款、社会保险及住房公积金等信息）转交财务部。

（2）总经理提供职工年度奖金分配表。

（3）财务部根据奖金表及支付标准编制标准格式的工资表。

（4）按工薪审批程序审批。

（5）每月10日由财务部支付上月工资。

（6）每月末之前员工到财务部领工资条并与工资卡内资金进行核实。

2. 社会保险支付流程

（1）社会保险金由财务部协助人力资源部办理银行托收手续，财务部收到银行托收单据应交人力资源部专人签字确认，若有差异应查明原因并按实际情况进行调整。

（2）其他福利费支出由公司人力资源部按审批后的支付标准填写报销单→经部门经理签字确认→财务经理→报总经理审批，审批后的报销单及支付标准交财务部办理报销手续。

（五）专项支出财务报销流程

专项支出主要包括软件及固定资产购置、咨询顾问费用、广告宣传活动费及其他专项费用等。

（1）填写购置申请：按公司“资产管理制度”相关规定填写“资产购置申请单”并报批。

（2）报销标准：相关的合同协议及批准生效的购置申请。

（3）结账报销：

① 资产验收（软件应安装调试）无误后，经办人凭发票等资料办理出入库手续，按规定填写报销单（经办人在发票背面签字并附出入库单）。

② 按资金支出规定审批程序审批。

③ 财务部根据审批后的报销单以支票形式付款。

④ 若需提前借款，应按借款规定办理借支手续，并在5个工作日内办理报销手续。

（六）其他专项支出报销流程

1. 费用范围

其他专项支出包括其他所有专门立项的费用（含咨询顾问、广告及宣传活动费、公司员工活动费用、办公室装修及其他专项费用）支出。

2. 费用标准

此类费用一般金额较大，由主管部门经理根据实际需要向总经理提交请示报告（含项目可行性分析、费用预算及相关收益预测表等），经总经理签署审核意见后报董事长及其授权人审批。

3. 财务报销流程

（1）审批后的报告文件到财务部备案，以便财务备款。

（2）签订合同：由直接负责部门与合作方签订正式合作合同（合同签订前由公司法律顾问的审核，合同应注明付款方式等）。

（3）付款流程：

① 由经办人整理发票等资料并填写费用报销单（填写规范参照日常费用报销一般规定）。

② 按审批程序审批：主管部门经理审核签字→财务经理→总经理审批。

③ 财务部根据审批后的报销单金额付款。

④ 若需提前借款，应按借款规定办理借支手续，并在5个工作日内办理报销手续。

（七）附则

（1）本制度解释权归公司财务部。

（2）本制度经总经理办公会议讨论通过并经过总经理签字通过。

十一、员工工资发放管理制度

（一）总则

（1）按照公司经营理念和管理模式，遵照国家有关劳动人事管理政策和公司其他有关规章制度，特制定本制度。

（2）本制度适用于公司全体员工（临时工除外）。本制度所指工资，是指每月定期发放的工资，不含奖金和风险收入。

（二）工资结构

（1）员工工资由固定工资、绩效工资两部分组成。

（2）工资包括基本工资、岗位工资、加班工资、职务津贴、住房补贴、餐饮补贴、交通补贴。

（3）固定工资是根据员工的职务、资历、学历、技能等因素确定的、相对固定的工作报酬。固定工资在工资总额中占60%。

（4）绩效工资是根据员工考勤表现、工作绩效及公司经营业绩确定的、不固定的工资报酬，每月调整一次。绩效工资在工资总额中占0～40%。

（5）部门经理每月对员工进行考核，确定绩效工资发放比例并报行政部审核、经行政总经理审批后交财务部作为工资核算依据。

（6）员工工资扣除项目包括个人所得税、缺勤、扣款（含贷款、借款、罚款等）、代扣社会保险费、代扣通信费等。

（三）工资系列

（1）公司根据不同职务性质，分别制定管理层、职能管理、生产、营销五类工资系列。

（2）管理层系列适用于公司总经理、副总经理。

（3）职能管理工资系列适用于从事行政、财务、人事、质管、物流等日常管理或事务工作的员工。

（4）生产工资系列适用于生产部从事生产工作的员工。

（5）营销工资系列适用于销售部销售人员（各项目部销售人员可参照执行）。

（四）工资计算方法

（1）工资计算公式：

应发工资=固定工资+绩效工资

实发工资=应发工资-扣除项目

（2）工资标准的确定：根据员工所属的岗位、职务，依据岗位工资评定标准确定其工资标准。

（3）绩效工资与绩效考核结果挂钩，试用期与实习期员工不享受绩效工资。

（4）绩效工资确定：

① 员工在规定工作时制外继续工作者，须填写“加班申请表”并经本部门主管及行政部批准后方可以加班论。

② 职能部门普通员工考核由其部门经理负责；部门考核由其主管负责；“考勤表”和“加班申请表”每月10号前上报至财务部作为计算工资之用。

③ 加班费用计算：

平时加班为平时工资的1.5倍。

加班工资= 平时工资（全勤）÷22÷8×1.5倍×加班时间

双休日加班为平时工资的2倍。

加班工资= 平时工资（全勤）÷22÷8×2倍×加班时间

法定节日加班为平时工资的3倍。

加班工资= 平时工资（全勤）×3倍×加班时间

基本工资评定标准：总经理级别基本工资××元/月，副总经理级别××元/月，主任、部门经理及总经理助理级别××元/月，职能管理级别××元/月，试用期××元/月，实习期××元/月。

项目实训练习

1. 新企业开办，在进行工商注册时，企业名称有哪些限制和要求？

2. 新企业的开办资金来源通常有哪些渠道？

3. 新企业开办时，办理税务登记需要准备哪些材料？

4. 讨论在新企业开办过程中，市场调研与商业计划书哪一个更重要。请阐述理由并展开讨论。

5. 假设你要开办一家小型电商公司，写出你在进行办公场地选址时需要考虑的五个关键因素。

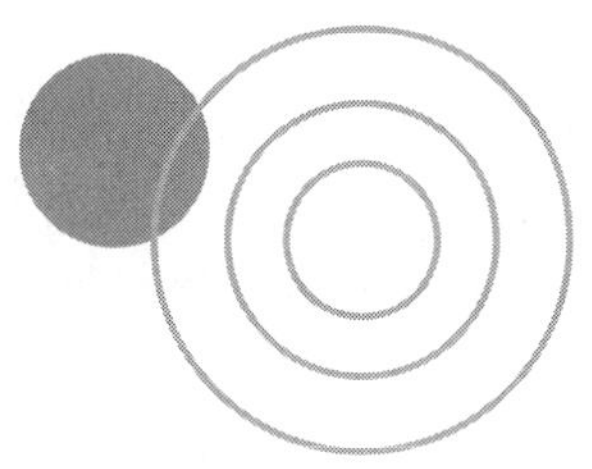

附录A

大学生创新创业创意类竞赛指南

一、全国青少年科技创新大赛

大赛简介：全国青少年科技创新大赛是由中国科协、教育部、科技部、生态环境部体育总局、共青团中央、全国妇联、知识产权局等部门共同主办的一项面向全国青少年和科技辅导员开展的综合性科技竞赛活动，是国内青少年科技爱好者的一项重要赛事，已成功举办32届，每年约有1 000万名青少年参加不同层次的活动。已与国际上许多青少年科技竞赛活动建立了联系，每年都从大赛中选拔出优秀的科学研究项目参加国际科学与工程大奖赛（ISEF）、欧盟青少年科学家竞赛等国际青少年科技竞赛活动。

二、中国创新创业大赛

大赛简介：中国创新创业大赛是由科技部、财政部、教育部、国家网信办和全国工商联等部门联合主办的一项以“科技创新，成就大业”为主题的全国性创业比赛。大赛秉承“政府主导、公益支持、市场机制”的模式，既有效发挥了政府的统筹引导能力，又最大化地聚合激发了市场活力。大赛不仅包含新材料、生物医药、新能源及节能环保、先进制造、电子信息、互联网等行业赛，而且每年会根据实际情况开展专业赛，在全国各省市都设有赛区。大赛已成功举办六届，是国内目前规格较高、影响力较大的创新创业赛事。

三、“挑战杯”全国大学生课外学术科技作品竞赛

大赛简介：“挑战杯”全国大学生系列科技学术竞赛是由共青团中央、中国科协教育部和全国学联共同主办的全国性的大学生课外学术实践竞赛。“挑战杯”竞赛分为中国大学生创业计划竞赛和全国大学生课外学术科技作品竞赛两个项目，这两项竞赛的全国赛轮流开展，每个项目每两年举办一届。“挑战杯”始终坚持“崇尚科学、追求真知、勤奋学习、锐意创新、迎接挑战”的宗旨，在促进青年创新人才成长、深化高校素质教育、推动经济社会发展等方面发挥了积极作用，在广大高校乃至社会上产生了广泛而良好的影响，被誉为当代大学生科技创新的“奥林匹克”盛会。

四、中国大学生服务外包创新创业大赛

大赛简介：中国大学生服务外包创新创业大赛由教育部、商务部和无锡市人民政府联合主

办，每年一届。大赛的主要目的是搭建产学结合的大学生服务外包创新创业能力展示平台;促进校企交流，促进高等教育为服务经济发展提供人才保障;宣传服务经济，提升社会公众对服务外包产业发展的关注度和重视度。大赛在选题上呼应服务外包产业，关注服务科学;在形式上，注重学生的团队协作，在虚拟的商业环境中解决问题。

五、全国大学生电子商务“创新、创意及创业”挑战赛

大赛简介：全国大学生电子商务“创新、创意及创业”挑战赛（简称“三创赛”由中华人民共和国教育部主管，教育部高等学校电子商务类专业教学指导委员会主办是激发大学生兴趣与潜能，培养大学生创新意识、创意思维、创业能力以及团队协同实战精神的学科性竞赛。竞赛分为校赛、省赛和全国总决赛三级赛事，每年一届，已连续举办八届。该赛事在全国高校和社会影响力较大，极大地促进了大学生的就业和创业。

六、全国大学生网络商务创新应用大赛

大赛简介：全国大学生网络商务创新应用大赛是在工信部、教育部的指导与支持下由中国互联网协会主办的全国性大学生创新创业实践类赛事活动，是“互联网实训促就业工程”的重要推动形式。自2007年首届启动以来，每年组织一届。大赛以各行业企业的真实商业问题作为竞赛项目，要求参赛大学生创新应用主流网络工具平台，提供商业解决方案并且予以实施，可以有效提升大学生的职业能力，促进大学生的就业和创业能力。

七、“中国软件杯”大学生软件设计大赛

大赛简介：“中国软件杯”大学生软件设计大赛由工业和信息化部、教育部、江苏省人民政府联合主办，是一项面向中国在校学生的公益性赛事。大赛致力于正确引导我国在校学生积极参加软件科研活动，切实增强自我创新能力和实际动手能力，通过富有自由、开放、创新精神的软件类别设计大赛，为广大青年才俊提供一个脱颖而出的平台，为我国软件和信息技术服务业培养出更多高端、优秀的人才。

八、“北斗杯”全国青少年科技创新大赛

大赛简介：“北斗杯”全国青少年科技创新大赛（简称BD-CASTIC）由教育部科学技术司、共青团中央学校部、中国科协青少年科技中心、中国卫星导航系统管理办公室于2010年联合启动，是中国青少年卫星导航领域高层次、高水平、大规模的科技盛会。大赛旨在大力宣传北斗系统的科普知识，开拓培养与交流的渠道，搭建全国青少年科技文化交流的平台，提高青少年的科技创新能力、实践能力，打造我国青少年科技活动知名品牌，为北斗系统工程建设与应用创新增添活力。

九、“西门子杯”中国智能制造挑战赛

大赛简介：“西门子杯”中国智能制造挑战赛是在教育部与西门子（中国）有限公司签订的战略合作框架下的一项国家级赛事，由教育部高等学校自动化类专业教学指导委员会、西门子（中国）有限公司和中国仿真学会联合主办。大赛的方向涉及智能制造领域中的科技创新、产品

研发、工程设计和智能应用等，主要面向全国控制科学与工程、电气工程、机械工程、仪表科学与工程、信息与通信工程、计算机科技与技术等相关学科的研究生、本科生，和全国自动化类、机电设备类、机械设计制造类电子信息类、计算机类及通信类等相关专业的高职高专学生。

十、全国大学生机器人大赛

大赛简介：全国大学生机器人大赛是由共青团中央、全国学联、深圳市人民政府联合主办，深圳市大疆创新科技有限公司发起并承办的全国级机器人赛事，是一个为青年工程师打造的全球性机器人竞技平台。比赛要求参赛队员走出课堂，组成机甲战队，独立研发制作多种地面和空中机器人参与团队竞技，以击毁敌方基地为获胜条件。参赛学生将通过大赛获得宝贵的实践技能和战略思维，将理论与实践相结合，在激烈的竞争中打造先进的智能机器人。

十一、全国大学生机械创新设计大赛

大赛简介：全国大学生机械创新大赛是经教育部高等教育司批准，由教育部高等学校机械学科教学指导委员会主办，机械基础课程教学指导分委员会、全国机械原理教学研究会、全国机械设计教学研究会、北京中教仪科技有限公司联合著名高校共同承办，面向大学生的群众性科技活动。目的在于综合设计能力与协作精神;加强学生动手能力的培养和工程实践的训练，提高学生针对实际需求进行机械创新、设计、制的实践工作能力，吸引、鼓励广大学生踊跃参加课外科技活动，为优秀人才脱颖而出创造条件。

十二、全国大学生节能减排社会实践与科技竞赛

大赛简介：全国大学生节能减排社会实践与科技竞赛是由教育部高等教育司主办唯一由高等教育司办公室主抓的全国大学生学科竞赛。该竞赛充分体现“节能减排绿色能源”的主题，紧密围绕国家能源与环境政策，紧密结合国家重大项目，在教育部的直接领导和广大高校的积极协作下，起点高、规模大、精品多，覆盖面广，是一项具有导向性、示范性和群众性的全国大学生竞赛。本活动每年举办一次，竞赛主要目的是激发当代大学生的青春活力，创新实践能力。

十三、全国大学生智能汽车竞赛

大赛简介：全国大学生智能汽车竞赛由教育部高等学校自动化类专业教学指导委员会主办。大赛以设置制作在特定赛道上能自主行驶且具有优越性能的智能模型汽车这类复杂工程问题为任务，鼓励大学生组成团队，综合运用多学科知识，提出、分析设计、开发并研究智能汽车的机械结构、电子线路、运动控制和开发与调试环境等问题，激发大学生从事工程技术开发和科学研究探索的兴趣和潜能，倡导理论联系实际、求真务实的学风和团队协作的人文精神。

十四、3S杯全国大学生物联网技术与应用“三创（创意设计、创新技术创业方案）”大赛

大赛简介：3S杯全国大学生物联网技术与应用“三创（创意设计、创新技术、创业方案）”大赛由中国通信学会与南京市人民政府联合主办，旨在引导全国大学生围绕互联网+行动计划开展信息技术与产业应用协同创新，运用物联网的技术思想创新研究物联网智慧服务系统（smart service system，3S）关键技术和解决方案，激发大学生的创新意识和创业精神，重点培养大学生在物联网和互联网+领域发现问题、提出问题和解决问题的能力。

十五、“创青春”中国青年创新创业大赛

大赛简介：“创青春”中国青年创新创业大赛由共青团中央、中央网信办、工业和信息化部、人力资源和社会保障部、农业部、商务部、国务院扶贫办、全国学联等单位主办，旨在搭建青年创新创业日常展示交流、资源对接、项目孵化等平台，整合创业服务机构、创业园区、创投基金、创业导师等资源，营造关心支持青年创新创业的社会氛围，帮助广大青年增强创业能力、提高创业成功率，并重点扶持符合国家产业发展导向，在科技含量、商业模式创新等方面具有发展潜力的创业项目和团队。

十六、iCAN 国际创新创业大赛

大赛简介：iCAN国际创新创业大赛（IntemationalContestofinnovAtioN，简称iCAN大赛）暨中国选拔赛是由国际iCAN联盟、教育部创新方法教学指导分委员会和全球华人微纳米分子系统学会联合主办、北京大学承办的面向大学生创新创业的年度竞赛，是教育部质量工程支持项目之一。iCAN 大赛秉承“自信、坚持、梦想”的精神，倡导科技创新创业服务社会、改善人类生活，引导和激励高校学生勇于创新，发现和培养一批有作为、有潜力的优秀青年创新创业人才，促进和加强以物联网、智能硬件等为代表的高科技领域的产学研结合，推动高科技产业的发展，为高科技创新创业搭建国际交流平台。

十七、国际青少年创新设计大赛

大赛简介：国际青少年创新设计大赛（IC），由国际青少年创新设计大赛委员会主办，该大赛秉承“创新驱动发展、设计改变生活、人才引领未来”的理念，致力于培养青少年自主能力、协同能力、探究能力、实践能力、创新能力、国际视野和人文素养;IC对大、中、小学开展创业、创客、创新教育和课程改革、加强校内与校外之间的联系起到积极示范作用，为国内外知名高校选拔拔尖创新人才提供参考。

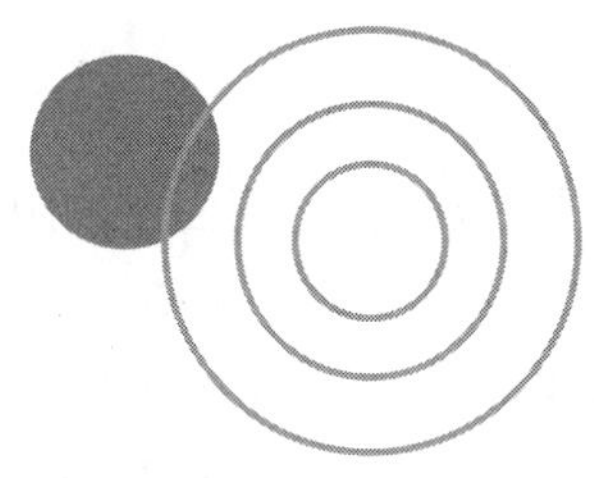

附录B

大学生创新创业的相关法律

大学生开展创新创业活动，必须要学习和了解相关法律法规，一方面依法开展创新创业实践，另一方面当面对法律风险时，能够有效地维护自身的合法权益。大学生在开展创新活动时，要熟悉《中华人民共和国专利法》，以保护自己的创新成果；在开展创业实践时，要熟悉企业注册经营及注销、规范劳动关系及市场交易活动、解决业纠纷等相关的法律，主要有《中华人民共和国公司法》《中华人民共和国企业破产法》《中华人民共和国劳动法》《中华人民共和国劳动合同法》《中华人民共和国民法典》《中华人民共和国消费者权益保护法》《中华人民共和国民事诉讼法》等。

一、《中华人民共和国劳动合同法》

（2007年6月29日第十届全国人民代表大会常务委员会第二十八次会议通过根据2012年12月28日第十一届全国人民代表大会常务委员会第三十次会议《关于修改〈中华人民共和国劳动合同法〉的决定》修正）

对于初创企业和公司来说，以下是一些相关的条款：

第七条 用人单位自用工之日起即与劳动者建立劳动关系。用人单位应当建立职工名册备查。

第八条 用人单位招用劳动者时，应当如实告知劳动者工作内容、工作条件、工作地点、职业危害、安全生产状况、劳动报酬，以及劳动者要求了解的其他情况；用人单位有权了解劳动者与劳动合同直接相关的基本情况，劳动者应当如实说明。

第九条 用人单位招用劳动者，不得扣押劳动者的居民身份证和其他证件，不得要求劳动者提供担保或者以其他名义向劳动者收取财物。

第十条 建立劳动关系，应当订立书面劳动合同。

已建立劳动关系，未同时订立书面劳动合同的，应当自用工之日起一个月内订立书面劳动合同。

用人单位与劳动者在用工前订立劳动合同的，劳动关系自用工之日起建立。

第十一条 用人单位未在用工的同时订立书面劳动合同，与劳动者约定的劳动报酬不明确的，新招用的劳动者的劳动报酬按照集体合同规定的标准执行；没有集体合同或者集体合同未规定的，实行同工同酬。

第十二条 劳动合同分为固定期限劳动合同、无固定期限劳动合同和以完成一定工作任务为期限的劳动合同。

第十三条 固定期限劳动合同，是指用人单位与劳动者约定合同终止时间的劳动合同。

用人单位与劳动者协商一致，可以订立固定期限劳动合同。

第十四条 无固定期限劳动合同，是指用人单位与劳动者约定无确定终止时间的劳动合同。

用人单位与劳动者协商一致，可以订立无固定期限劳动合同。有下列情形之一，劳动者提出或者同意续订、订立劳动合同的，除劳动者提出订立固定期限劳动合同外，应当订立无固定期限劳动合同：

（一）劳动者在该用人单位连续工作满十年的；

（二）用人单位初次实行劳动合同制度或者国有企业改制重新订立劳动合同时，劳动者在该用人单位连续工作满十年且距法定退休年龄不足十年的；

（三）连续订立二次固定期限劳动合同，且劳动者没有本法第三十九条和第四十条第一项、第二项规定的情形，续订劳动合同的。

用人单位自用工之日起满一年不与劳动者订立书面劳动合同的，视为用人单位与劳动者已订立无固定期限劳动合同。

第十五条 以完成一定工作任务为期限的劳动合同，是指用人单位与劳动者约定以某项工作的完成为合同期限的劳动合同。

用人单位与劳动者协商一致，可以订立以完成一定工作任务为期限的劳动合同。

第十六条 劳动合同由用人单位与劳动者协商一致，并经用人单位与劳动者在劳动合同文本上签字或者盖章生效。

劳动合同文本由用人单位和劳动者各执一份。

第十七条 劳动合同应当具备以下条款：

（一）用人单位的名称、住所和法定代表人或者主要负责人；

（二）劳动者的姓名、住址和居民身份证或者其他有效身份证件号码；

（三）劳动合同期限；

（四）工作内容和工作地点；

（五）工作时间和休息休假；

（六）劳动报酬；

（七）社会保险；

（八）劳动保护、劳动条件和职业危害防护；

（九）法律、法规规定应当纳入劳动合同的其他事项。

这些条款规定了用人单位与劳动者之间的权利和义务，包括劳动合同的订立、履行、变更、解除等方面，对于初创企业和公司来说，了解和遵守这些条款是非常重要的，可以帮助企业规范用工行为，避免法律风险。同时，如果企业在劳动合同方面遇到问题，建议咨询专业的法律顾问，以获得更准确和详细的法律建议。

二、《中华人民共和国公司法》

（1993年12月29日第八届全国人民代表大会常务委员会第五次会议通过 根据1999年12月25日第九届全国人民代表大会常务委员会第十三次会议《关于修改〈中华人民共和国公司法〉的决定》第一次修正 根据2004年8月28日第十届全国人民代表大会常务委员会第十一次会议《关于修改〈中华人民共和国公司法〉的决定》第二次修正 2005年10月27日第十届全国人民代表大会常务委员会第十八次会议第一次修订 根据2013年12月28日第十二届全国人民代表大会常务委员会第六次会议《关于修改〈中华人民共和国海洋环境保护法〉等七部法律的决定》第三次修正 根据2018年10月26日第十三届全国人民代表大会常务委员会第六次会议《关于修改〈中华人民共和国公司法〉的决定》第四次修正 2023年12月29日第十四届全国人民代表大会常务委员会第七次会议第二次修订）

该法所称公司，是指依照该法在中华人民共和国境内设立的有限责任公司和股份有限公司。修订后的公司法共十五章，包括总则，公司登记，有限责任公司的设立和组织机构，有限责任公司的股权转让，股份有限公司的设立和组织机构，股份有限公司的股份发行和转让，国家出资公司组织机构的特别规定，公司董事、监事、高级管理人员的资格和义务，公司债券，公司财务、会计，公司合并、分立、增资、减资，公司解散和清算，外国公司的分支机构，法律责任，附则。

对于初创企业来说，在设立和运营过程中，了解并遵守相关法律法规至关重要。以下是一些初创企业可能需要关注的《中华人民共和国公司法》中的条款：

公司的设立与组织形式：根据公司法，初创企业可以选择有限责任公司或股份有限公司的形式设立。了解不同组织形式的特点和要求，有助于初创企业做出适合自身发展的决策。

注册资本与出资方式：公司法规定了公司注册资本的最低限额和出资方式。初创企业需要根据自身情况确定注册资本，并了解股东出资的相关规定。

股东权利与义务：初创企业的股东享有资产收益、参与重大决策和选择管理者等权利，同时也需要承担相应的义务。例如，股东应当按期足额缴纳公司章程中规定的各自所认缴的出资额。

公司治理结构：公司法规定了公司的治理结构，包括股东会、董事会、监事会等机构的职责和运作方式。初创企业可以根据实际情况建立适合自身的治理结构。

股权转让：公司法对股权转让作出了规定，初创企业股东可以根据需要进行股权转让，但需要遵守相关程序和规定。

公司解散与清算：了解公司解散和清算的程序和要求，有助于初创企业在必要时顺利进行清算。

除了上述条款外，初创企业还应关注其他相关法律法规，如税法、劳动法、知识产权法等。同时，建议初创企业在设立和运营过程中咨询专业律师或法律顾问，以确保合法合规经营，并根据企业的具体情况制定合适的发展战略和运营管理机制。

三、《中华人民共和国中小企业促进法》

（2002年6月29日第九届全国人民代表大会常务委员会第二十八次会议通过 2017年9月1日第十二届全国人民代表大会常务委员会第二十九次会议修订）

《中华人民共和国中小企业促进法》中与大学生创新创业相关的条款及内容如下：

第二十六条 国家采取措施支持社会资金参与投资中小企业。创业投资企业和个人投资者投资初创期科技创新企业的，按照国家规定享受税收优惠。

第三十八条 国家完善中小企业上市培育机制，鼓励符合条件的中小企业到境内外上市，加快推进全国中小企业股份转让系统建设，完善交易机制，改善市场环境。

第四十条 国务院有关部门应当制定中小企业政府采购的相关优惠政策，通过制定采购需求标准、预留采购份额、价格评审优惠、优先采购等措施，提高中小企业在政府采购中的份额。向中小企业预留的采购份额应当占本部门年度政府采购项目预算总额的百分之三十以上；其中，预留给小型微型企业的比例不低于百分之六十。中小企业无法提供的商品和服务除外。政府采购不得在企业股权结构、经营年限、经营规模和财务指标等方面对中小企业实行差别待遇或者歧视待遇。政府采购部门应当在政府采购监督管理部门指定的媒体上及时向社会公开发布采购信息，为中小企业获得政府采购合同提供指导和服务。

参 考 文 献

[1] 李红，杨荣芳.大学生创新创业基础教程：“玩”创未来[M].北京：科学出版社，2020.

[2] 杨丽敏，吴宝善.创新思维与创业文化[M].北京：中国传媒大学出版社，2022.

[3] 王艺.大学生创新学导论[M].成都：电子科技大学出版社，2021.

[4] 杨聿敏.高职生就业与创新创业指导[M].北京：中国铁道出版社，2017.

[5] 刘霞，宋卫.大学生创新创业基础与实践[M].北京：人民邮电出版社，2021.

[6] 黄潇潇.创新创业创未来[M].成都：电子科技大学出版社，2020.

[7] 张玉利，薛红志，陈寒松，等.创业管理[M].5版.北京：机械工业出版社，2020.

[8] 李肖鸣.大学生创业基础[M].北京：清华大学出版社，2021.

[9] 范新灿，韩晓洁.创新创业实务[M].北京：机械工业出版社，2021.

[10] 吕爽.创业基础[M].北京：中国铁道出版社，2016.

[11] 李家华.创业基础[M].北京：清华大学出版社，2015.

[12] 康沃尔.步步为营:白手起家之道[M].陈寒松，译.北京:机械工业出版社，2009.

[13] 王凤霞，陈亚娟，夏爽.“新零售”背景下生鲜超市商业模式研究：基于多案例比较[J].商业经济研究，2018(22):35-37.

[14] 周欢伟，段丽华.创新创业基础[M].北京：机械工业出版社，2018.